한국독립운동사의 반성과 과제

한국독립운동사의
반성과 과제

박 환

국학자료원

책을 내며

해방 이후 한국독립운동사연구는 자료의 제한과 불완전한 환경에도 불구하고 수많은 연구자들의 피나는 노력과 열정으로 전체적인 모습의 상당 부분이 이루어졌다. 그럼에도 불구하고 미진한 부분들이 남아 있음을 누구나 공감할 것이다. 아직도 좌우이념, 자료 제한, 국수적 시각 등에 의해 연구되지 못한 부분들이 많이 남아있기 때문이다. 연구된 부분들도 또한 과장과 선양, 영웅주의, 애국심 등으로 재검토의 여지가 있는 것도 사실이다. 세계사적 시각의 부재, 방법론 역시 천편일률적으로 다양하지 못하여 대중들로부터 사랑을 받는데도 일정한 제약이 있어 왔다. 최근에는 젊은 연구자들이 거의 없어 서글픈 생각까지 든다.

30여년 세월 독립운동사를 연구하며 나 자신에 대한 반성을 토대로 잊혀진 것들을 복원하며, 새로운 연구방법들을 추구해보고자 하였다. 그러나 개인의 능력 부족으로 이는 간단한 일들이 아니었다. 이에 동학들의 분발과 후학들을 기다리며, 앞으로 좀 더 노력하며, 연구과제들을 심층화 해보고자 한다. 이번에 책자에 담은 것은 그런 일련의 과정 속에서 나온 것들인데, 아직 설익은 과일과도 같다. 책 제목을 『한국독립운동사의 반성과 과제』라고 한 이유가 여기에 있다.

1장에서는 역사통일의 최전선, 새로운 만남에 주목하고자 하였다. 그동안의 학문발전과 교류 등은 한국 내에서 주로 이루어져 왔다. 그러나 미래에는 통일된 조국하에서 학문적 연구들이 이루어질 것이다. 이를 위한 하나의 초석으로서 통일을 지향하며, 북측학자들과의 만남과 학술교류, 답사기를 수록하였다. 북만주에서의 남북 공동학술회의와 답사, 평양, 개성, 보천보, 묘향산 등 북녘땅에서의 만남 등도 기록하였다. 이 부분은 그동안 대내외적인 여건을 고려하여 발표하지 않은 글들이다. 분단이라는 시대상황을 넘어 통일지향, 나아가 동북아 전체의 구도 속에서 독립운동사가 재정립되기를 기대해 본다.

2장에서는 답사를 통해 독립운동에 대한 기억과 이에 대한 기념을 살펴보고자 하였다. 그동안의 해외 답사를 탈피하여, 남산을 중심으로 서울의 독립운동사적지를 답사하였다. 남산의 안중근 기념관, 명동일대의 나석주, 이회영, 서울역의 강우규 동상 등을 둘러보며, 우리의 인근에 있는 흔적들의 소중함을 다시금 생각하게 되었다. 아울러 단순한 유적지 조사를 넘어 유적지들의 기념에 대하여 알아보았다. 그 한 사례로 청일전쟁과 러일전쟁을 중심으로 여순과 블라디보스토크에 있는 사적지들에 대하여 검토하였다.

3장에서는 세계사적 시각으로 인도주의에 주목하였다. 독립전쟁의 와중에도 인도주의를 향한 끊임없는 노력들이 적십자를 통하여 있었음을 실증적으로 보여주고 싶었다. 특히 이번 논고에서는 그동안 주목하지 않은 자료들에 관심을 기울이고자 하였다. 아울러 해방 이후 북한에서도 역시 표면적이나마 인도주의가 공존하고 있었음을 『로동신문』을 통하여 역사 속에서 밝히고자 하였다.

4장에서는 독립운동사연구에 대한 반성을 토대로 앞으로 지향점들에 주목하고자 하였다. 즉, 미래지향적 관점에서 새로운 주제 및 방향성들을 제시하는 초보적인 글들을 써보고자 하였다. 탈신화, 탈영웅주의, 반전과 평화의 시각에서 김좌진 등 항일독립운동사 연구를, 잊혀진 사료탐구로서 대한민국역사박물관 유일 소장본 『독립신문』 등을, 독립운동가연구를 넘어 다양한 인간상의 연구 사례로서 사회사업가 김주용의 경우를 밝혀보고자 하였다. 아울러 해방직후 학회를 조직하고, 한국사를 체계적으로 연구하고자 피나는 노력을 경주한 선학들의 노력을 『사해』와 『역사학연구』를 통하여 알아보고자 하였다.

5장에서는 만주지역을 중심으로 새로운 독립운동사 이해 방향을 살펴보고자 하였다. 이를 위한 한 사례로서 박영석의 독립운동사연구에 주목하고자 하였다. 박영석은 만주지역 독립운동사연구의 개척자 가운데 한 사람이기 때문에 초창기 연구의 현황과 문제점 등을 밝히는데 도움을 줄 수 있을 것으로 판단되었다. 아울러 최근의 연구들을 토대로 독립운동사연구의 새로운 방향을 제시해보고자 하였다.

이 책은 그동안의 필자의 연구성과를 정리해보고, 반성을 토대로 새롭게 집필된 것들이 대부분이다. 선친 박영석 교수의 뒤를 이어 만주, 러시아 등 대륙의 독립운동사에 관심을 기울여 왔고, 많은 것을 배우고 깨달았지만 문제점을 극복하고 이를 실천하여 완성하지 못하였다. 앞으로 <제1차 세계대전과 한국독립운동>, <동아시아와 만주지역 한인독립운동>, <한인디아스포라와 한국독립운동> 등, 좀 더 세계사적 시각에서 한국독립운동사가 자리매김될 수 있도록 노력하고 싶다.

한국민족운동사학회의 최혜주, 황민호, 조규태, 성주현, 김형목, 강혜경 학형과 학회 회원들, 수원대학교의 이용관, 김동섭, 윤종걸 교수, 수원대학교의 박종현, 정명희 등 사랑하는 제자들, 특히 교정에 노력해준 송민지양에게 고마운 마음을 전하고 싶다. 아울러 연구를 도와준 대한민국역사박물관, 남북역사학자협의회, 국사편찬위원회, 대한적십자사, 전쟁기념관, 국가보훈처, 고려학술문화재단, 서울역사편찬원 등에도 감사드린다. 그리고 40년 가까이 친형 이상으로 인연을 이어간 국학자료원 정찬용 원장님과 정구형 대표, 그리고 편집부 여러분께 고마운 마음을 전한다.

끝으로 멀리 고향마을 청도 수야를 바라보며, 가족과 형제들, 역사가의 길의 동반자인 박경, 박찬 그리고 항상 힘이 되어준 박윤에게 미안함과 고마움의 따뜻한 인사를 전하며, 사랑하는 어머니의 만수무강을 기원한다.

2023년 2월 문화당에서

청헌 박 환

목차

1장

역사통일의 최전선:
북측학자들과의 교류

1

항일력사문제 제3차 국제학술토론회 참가기
(북만주, 2003.9.16.~21)

하얼빈 도착과 북측학자들과의 첫 대면

2003년 9월 16일 중국 흑룡강성 경박호에서 개최되는 남북한과 중국, 일본 학자들이 참여하는 국제학술회의에 참가하기 위하여 하얼빈으로 향하였다. 이번 학술회의는 흑룡강성 사회과학원 명예소장으로 계시는 김우종선생님의 노력에 의하여 이루어졌다. 아울러 국사편찬위원회의 정병욱선생의 노력 또한 회의가 이루어지는데 일익을 담당하였다. 남측대표는 국사편찬위원회 이만열 위원장을 단장으로 서중석(성균관대), 정태헌(고려대), 장세윤(성균관대), 김용곤, 권구훈, 하혜정(국편) 등과 필자 등이었다.

오전 12시 30분 인천공항을 출발하여 현지시각 13:50분에 하얼빈 공항에 도착하였다. 비행시간은 2시간 정도 소요되었다. 하얼빈공항에는 흑룡강성 사회과학원 원인산선생님이 우리 일행을 반가히 맞아주었다. 하얼빈공항은 깨끗하게 새로 단장되어 있었으며, 시내로 나가는 길 역시 새로 길을 만들어 편리하게 되어 있었다. 중국의 곳곳을 방문할 때마다 새로이 변해가는 모습을 느낄 수 있었다.

우리 일행은 우의가(友誼街)에 있는 하얼빈우의궁에 여장을 풀었다. 이 호텔은 송화강변에 위치하고 있었으며, 1950년대 우의의 입장에서 구소련이 지어준 호텔이라고 한다. 북측 대표단은 이미 2일전에 도착하였다고 한다. 호텔에서 우리 일행은 주최자인 김우종선생님을 만났다. 부친의 친구이기도 한 그는 아버님의 안부를 물으며 반갑게 대해주었다.

호텔에 여장을 푼 필자는 국사편찬위원회 권구훈 박사와 함께 룸메이트가 되었다. <간도파출소연구>로 박사학위를 받은 권선생은 일제의 한인탄압기구에 대한 전문가였다. 저녁 식사 전에 시간적 여유가 있어 잠깐 호텔 뒤에 있는 송화강변에 나가 보았다. 하얼빈이 송화강변에 있는 도시임을 역력히 살펴볼 수 있었다. 강변의 여러 곳에서 홍수로 인한 피해를 느낄 수 있었고, 이를 극복한 중국인민의 공적을 기리는 시설물들이 서 있었다. 아울러 스탈린의 공적을 기념하기 위하여 "스탈린광장"도 있었다. 강변에 나와 한가로이 춤을 추며 지내는 노인들의 모습, 어머니의 손을 잡고 가는 초등학생의 영어공부소리를 들으며, 중국의 여러 모습을 보고 느낄 수 있었다.

저녁 6시 30분 경 호텔 1층 식당에서 중국, 북측과 함께 첫 대면식과 더불어 식사를 하고 환담을 나누었다. 북측에서는 이철(이광, 조선사회과학자협회 부위원장), 송동원(조선사회과학원 혁명역사연구소 소장), 김석준(조선 김일성고급당학교 교수) 등외 2명이 참석하였다. 이철은 북측에서 1949년부터 민간차원에서 항일유적지를 조사하였으며, 정부 차원에서는 59년도부터 시작하였다고 하였다. 유적지 600여 곳 가운데 300여 곳에 대한 사진을 보관하고 있다고 말하였다. 앞으로 중국 측에 부탁하여 나머지 사진을 입수할 예정이라고 하였다. 아울러 1959년도에 동녕현 서산포대를 김우종 등과 함께 답사 조사하였고, 경박호 남호두의 경우도 김우종과 함께 처음으로 확인하였다고 하였다. 이철은 우리와 일정을 달리하여 개인적으로 남호두 회의장소에 갈 예정임을 밝혔다.

김석준교수는 하바로브스크 국제 88여단 옆에 있는 2개의 묘소는 남측의 주장과는 달리 김일성주석과는 관련이 없다고 하였다. 이 묘소들은 빨치산으로서 아무르강에서 통나무를 운반하다가 익사한 인물들의 것이며, 한족인지 조선족인지 알 수 없다고 하였다.

저녁식사 후 남측 우리일행은 과거 러시아 조차지였던 하얼빈의 러시아식 모습을 찾기 위하여 중앙대가에 있는 러시아거리로 향하였다. 100여년의 전통이 있는 이 거리에는 차량통행이 금지되어 있었으며, 길의 양편에는 러시아식 건물들이 즐비하게 늘어서 있어 러시아에 온 것 같은 착각이 들었다. 특히 바닥의 돌들을 사각모양으로 잘라 놓아 특이한 느낌을 주었다. 상점들에서는 러시아 물건들을 팔고 있었다. 성니꼴라이 성당의 웅장한 모습은 하얼빈의 러시아인들을 상상하게 해주었다. 길가에 앉아 생맥주를 마시며, 오랜 전통을 가진 러시아 음식점에 들러 아이스크림을 먹으며 하얼빈의 깊은 밤을 보냈다.

경박호로 향하는 길의 항일운동 기지들

9월 17일 아침 6시경 일어나 송화강변을 1시간 정도 산책하였다. 중국인민들의 산보와 운동하는 모습을 바라보며, 중국인의 건강비결과 발전하는 모습의 일단을 느낄 수 있었다. 호텔에서 나와서 스탈린 광장과 반홍수(反洪水)기념탑을 지나 철로 가까이 가 보았다. 그곳에는 지난 2000년 답사시 투숙했던 글로리아 호텔이 있었다. 호텔 앞에는 아침시장이 서서 중국인들의 생동적인 모습을 볼 수 있었다.

7시에 아침식사를 뷔페에서 하고 8시에 하얼빈을 출발하여 아성시로 향하였다. 지난번 방문시에는 편도 1차선이었던 것이 2차선으로 공사를 진행하고 있었다. 하얼빈을 출발하여 아성시를 거쳐 가는 길에 상지시 구강(九江)에 들렀다. 이곳에는 득막리(得莫利)라고 하는 물고기가 유명하다고 한다. 동네 처녀들이 손님들을 불렀다. 농촌의 맑고 고운 처자들의 모습이 보기 좋았다. 다음으로는 위하진을 보았다. 대한민국 임시정부 국무령을 역임한 홍진이 1930년 한국독립당을 결성한 장소였다. 시골치고는 상당히 큰 규모였다. 아포력(亞布力)을 지나니 석두하자진 간판이 나타났다. 멀리 마을 뒤로 산맥들이 보였다. 석두하자 너머는 고령자로 김좌진장군 등이 무관학교를 설립하여 운영하였던 곳이다. 석두하자를 지나 어지(魚地) 조선족향을 지나니 계속 깊은 산속이었다. 산봉우리를 올라가는 길에 양봉하는 사람들이 많이 보였고, 그 봉우리를 호봉이라고 한다고 한다. 산 정상을 내려서니 횡도하자가 보였다. 횡도하자를 지나 해림시내를 거쳐 영안－동경성－경박호에 도착하였다.

경박호빈관에 도착하니 연변대학 민족연구원 원장인 최문식, 비서장 차금옥, 전 민족연구원 원장 최홍빈 등이 나와 우리를 환대해 주었다. 북측의 김준석에 따르면, 최홍빈은 항일연대장 김주연의 조카라고 한다. 저녁 식사를 일찍하고 내일 있을 학술회의 준비에 몰두하였다.

남북 및 중국학자들과의 항일독립운동 학술회의

학술회의

9월 18일부터 19일까지 양일간 흑룡강성 영안시 경박호 호텔에서 한국의 국사편찬위원회와 흑룡강성 사회과학원이 공동주최하는 <중국동북지역 각국 인민의 생활과 항일투쟁> 학술회의에 참여하였다. 이 회의는 남북, 중국뿐만 아니라 일본측에서도 참여한 의미있는 학술회의였다. 주요 발표자와 발표 주제는 다음과 같다.

서중석(성균관대), 항일독립운동과 중국동북지역
정태헌(고려대), 1930 · 40년대 조선총독부의 경제정책과 만주이민
박환(수원대), 흑룡강성지역 항일운동과 항일유적
리철(조선사회과학자협회), 단결과 협력은 동북아시아의 평화와 번
　　　　　　　　영의 필수적 요구

송동원(사회과학원 소장), 동북아시아 인민들의 항일투쟁사가 보여 준
          력사의 교훈
김석준(김일성고급당학교), 일제의 패망직후 동북아시아의 안전과 평
          화를 보장하기 위한 조선인민의 국제적
          지원
리정혁(조선사회과학자협회), 조중인민의 반일공동전선의 실현은 동
          북아시아인민들의 항일투쟁에서 빛나
          는 모범
藤永壯(대판산업대), 일제하 중국 동북지역의 공창제도와 조선인여성
常好禮(흑룡강성 사회과학원), 항일전쟁 14년 계시록
辛培林(흑룡강성 사회과학원), 일본제국주의가 중국동북지역에서 실
          시한 분활하여 다스리는 민족통치책
          을 논함
金東珠(흑룡강성 사회과학원), 동북아지구역의 합작과 발전문제
王希亮(흑룡강성 사회과학원), 80년대 이래 일본의 전쟁 책임첨예
          화 원인에 대한 초보적 탐구

첫날 발표회에는 남측에서는 서중석, 박환, 정태헌 교수 등이 참여하
였다. 서중석은 <항일독립운동과 중국동북지방>을, 박환은 <흑룡강
성 조선인 항일유적과 항일운동>을, 정태헌은 <1930·40년대 조선총
독부의 경제정책과 만주이민>을 각각 발표하였다.

서중석교수는 논문에서 항일독립운동선상에서 중국동북지방이 갖
는 역사적 의미와 중요성에 대하여 언급하였다. 씨는 특히 동북지역이
가지는 지리적조건, 이주민의 존재, 민족주의 사학자들의 동북지방에
대한 인식 등에 대하여 천착하면서 당시 망명자들의 문제의식 등에 대
하여 심도있게 규명하였다. 정태헌교수는 1930,40년대 만주이민을 조
선총독부의 경제정책과 관련하여 발표하였다. 이번 발표를 통하여 독

립운동사의 기초가 되는 만주이민의 사회경제적 측면을 밝히는 데 큰 도움을 주었다. 박환교수는 민족주의계열을 중심으로 흑룡강지역에 산재한 항일유적에 대하여 발표하였다. 이 가운데 북측이 주장하는 남호두회의와 동녕현성 전투에 대하여 남측, 북측, 중국측 사이에 견해가 달라 활발한 논의가 전개되었다.

남호두회의는 1936년 2월 26일부터 3월 3일까지 개최된 회의이다. 북측에서는 이 회의에서 김일성주석이 1930년대 중엽의 국제정세를 분석하고 항일무장투쟁을 보다 활성화하기 위하여 구체적인 방안을 제시하였다고 밝히고, 그 역사적 의미를 강조하였다. 또한 이 회의를 계기로 일찍이 카륜회의에서 밝힌 주체적인 혁명노선과 방침이 더 잘 관철되게 되었으며, 무장투쟁과 반일민족통일전선운동, 당창건준비사업에서 새로운 발전이 이룩되게 되었다고 보고 있다.

이에 대하여 중국측 학자들은 북측의 김일성 주석이 주관한 회의인지에 대하여는 알 수 없다고 보았다. 다만 1932년 2월 동북인민혁명군 제2군, 제5군 연석회의를 남호두회의라고 하며, 이 회의 기록들이 현재 남아 있다고 밝혔다. 이에 대하여 김우종은 중국측 학자의 이러한 주장을 반박하였다. 1959년 6월 조선의 항일전적지 답사반과 함께 동행하며, 남호두회의 사적지를 조사하였다. 이때 생존해 있던 운동가들과 함께 회의 지점을 확인하였다고 한다. 당시 그 지역에는 마적들이 남아 있어 무장부대와 함께 길을 닦으며 이 지역을 조사했다고 밝혔다. 당시 북측 단장은 박영순이었으며, 회의시 보초를 섰던 이두창의 증언에 따라 위치를 확인했고, 금속탐지기를 이용하여 세숫대야 등 여러 유물들을 수집하였음도 아울러 증언하였다. 남호두 회의와 관련하여서는 김일성의 회고록에 상세히 기록되어 있다고 한다.

남호두회의 유적지 답사

남호두회의 장소

경박호에서

남북이 함께 즐거운 시간

  19일 오전에 학술회의를 마치고 학술적 논쟁이 있었던 남호두회의
장소를 답사하기로 하였다. 오후 1시에 경박호호텔을 출발하여 3시경
에 남호두 마을 어귀에 도착하였다. 우리일행은 어귀에서 동방홍임장
으로 향하였다. 길이 평탄하지 않아 차로 이동하는데 많은 애로사항이
있었다. 동방홍임장에서 산을 하나 넘으니 평지가 나왔고, 다시 숲을
지나니 평지가 또 나타났다. 그곳에는 호박밭이 펼쳐져 있었고 집이 한
채 있었다. 그곳을 조금 지나 숲을 지나 좌측으로 20미터쯤 산속으로
들어가니 남호두회의 장소가 나타났다. 그곳에는 큰 비석과 함께 앞에
는 귀틀집이 있던 흔적이 보였다. 그리고 안내판도 서 있었다.
  안내는 반일유격대 회장 손성희(孫成喜)의 손자인 손덕보(孫德寶, 한족)가 맡았다. 그는 자신의 부친인 손명인(孫明仁)이 비를 세우는데 중심적인 역할을 하였다고 일러 주었다. 김우종에 따르면, 1959년 당시에는 동방홍임장은 없었으며, 남호두마을에는 집이 6-7호정도 있었다고 한다. 비석에는 "1936년 2월 조선인민혁명군 김일성 사령관이 이곳에서 중국공산주의자들과 반일공동투쟁을 강화할대 대한 조선적인 문제를 토의 결정하였다. 김일성동지의 로(老) 전우가족 송덕산/손명인 천구백구십칠년 십일월 십일일"이라고 적혀 있었다. 이번 답사는 남북한, 중국측 등 간에 공동으로 이루어진 답사라는 측면에서 큰 의미가 있다고 생각되었다.

발해진과 목단강, 동녕현

20일 오전 8시 30분에 경박호호텔을 떠나 경박호입구에 있는 폭포를 관람하고 발해진으로 향하였다. 발해진으로 가는 길에는 넓은 평원이 펼쳐져 있었다. 이런 대평원을 배경으로 발해가 단기간에 융성해졌을 것으로 생각되었다. 발해진에 도착하여 상경용천부로 향하였다. 성벽입구의 비석에는 "발해국 상경용천부유지"라고 적혀 있었다. 발해의 성벽을 바라보는 감회는 남달랐다. 그러나 발해의 성벽은 예전에 본 것과 달리 시멘트로 돌 사이를 발라나 보는 이의 마음을 애닯게 하였다. 성벽 앞에는 성을 보호하기 위한 해자의 흔적이 역력하였다. 성안으로 들어가니 이름 모를 꽃들이 만발하였다. 궁궐지에는 주춧돌들이 남아 역사를 회상케 하였다. 궁궐지 뒤에서도 새롭게 조성하는 궁궐터의 모습을 바라볼 수 있었다. 성벽 밖으로 나오니 과거 일본군 충혼비가 있던 곳에 그 돌을 사용하여 "발해국 상경용천부유지"라고 써 있었다. 유지 앞 넓은 벌판에는 벼의 황금물결이 출렁이고 있었다. 잃어버린 역사, 발해의 유적들이 보다 효율적으로 관리되었으면 하는 마음 간절하였다.

발해진을 떠나 영안을 거처 목단강시에 도착하였다. 시내는 무척 커보였고, 비행장도 있었다. 김동수(중국 흑룡강성 당교위 교수)는 중국에서는 해방 후 목단강에 처음으로 비행대대를 만들었다는 점과 이 지역에 조선인들이 많이 살고 있다고 알려주었다. 목단강 다리를 지나니 <팔녀투강기념비>가 나타났다. 목단강가에 있는 공원에 위치한 이 기념비는 그 규모가 대단하였다. 목단강에서 순국한 8여자는 1938년 주보중 장군이 이끄는 제2로군 소속이었다. 우수훈강과 목단강이 교차하는 현재 지점으로부터 170km떨어진 곳에서 8명의 여성이 일제의 공격을 받아 희생당하였다고 한다. 8명 가운데 2명은 조선인이며, 이름은 안순복, 이봉선이라고 한다. 안순복은 동북항일연군 제5군 1사 부녀단 소속이며, 피복창창장으로 일하였다. 이봉선은 동북항일연군 제5군 1사 부녀단 전사였다. 이들은 조선인임을 상징하기 위하여 조선식치마를 입고 있었다. 이 8여인의 순국은 1948년에 영화로 제작되어 중국 전체 인민들에게 널리 알려지게 되었다고 한다. 1984년에 있었던 8녀투강비 준공식에는 주덕 사령관의 부인이 직접 참석하였다고 김동수는 자랑스러운 듯이 말하였다.

목단강시 금강산구육집에서 개고기로 점심식사를 하고 동녕현으로 향하였다. 철령하를 지나 마도석, 목릉진, 마교하진을 지나니 팔면통으로 가는 길이 나타났다. 옛날 밀산으로 답사가던 일이 생각되었다. 마교하진과 영안촌을 지나니 수분하입구가 나타났다. 수분하에서 다시 우측으로 동녕으로 향하였다. 길은 아스팔트로 잘 되어 있었으나 산 위에서 기슭으로 내려가는 길이었다. 시내 가까이 오니 멀리 평야들이 보였다. 2000년 답사시 방문했을 때보다 새로 지은 건축물들이 많이 보였다. 우리 일행은 동녕현 경찰서에서 운영하는 동녕공안배훈중심에 투숙하였다. 숙소에서 나와 보니 두만강 대안 도문까지는 230km라고 적혀 있다. 시내 곳곳의 상점에는 중국어와 더불어 러시아어표기가 나란히 적혀 있어, 이곳이 러시아와 무역이 성한 곳임을 대번에 짐작해 볼 수 있었다. 국경도시 동녕, 과거의 중심지는 삼차구였으나, 현재에는 동녕 신시가지로 옮겼다. 저녁 식사는 6시에 하였는데 블라디보스토크에서 맛보았던 바닷가재, 해삼 등이 식탁에 올라 러시아에 온 듯 착각이 들 정도였다.

북만주 최초의 한인 마을 고안촌

9월 21일 아침 일찍 일어나 숙소 주변을 산책하였다. 공안국주변에는 새벽 시장이 서서 살아있는 중국을 보는 듯하였다. 고기를 파는 아저씨, 채소와 과일을 파는 아주머니, 족발을 파는 잘 차려입은 여인네에 이르기까지 장터는 초만원을 이루고 있었다.

장터를 본 후에 러시아물건을 파는 백화점으로 가보았다. 거기에는 라이터, 망원경, 칼, 인형 등 전통적인 러시아제 상품들이 중심을 이루고 있었다. 최근 중국에서 유행하는 노래 CD 몇 장을 산후 2위안을 주고 자전거 리어카를 타고 숙소로 돌아왔다. 1920년대 조선인이 된 듯한 기분이었다.

7시 30경 아침 식사를 한 후 8시 30분경 중국과 러시아의 국경지대에 일본인이 파놓은 국경요새로 향하였다. 동녕현 건강가를 출발하여 암관가를 지나 삼차구, 고안촌을 지나니 마을 앞에 흐르는 개울 앞으로 콘크리트 목침들이 보였다. 그 너머가 바로 러시아땅이다. 고안촌은 북만주지역에서 한인들이 최초로 조성한 마을로 역사적으로 의미 깊은 곳이다. 마을 주변에는 황금물결이 출렁이고 있었다. 현재 이 마을은 순수한 조선인 마을로 한족은 없고, 조선인만 200호가 모여산다고 이 마을에 살고 있는 리영한(1933년생)은 말하였다. 리씨는 강 건너는 러시아의 복다쓰게 마을이라고 알려주었으며, 본인은 경상도 출신으로 요녕성 단동시 봉황성에 살다가 1954년에 이곳으로 이주하였다고 한다. 그는 고안촌에는 함경도인이 대부분 거주자라고 하였다. 마을의 집들은 빨간 벽돌집으로 바둑판처럼 잘 정돈되어 있었다. 이를 통하여 이 마을은 만주사변 이후 일본군들이 의도적으로 재배치한 것임을 짐작해 볼 수 있었다. 마을 안으로 조금 들어가니 고안촌 판공실이 보였고, 이곳이 고안촌임을 증명해주고 있어 더욱 기쁜 마음이었다.

훈산(勛山)일본군 요새와 동녕현성 전투지점

고안촌을 지나 산으로 올라가니 훈산요새가 나타났다. 이 요새는 일본군이 소련의 공격에 대비하여 만든 군사근거지이다. 중소 국경지대에는 이런 요새들이 10여 곳 더 있다고 한다. 1930년대 일본과 소련의 군사적 대치상황과 긴장감을 느낄 수 있었다. 주변에 있는 승홍산(勝洪山)요새는 1934년 봄에 건축하여 1937년에 완공되었다고 한다. 면적 7

만 7천 평방미터, 지하 6천미터 정도이다. 훈산요새는 현재 중국인들의 애국심을 고취시키기 위한 애국 및 국방교육기지로서 활용되고 있었다. 훈산요새의 입구는 평지에서 100미터 정도 올라가니 나타났다. 입구를 지나 갱도로 들어가니 군관침실, 지휘소 등 다양한 건축물이 나타났다. 지하 방카 안에는 사진 등 유물들이 전시되어 있었는데 그중 주목되는 것은 1940년대 김일성 주석과 중국군 채세영이 함께 찍은 사진이다.

우리일행은 훈산요새지를 뒤로 하고 동녕현성 전투가 전개되었던 삼차구로 향하였다. 전투에 대한 설명과 위치비정과 관련하여 한국측과 중국, 북한측의 견해가 다르기 때문에 이 지점은 더욱 주목되었다.

한국측에서는 동녕현성전투에 대하여,

> 1933년 9월 한국독립군이 만주에서 승리를 쟁취한 마지막 전투가 있었던 곳이다.
> 동녕현성은 1930년대 초 왕덕림(王德林)이 이끄는 구국군의 중요한 활동 중심지였으며, 1931년 만주사변 이전까지만 해도 한인 민족주의자들의 활동지역이기도 하였다. 뿐만 아니라 소련과 인접한 곳이었으므로 정치 군사적인 측면에서 만주국이나 일제, 그리고 유격대 모두에게 요충지였다. 때문에 당시 동녕현성에는 일본군 및 만주군을 합쳐 약 2,000여명의 병력과 함께 장갑차와 같은 현대화된 무기들도 집결해 있었다. 역설적으로 군수물자가 풍부하게 있던 동녕현성은 여러 정치 성향의 항일무장부대로부터 주목을 받기에 충분한 곳이기도 하였다.
> 1931년 만주사변후 1933년 9월 6일 한국독립군 이청천은 오의성(吳義成)의 중국구국군과 연합하여 동녕현성을 공격하였다. 동녕은 일제의 중요한 군사적 거점이었다. 이 전투는 2일간 계속되었고, 일제에 큰 피해를 주었다. 그러나 한중연합부대의 손실도 컸다.

라고 하여, 한국독립군이 만주에서 승리를 쟁취한 마지막 전투로 보고 있다. 이에 대하여 북측에서는 『역사사전』에서,

1933년 9월 김일성주석의 총지휘 밑에 항일유격대가 반일부대와 연합하여 동녕현성에 진격했다는 전투. 김일성주석이 1933년 6월 위험을 무릅쓰고 반일부대사령부와 담판을 진행하여 중국공산당 반일부대와의 공동전선을 성과적으로 실현한 후, 그것을 더욱 발전시키기 위하여 그들과의 연합작전의 공격대상으로 동녕현성을 정하고 이를 공격하여 일본군 약 2백명과 위만군 3백여명을 살상하였고 수많은 군수품을 노획하였다고 한다.

또한 이 전투의 승리는 「김일성주석이 제시한 반제공동전선노선의 정당성과 생활력을 널리 시위하였으며 일제와의 투쟁에서 심히 동요하던 반일부대들을 고무추동하고 그들과의 공동전선을 공고 발전시켰고, 또한 이 전투를 통하여 전투에서 항상 주도권을 틀어쥐고 백전백승하는 김일성주석의 탁월한 영군술을 보여주었으며 일제의 소위 (무적황군)의 신화를 깨뜨려버리고 조중인민들에게 승리의 신심을 더욱 굳게 안겨주었다」고 하고 있다(『력사사전 I』, 1971, 538~540쪽).

라고 하여, 김일성 주석의 업적을 높이 평가하고 있다.

우리는 동녕현성 전투가 있던 지점으로 향하였다. 김일성주석은 그의 회고록 『세기와 더불어』(3)(조선로동당출판사, 1992, 199~200쪽)에서 당시의 전투지점 등에 대하여 다음과 같이 묘사하고 있다.

동녕현성전투는 1933년 9월 6일 밤에 시작되어 9월 7일 낮에 끝났다. 우리가 항일전쟁을 하면서 한 전투를 이틀씩이나 끈 실례는 별로 없었다고 한다.

동녕현성을 치는데서 우리가 력점을 찍은 주공방향은 서문밖의 릉선에 2층으로 축성되어 있는 서산포대였다. 이 포대에는 여러 정의 중기

관총과 경기관총들이 배치되어 있었다. 포대와 일제 침략군 부대 본부 사이에는 깊은 교통호와 지하비밀통로가 굴설되어 있어 필요하다면 예비대가 계속적으로 투입되어 공격을 견제할 수 있게 되어 있었다. 구국군이 언제인가 동녕현성을 공격하다가 실패한 것도 이 서산 포대 때문이었다.

필자는 2000년 여름 답사에서 동녕현성 전투가 있었던 동녕현성 서문은 삼차구 입구 도로에 있었으며, 서포대는 그 바로 언덕에 있었다고 하였다. 이러한 주장은 2002년 국사편찬위원회와 중국 흑룡강성 사회과학원, 북측 학자들이 공동으로 참여한 답사에서도 그렇게 규정하였다.

그런데 2003년에 필자와 남북, 중국측 학자들이 참여한 가운데 이루어진 답사에서는 기존의 포대는 중소분쟁당시 건설한 포대이며 일본군 포대가 아님이 밝혀졌다. 이번에 정확한 위치를 비정하기 위하여 중국의 김우종과 북측의 이철 등이 일요일임에도 불구하고 삼차구인민위원회, 당사자료실 등의 간부들에게 자문을 구하여 밝혀냈다. 이에 따르면, 일본군이 진주해 있던 서문포대는 1945년 소련군이 진군했을 때 1차로 폭파시켰다. 그러나 당시에는 벽이 일부가 남아 있었으며, 포대에는 기관총 사격 흔적이 남아 있었다고 한다. 1959년에 북측 조사단이 김우종과 함께 조사했을 때에도 벽의 일부가 있었다고 한다. 현장은 서문이 있던 곳에서 남방으로 100미터 지점이며, 현재에는 옥수수밭 밑에 위치하고 있었다. 또한 현재에도 시멘트와 돌자국이 남아 있어 포대가 있었음을 반증해 주었다. 그러나 동녕현성 전투에 참여한 중국측 부대 인원, 김일성 등 유격대원수, 이청천 등 한국독립군의 수, 일본군 수비대 수 등 전투에 대한 내용과 관련하여 나라마다 이견을 제시하였다.

앞으로 공동답사와 공동연구를 통하여 역사의 진실이 보다 밝혀지길
기대해본다.

2

조선인민의 반일투쟁과 민족문화 전통고수에 관한
백두산 – 평양 국제학술토론회 참가기
(2005.7.20.~7.27)

평양으로 출발―백두산 삼지연에서의 첫밤

평양 순안공항

평양공항에서의 필자

　7월 20일 6.15남북공동선언 5주년과 광복60주년을 기념하는 한국, 북한, 중국 등 3개국이 참여하는 국제학술대회에 참여하기 위하여 서울을 출발, 중국 심양을 거쳐 오후 3시 10분 북한의 고려 항공편으로 평양으로 향하였다. 심양을 출발한 비행기는 370km 떨어진 평양 순안공항에 이륙한지 30분만에 도착하였다. 평양 공항의 온도는 31도 정도였고, 날씨는 무더운 여름이었다. 몇 년 전 TV에서 김대중 대통령과 김정일 국방위원장이 만나는 장면이 떠올랐다.

　북측 학자들과는 그동안 중국에서 몇 차례 학술적 교류를 가졌지만, 직접 북한을 방문하기는 이번이 처음이라 약간의 설레임과 긴장감이 있었다. 순안공항에 내리니 15년 전 처음 홍콩에서 비자를 받고, 중국의 연변을 방문할 당시처럼 평양의 첫 느낌은 조용하고 한산한 기분이었다.

순안공항에서 우리는 학술회의가 개최되는 백두산으로 향하기 위하여 비행기를 다시 기다려야 했다. 입국 수속을 마친 후 공항청사에 들어섰다. 공항에는 북측의 사회과학자협의회 부위원장인 원로 역사학자 최상순(최진혁) 선생이 마중 나와 우리의 손을 일일이 잡으며 입국을 축하해 주었다. 70여 세 노학자의 열정을 느낄 수 있었다.

6시 10분 백두산 근처에 있는 삼지연 비행장으로 향하였다. 삼지연까지는 500km로 약 1시간 20분 정도 소요된다고 한다. 우리 일행을 태운 비행기는 7시 15분 그곳에 도착하였는데, 비행장은 산 위에 만들어진 조그만 것이며, 주변에는 관목들이 늘어져 고산지대임을 짐작해 볼 수 있었다. 저녁 해가 저물어 가는 삼지연은 24도로 점차 차가운 기운을 느껴볼 수 있었다. 공항을 출발하여 30~40분 정도 산속을 달려가는 길의 곳곳에 혁명사적지 그림과 김일성 주석의 동상들의 모습들이 보였다. 바로 이곳이 북측이 강조하는 "백두산 밀영"이구나 하는 생각들이 들었다. 우리 일행은 베개봉 호텔에 여정을 풀었다. 3층쯤 되어 보이는 이 건물은 아담한 건물로 실내는 서양식과 우리 전통식으로 단정히 잘 꾸며져 있었다.

저녁 8시가 넘어 북측의 환영 만찬이 시작되었다. 이 자리에서 중국 연변대학 민족연구원의 최문식원장, 김춘선소장, 차금실실장 등 예전부터 알고 있던 반가운 인물들을 만날 수 있었다. 아울러 북측의 최상순(최진혁, 작고)선생님, 김재복 혁명역사박물관 부관장 등과 접촉할 수 있었다. 최상순은 북측의 대표적 학자로, 한국의 한국학중앙연구원의 학술모임에서 만난 적이 있어 더욱 반가웠다. 특히 이번 북한 방문 시 그와 동행하며, 많은 대화를 나눈 것은 큰 행운이었다. 식당 로비에서 고구려연구재단의 김정배 이사장을 비롯하여 최광식 이사(고려대

한국사학과 교수), 임기완 실장(서울교대 교수) 등 여러분들을 만날 수 있어 남북간의 학술교류가 활발히 진척되고 있음을 느낄 수 있었다. 약간의 설렘과 긴장감 속에 백두산 삼지연에서의 첫 밤은 그렇게 깊어 갔다.

백두산 밀영과 천지

천지에서 최상순(최진혁)과 함께

천지에서 북측학자들과 함께

7월 21일 오전 8시 우리 일행은 베개봉 호텔을 출발하여 백두산 밀영으로 향하였다. 백두산 밀영에는 북측이 자랑하는 정일봉. "김정일장군"의 출생지인 고향집, 사령부, 대원실 등이 위치하고 있었다. '강사'여 선생들은 능란한 말솜씨로 우리 일행에게 백두산 밀영에 대하여 소개해 주었다,

밀영의 위치는 사방이 큰 돌산으로 둘러싸여 있어 쉽게 외부에 노출되지 않는 지역에 위치하고 있었다. 지정학적으로 보더라도 이곳이 사령부터가 있기에 충분한 조건을 갖추었구나 하는 생각이 저절로 들었다. 혁명역사박물관 부관장인 김재복 선생에 의하면, 김일성주석은 계속적으로 밀영을 찾고 싶어했으나 뜻을 이루지 못하여 김일동지에게 위치를 찾아보도록 지시하였다고 한다. 그러나 밀림지대라 찾지 못하

던 중 1980년대 전반기 큰 태풍이 불어 주변에 밀림이 망가진 상태에서, 이곳이 바로 밀영임을 알게 되었다고 한다. 그리고 사방에서 주춧돌 등이 발견되어 이곳이 혁명유적지였음을 확인할 수 있었다고 한다.

우리 일행은 김정일 국방위원장의 출생지인 고향집과 어린 시절 갖고 놀던 장남감 등을 바라보았다. 집 내부에는 김일성, 김정일, 김정숙 등의 사진이 정 중앙에 걸려 있었다. 우리 일행은 이어 김정숙이 김일성의 밥을 짓기 위해 사용하였던 '박우물'도 답사하였다. 이어서 1930~1940년도 사령부로 사용하던 건물, 대원들의 숙소 등을 둘러보았다.

백두산 밀영을 뒤로하고 1시 20분 정도 차로 달리니 멀리 백두산이 바라보였다. 우리 일행은 백두산 정일봉 인근에 차를 세우고 아래로 깔린 찬란한 백두산의 모습을 살펴보았다. 장군봉에서 2,160계단을 내려가면 천지물을 만져볼 수 있다고 한다. 지금까지 여러 번 중국 안도현 쪽에서 백두산을 바라보았지만, 이처럼 북쪽에서 바라보기는 처음이라 감격스러웠다. 특히 날이 너무도 맑아 우리 모두를 축복해 주는 듯하였다. 최상순 사회과학자협회 부회장의 배려로 우리 일행은 '삭도'를 타고 천지 인근까지 내려가 천지에 발을 담그며, 마냥 즐거워하였다. 그러나 물이 너무 차가워 오래 발을 담글 수는 없었다. 오후 2시 천지 옆에서 점심식사를 하였다. 도시락, 불고기, 산천어 회, 산천어 죽, 들쭉술, 기장떡 등 다양한 메뉴가 우리 일행을 무척 즐겁게 하였다.

백두산에서 하산하여 김일성의 항일무장투쟁 가운데 보천보 전투에 이어 두 번째로 주목되는 대홍단 전투지(무산지역전투지)를 답사하였다. 그곳은 대홍군에 위치하고 있었다. 그곳에 설치된 기념물의 웅장함에 놀랄 수밖에 없었다. 무산지역 전투지구는 1939년 5월 23일 김일성

부대가 대홍단에서 일본군을 무찌른 것을 기념하기 위한 곳이다. 그날 전투 후 부대는 만주 화룡현으로 이동하였다고 한다.

보천보전투지

보천보주재소 방어시설

보천보전투지 총탄자욱

보천보주재소

7월 22일 아침 6시에 기상하여 일행은 1939년 6월 4일에 있었던 보천보 전투지역을 향하여 출발하였다. 보천보는 우리의 숙소인 베개봉호텔에서 약 2시간 정도 소요된다고 하며, 혜산에 못 미친 곳에 위치한다고 한다. 보천보로 가는 길에 우리 일행은 보서리를 지나 포태종합농장에 도착하였다. 이곳은 김일성, 김정일 등 북측의 주요 인사들이 방문하여 직접 지도를 했던 이 지역에서는 가장 중요한 그리고 중심적인 위치를 차지하고 있는 농장처럼 보였다. 농장에는 감자, 밀, 콩 등 대단위 재배지들이 위치하고 있었으며, 주변은 고지대임에도 불구하고 넓은 평지로 이루어져 있었다, 주변에는 방풍림의 역할을 하는 나무숲들이 조성되어 있어 고지대임에도 불구하고 기온은 별로 낮지 않다고 한다. 우리 일행은 다시 보서리를 지나 보천보로 향하였다. 가는 중간중간에 길이 끊어졌는데, 운전기사의 말에 따르면, 작년에 양강도 지방에 많은 비가 내려, 상당한 도로유실과 애로가 있었다고 일러 주었다.

보천보로 가는 길에 가끔 중학생(6년제), 초등학생(4년제)들이 행군하는 모습을 볼 수 있었다. 운전기사에 따르면, 그들은 백두산 혁명전적지 답사행군대라고 한다. 1년에 한번 이곳을 답사하며, 애국심도 고취하고 신체도 단련하는 시간을 갖는다며 매우 흡족해 하였다. 학생들은 평양에서 혜산까지 기차로 이동한 후 그 후 행군을 통하여 혁명전적지를 답사하며, 숙영도 한다고 한다. 기차는 혜산까지는 보통궤이며, 혜산에서 삼지연까지는 협궤로 운영되고 있었다. 가는 중간중간에서 협궤 철도를 볼 수 있었다.

혜산에서 보천보까지는 70리 길이다. 이곳 역시 대체적으로 산악지대였다. 베개봉호텔을 출발한지 2시간 만에 우리 일행은 보천보에 도착할 수 있었다. 보천보에는 큰 광장과 더불어 김일성 동상이 서 있었다. 그리고 그 옆에는 보천보지휘소 기념비가 서 있었다. 아울러 김일성이 직접 지휘하던 장소에 황철나무와 총기류가 전시되어 있었으며, 숲 옆에는 가림천이 흐르고 있었다. 김일성 작전지휘소에서 보천보 경찰관주재소는 200m전방에 위치하고 있었다. 김일성부대에서는 <포고>와 <조국광복회 10대강령>을 거리에 내걸었다.

보천보 경찰관 주재소에는 지금도 당시의 총탄자욱이 그대로 남아 있으며, 일제의 경비초소 망루와 기관총결대 등이 당시의 긴장감을 표현해 주는 듯 하였다. 보천보 경찰관주재소에 들어가 보니, 당시에 사용했던 감옥소 역시 그대로 재현되어 있었다. 밖에는 종루가 있어 당시의 모습을 그려볼 수 있었다. 이어서 경찰관주재소 맞은 편에는 소방대 그리고 그 옆에는 면사무소가 위치하고 있었다. 해방 후에는 보천보면 청사로 이용되기도 하였다고 한다. 경찰관주재소 옆에는 일본상점이 복원되어 있었으며, 그 옆에는 우체국이 복원되지 못한 채 당시의 모습을 보존하고 있었다. 1937년 보천보의 모습은 북측에 의하여 복원되어 있었다. 조선혁명군 대원들은 그 후 구시산과 간삼봉 전투에서 또 다시 승리를 거두었다.

구시가지 옆에는 1952년 4월에 개관한 보천보 혁명박물관이 있었는데, 7개의 진열실에서는 보천보전투에 대한 상세하고도 다양한 1천여 점의 자료들을 전시하고 있었다. 특히 김일성부대들에 대한 사진자료들과 신문자료 등 1930년대 항일투쟁에 대한 자료들을 다수 소장하고 있어 앞으로 이 분야 연구에 큰 도움이 될 것으로 기대되었다. 아울러 남북간에 자료 교환 및 공동 답사 등이 이루어지면 좋을 듯 기대되었다.

청봉 숙영지와 리명수 폭포, 삼지연 대기념비, 무산지구전투

보천보지역 답사를 마치고 1시간 정도 달려 리명수 폭포로 향하였다. 가는 길에 보천보에서 얼마 떨어지지 않은 곳에서 청봉숙영지를 답사하였다. 이곳은 1937년 5월 18일 김일성 부대가 1일 동안 숙영한 장소로서 그 범위와 위용이 대단함을 느낄 수 있었다. 숙영지에는 우둥불(밥짓던 자리), 혁명 표어 등이 새겨진 수많은 나무들, 사령부대 등 여러 곳에 광범위하게 나열되어 있는 숙영지를 살펴볼 수 있었다. 그 체계적인 배치와 범위 등을 통하여 당시 김일성부대의 인원정도와 저력 등을 대체적으로 파악할 수 있다고 생각되었다. 김일성부대는 소규모일 때는 200~300명, 대규모일 때는 600명에 가까운 병력이었다고 사회과학자협회부위원장인 최상순은 말하였다. 그의 설명에 따르면 1958년 청봉숙영지를 발견하고, 당시까지 생존해 있던 노병사들의 증언을 통하여 유구들을 발견하였다고 한다.

청봉숙영지를 떠나 리명수 폭포로 향하였다. 리명수 폭포는 리명수(里明水) 즉, 물이 맑은 동네라는 뜻으로, 물이 맑고 풍광이 좋음을 느낄 수 있었다. 모처럼 그곳에서 점심을 먹으며 평소에 느끼지 못한 편안하고 즐거운 시간을 보냈다. 리명수 폭포를 떠나 우리 일행은 삼지연 대기념비가 있는 곳으로 향하였다. 삼지연은 1939년 5월 김일성이 조선혁명군 주력부대를 인솔하고 무산지구로 진출하던 중 휴식하였던 유서 깊은 곳이라고 한다.

이곳은 갑무간선도로를 지나 바로 나타났다. 갑무간선도로는 일본제국주의가 만든 도로인데, 개통하기도 전에 김일성 부대가 대낮에 행군하였다고 하여 백일행군 또는 일행천리전술이라고 한다고 한다. 지금 갑무간선도로에는 김일성이 붉은 깃발을 앞세우며, 행군하는 벽화가 그려져 있다. 갑무간선도로를 따라 가보니 삼지연 대기념비가 나타났다. 못가에는 무산전투지구 승리 40돐(1979.5)에 즈음하여 삼지연 대기념비를 세웠다. 그리고 삼지연혁명사적관을 새로 건설하였다.

넓은 광장에 여러 군상들과 횃불 그리고 김일성의 동상이 서 있었다. 제일 좌측에는 청봉숙영지에서 김일성 부대가 숙영하는 모습을 사실적으로 묘사하고 있으며, 다음에는 진달래 꽃을 듬뿍 안고 있는 모습을 하고 있는 대홍단(무산지구전투)의 모습을 보여주고 있다. 아울러 갑무간선도로를 행군하는 모습, 보천보전투 당시 진군하는 모습 역시 보여주고 있다.

15m나 되는 김일성의 젊은 시절 모습 뒤편에는 삼지연 모습이 그리고 그 뒤로는 백두산이 그 위용을 자랑하고 있었으나, 우천 관계로 백두산의 모습은 희미하게 멀리 보이고 있었다. 삼지연의 경우 김일성이 대홍단으로 가기 전 잠깐 쉬었다 간 곳으로 알려지고 있다.

삼지연 대기념비를 보고 나서 백두관으로 가, 그곳에서 백두산 전적지 등에 대한 전체적인 모습을 소개 받았다. 이어 호텔로 돌아와 짐을 정리하고 '혁명투사'들이 즐겨 먹던 감자를 구워 먹으며 당시 독립운동가들이 식생활에서도 얼마나 고생하였을까 되새겨보게 되었다.

다시 평양으로

오후 6시 10분 다시 우리 일행은 삼지연 공항을 출발하여 평양으로 향하였다. 평양까지는 1시간 10분 정도 소요될 예정이며 우리는 평양

시내에 잇는 고려호텔에 투숙할 예정이다.

7시 10분경 평양 순안공항에 도착하였다. 10여 년 전 처음 중국 연길 공항에 도착하였을 때 느꼈던 편안함과 단아함을 느껴볼 수 있었다. 공항을 나서서 우리 일행은 평양시내로 향하였다. 우리의 숙소인 고려호텔까지는 약 20분 정도 소요된다고 일러주었다. 시내로 향하는 길에는 도로는 넓으나 차량은 별로 없어 시원한 느낌을 가질 수 있었다. 도로 양 옆으로는 시민들이 저녁 식사 후 더위를 이기려 시원한 야외로 나와 있는 듯하였다. 큰 건물과 한적함이 조화된 그런 모습이었다. 차로 15분 정도 달리니 웅장한 모습의 개선문(1925~1945)이 나타났고, 정면에 다시 평양대극장, 좌측 편에 인민대학습장 등이 그 위용을 자랑하였다.

만수동 가까이에 도착하니 천리마상이 역시 그 위용을 자랑하고 있었다. 직진대로에서 우회전하여 들어가니 인민대회의장이 있고, 이어 만수대가 나타났다. 정면에 김일성동상과, 우측에 혁명 항일무쟁투쟁 시기를 보여주는 군상들, 좌측에는 사회주의 건설기의 모습들을 보여주는 군상들의 모습이 웅장하게 서 있었다. 이곳 평양을 방문하는 모든 사람들은 일단 이곳 만수대를 방문하여 김일성에게 인사를 올리게 된다고 한다. 만수대 동상 뒷 편에는 조선혁명역사박물관이 위치하고 있었다. 이 조선혁명역사박물관은 김일성주석과 김정일 위원장의 '혁명활동'에 관한 자료를 전시한 북한 최대 박물관으로, 연 건축면적 5만4천㎡에 90여 개의 전시관을 갖춘 곳이다. 우리와 동행하고 있는 김재복, 백영심, 최춘희 선생들이 이곳에 근무한다고 하여, 자신들의 역할과 위상을 자랑하였다. 이들은 백두산 밀영 답사에서 여러 가지 많은 도움을 주었다.

만수대를 지나 고려호텔에 여정을 풀었다. 이 호텔은 서양식 호텔로 모든 것이 외국인들을 위하여 잘 정리되고 있는 듯 하였다. 이곳에서 재작년 경박호에서 한 회의에 참여하였던 이선생(이정혁: 본명 이재수)를 만나게 되었다. 2년 만의 만남이라 서로가 매우 반가워하며 재회의 기쁨을 나누었다. 이 선생을 여러 측면에서 나에게 배려를 해 주었다. 특히 평소 알고 지내는 연변대 민족연구원 최문식 소장과 호형호제하는 사이었다. 저녁 식사는 청주사람인 한대수 청주시장 함께 하였다.

만경대, 김일성종합대학, 애국열사릉, 재이북자묘

7월 23일 오전 9시경 김일성의 출생지인 만경대로 향하였다. 고려호텔에서 평양시 신앙리에 있는 보통문, 그리고 체육관들이 즐비하게 들어서 있는 청춘거리를 지나 만경대 다리를 건너 '만경대 고향집'에 도착하였다. 이곳은 1912년 4월 15일 김일성이 출생한 곳으로, 그의 증조부가 가난하여 이곳으로 이주하였다고 한다. 삼랑집인 이곳에서 출생한 김일성은 그의 어린 시절에 이곳 만경대에서 대동강물을 바라보며 큰 꿈을 키우며 성장하였다고 한다. 그는 14세 시 만주 길림에 있는 송화강변의 육문중학교에서 공부를 시작하였다.

김일성이 출생한 이곳 만경대는 성역화되어 있으며, 현재에는 어린 유치원 학생부터 해군(군인)에 이르기까지 많은 참배객들이 줄을 지어 참배를 대기하고 있었다. 초가집인 만경대에는 김일성의 조부 김보현과 그의 할머니 사진 등 가족사진들과 해방 후 김일성이 귀국하여 할머니와의 상봉사진, 그의 삼촌인 김형권의 사진 등이 진열되어 있었다.

만경대 고향집 뒤로는 만경대가 있었으며, 대동강변을 바라볼 수 있게 되어 있었다.

우리 일행은 만경대 견학을 마치고, 넓은 거리인 광복거리를 지나 붉은 거리, 보통문을 지나, 주체사상탑에 가보았다. 내부에는 엘리베이터가 설치되어 있었으나 고장이라 가동되지 않았다. 주체사상탑 맞은편에는 김일성 광장, 인민대학습장 등이 있었다. 그리고 옥류관 방향에는 멀리 대동문과 연광정의 모습이 보였다. 그러나 날씨가 흐려 정확히 바라볼 수 없었다. 주체탑을 견학하고 평양 단고기 집으로 이동하여 점심을 먹었다.

점심 식사 후 김일성 종합대학을 방문하였다. 그곳은 김일성이 묻혀 있는 금수산 옆에 위치하고 있었다. 사회과학 분야 부총장인 조철과의 면담이 있었다. 이어 1960~1964년 사이에 김일성 대학을 다녔던 김정일 전람관을 보았다. 1960년 김정일이 정치, 경제학을 공부하는 과정, 고구려 통일의 역사서술 강조, 1960~1964년 사이의 사진, 김정일과 그의 여동생 김경희의 사진 등을 볼 수 있었다. 김일성 대학 구내에는 김일성 동상과 학교 건물들이 들어서 있었다. 1946년에 설립된 이 대학은 2006년에 60주년을 맞는다고 한다.

한편 평양시 북쪽에 위치한 형제산구역 신미리에 위치하고 있는 애국열사릉에 대하여 소개받았다. 애국열사릉은 1986년 9월 문을 열었다. 여기에는 현재 총 628기의 묘소가 안장되어 있다고 한다. 그 가운데에는 남조선 혁명가 40명, 반일애국열사 및 항일혁명열사 110명 정도가 모셔져 있으며, 통일운동을 위하여 노력한 남조선혁명가에는 최근에 남측에도 알려진 이선실의 사진과 묘소도 있다고 한다. 묘소에는 항일투쟁을 전개한 엄항섭, 조완구, 오동진, 윤기섭, 김시우(정의부), 장철호, 양세봉, 유동열, 손현태, 이극로, 3·1운동 33인 중 1인인 김창준 목사, 오하영, 무용가 최승희, 아울러 정무원 부총리를 지낸 정준택, 역사학자 김석형, 박시형, 김광진 등의 묘소도 있다고 한다. 묘비 상단에는 각 인물들의 사진이 새겨져 있다.

평양시에는 그밖에 1975년 10월 대성산 주작봉 일대에 건립된 혁명열사릉이 있다고 한다. 이곳에는 김정일 위원장의 생모인 김정숙과 김책 전 부수상 등 북한 정권의 핵심 1세대 140여명이 묻혀 있다. 각 묘비 위에 반신상이 조각되어 있고, 분묘와 비석이 개인별로 놓여 다른 묘역과 구별된다.

아울러 재이북인사들은 평양 용성구역에 별도로 62명 정도가 모셔져 있다고 한다. 이곳은 최근에 조성된 듯 보이며, 정인보, 안재홍, 이광수 등의 묘소와 아울러 독립운동가로서는 박열(1902.2.3~1974.1.17)(재북평화통일촉진협의회 집행위원), 김약수(1894~1964.1.10)(재이북평화통일촉진협의회 상무위원) 등이 있다고 한다. 전체 명단은 다음과 같다.

▼재북 인사 묘역에 안치된 62명▼
강욱중 김경배 이구수 정인보 김옥주 황윤호 박윤원 김병회 송호성 이문원 안재홍 배중혁 원세훈 유기수 김효석 박철규 신석빈 김약수 조종승 박보렴 이만근 백상규 양재하 조헌영 김칠성 박승호 명제세 현상윤 김종원 백관수 허영호 박 렬 구덕환 이춘호 신성균 신상봉 설민호 권태희 김용무 김상덕 이광수 이상경 백승일 박영태 김장렬 오정방 김헌식 장연송 김의환 장현식 김종선 김동원 이종성 노일환 정인식 김이식 김구홍 이순택 김한규 고명우 신용훈 박성우(묘역 앞줄부터)

애국열사릉(가나다순)

김규식   김석형   유동열

이기영   이용   무정

박세영   박시형   백남운

엄항섭   윤기섭   이극로

조소앙   조완구   최동오

허정숙   홍기문   홍명희

재이북자묘

재이북자묘 전경 1

재이북자묘 전경 2

정인보 안재홍

김상덕 김의한

박열 김약수

원세훈

현상윤　백관수

이광수

송호성

학술회의, 중앙역사박물관, 대동문, 연광정, 동명왕릉

인민문화궁전

학술회의 전경

7월 24일 오전 9시부터 평양 인민문화궁전에서 『조선인민의 반일투쟁과 민족문화 전통고수에 관한 백두산－평양 국제 학술토론회』를 개최하였다. 9시부터 최상순 사회과학자협회 부위원장의 축사를 시발로 하여, 연세대 부총장, 서원대 손문호 총장, 한대수 청주시장의 축사가 이어졌다. 10시부터는 기조발제가 시작되었다. 먼저 조선혁명박물관 김재복 부관장의 백두산에서의 항일혁명투쟁에 대한 발표가 있었다. 이어서 북측의 최춘희 등 혁명역사박물관의 학자들의 김일성의 항일투쟁 등에 대한 발표가 이어졌다. 이날 필자도 한국학계에서의 독립운동사 연구동향과 과제라는 주제로 발표를 하였다.

7월 25일에도 오전 8시부터 인문문화궁전에서 학술회의가 속개되었다. 처음에는 연세대 국문과에 있는 허경진 교수가 안중근 의사의 항일문학에 대하여 발표하였다. 안중근 의사의 문학적 소질, 배경, 작품 등에 관한 분석으로서 지금까지 우리 학계에서 별로 주목하지 못한 부분이라 흥미로웠다. 필자는 이 논문 발표에 이어 북측 학자들에게 북에서의 안중근 연구 현황 및 자료에 대하여 문의하였다. 혁명박물관 부관장인 김재복은 김일성이 안중근 가족을 잘 돌보아 주라는 교시가 있었다고 하며, 해방 후 안중근의 여동생인 안시호를 찾아 잘 대해주었으며, 그녀는 초대 중앙연맹위원회의 부위원장이 되었다고 언급하였다. 아울러 안중근 의사의 조카인 안우생 역시 조국평화통일위원회에서 일하였으며, 사후 애국열사릉에 안장되었다고 한다. 또한 북측에서는 연극 「혈분만국회」, 영화 「안중근 이등박문의 심장을 쏘다」 등을 통하여 국민들에게 애국심 고취에 노력하였다고 하였다. 다음에는 북측 홍성찬 선생이 선군정치에 대한 발표가 있었다.

점심 식사 후 중앙역사발물관을 방문하였다. 이곳은 대동문 근처 김일성 광장에 위치하고 있으며, 고대부터 근대까지 유물들을 전시하고 있었다. 특별히 주목되는 것은 한국에서 볼 수 없었던 고구려, 발해 유물들, 그리고 구석기, 낙랑 등 유물들이 다수 진열되어 있었다. 특히 근대관에는 이준열사의 묘소 증명서, 안중근 의사의 "第一江山" 유묵 등이 있어 이채로웠다.

박물관 근처의 대동문과 연광전(鍊光亭)을 보고 대동강변을 바라보았다. 이곳 평양에 오니 역사의 흔적들을 여기저기서 살펴볼 수 있었다. 대동문 등 근처에는 새 출발을 하는 신혼부부들의 사진 찍는 모습들이 아름다워 보였다. 대동문을 뒤로하고 우리 일행은 고구려의 시조인 동명왕릉으로 향하였다. 가는 길에 "개성 160km"라고 쓰여 있는 안내판이 나와 개성을 지나 서울로 가면 얼마나 좋을까 하는 생각이 들었다. 조국이 같음에도 불구하고 중국을 거쳐 다시 한국으로 가야 하는 이 현실이 무척이나 안타까웠다. 평양에서 원산 방향으로 차로 30분정도 달리니 동명왕릉이 나타났다. 동명왕릉은 평안남도 중화군 동두면 진파리(현재 북한의 평양시 역포구역 왕릉동)에 위치하고 있다. 이 무덤은 전부터 고구려의 시조인 동명성왕의 능으로 전해져 왔으며, 1974년에 발굴 조사 되었다. 동명왕릉의 외부구조는 2단의 돌기단 위에 사각추형으로 흙을 쌓아 올린 돌기단 흙무덤이다.

주변에는 정릉사(定陵寺)라는 원찰이 위치하고 있었다. 기와가 붉은색이어서 이채로웠다. 고구려의 기와는 붉은색이었다고 이 분야 전공자인 하일식 교수가 일러주었다. 동명왕릉은 새로이 조성되어 있었으며, 주변에는 고구려 고분이 다수 있고, 특히 온달장군의 묘도 있다고 하여 귀가 솔깃하였다.

동명왕릉은 유네스코가 지정한 세계문화유산의 하나라고 하니 더욱 흥미로웠다. 특히 중국의 동북공정 가운데 고구려를 자신의 소수민족 국가로 인정하려는 가운데, 중국 집안시의 유적과 평양의 동명왕릉이 공동으로 인정되어 고구려의 역사가 왜곡되지 않을 수 있었다고 한다.

묘향산, 국제친선전람관

7월 26일 오전 7시 30분 묘향산으로 향하였다. 평양에서 묘향산까지는 약 2시간 정도 소요되었는데, 관광도로로 달려 차들이 없었다. 운전기사는 이곳 관광도로는 묘향산으로 가는 관광차들이 많이 다니는 곳으로 화물차 등 일반차는 다닐 수 없다고 한다. 길은 잘 닦여져 있었고 편도 2차로로 되어 있었다. 묘향산에 가는 길에 긴 강이 흘러 물어보았더니 청천강이라고 한다. 말로만 듣던 청천강을 직접 바라보니 감개무량하였다.

묘향산에 들어서자 안내원은 우리 일행을 먼저 "국제친선전람관"으로 안내하였다. 이 전람관은 1978년 8월 26일 개관하였다고 하며, 2개의 큰 전시관으로 이루어져 있었다. 하나는 김일성수령 전시관이며, 또하나는 김정일장군 전시관이었다. 전시관 주변에는 관람하기 위하여 수많은 인파들이 모여들었다. 특히 연변조선족 자치주의 조선족 어린이들이 다수 참관하는 것이 이채로웠다. 김일성수령 기념관에는 김일성이 1948년 8월 이후 각국으로부터 받은 수많은 기념품들이 전시되어 있었다. 그 가운데는 스탈린과 역도산 등이 바친 자동차, 중국과 러시아에서 기증한 철도 차량 등이 특별히 주목되었다.

김정일 장군관에는 5만 여점의 선물이 대륙별, 나라별, 시기별로 전시되어 있었다. 남조선관이 3개나 있어 이채로웠다. 이곳에는 1972년 박정희 대통령이 보낸 은칠보꽃병, 은담배갑 등이 있었으며, 동아일보 기자들이 기증한 보천보전투호외를 금으로 만든 것이 전시되어 있었다. 아울러 고합그룹 장치혁 회장(독립운동가 산운 장도빈의 아들) 일행이 기증한 "황금지휘봉"도 있었다.

이어서 고려시대 968년 광종시에 창건된 보현사로 향하였다. 이절은 평안북도 연변군 북신현면(지금의 평안북도 향산군 향암리) 묘향산에 위치하고 있다. 수행처로서의 좋은 여건을 갖추고 있을 뿐만 아니라 임진왜란시 구국의 선봉에 섰던 서산대사의 입적처로도 잘 알려져 있다. 이 절에는 특히 서산대사와 관련된 것들이 다수 전시되어 있었다.

우리 일행은 보현사에서 사명대사의 비석, 보현사 13층 석탑 등을 볼 수 있었다. 아울러 만폭동의 비선폭포 등의 자연의 아름다움을 마음껏 즐기었다. 다시 보현사를 뒤로 하고 일행은 룡문대굴로 향하였다. 이 굴은 평북 구장군에 위치하고 있었으며, 1959년 탄광광부들이 채광시 발견하였다고 한다. 1995년 이후 개발하기 시작하여 최근에 이르러 관광명소가 되었다. 굴에 있는 다양한 모양의 석꽃들과 안내원의 재치있는 안내는 많은 사람들의 웃음을 자아내었다. 룡문대굴의 관광을 마친 후 우리 일행은 저녁노을이 비치는 청천강과 북녁들판들을 바라보며 평양숙소인 고려호텔에 돌아왔다. 평양 시내에 들어서니 내일이 6·25 전쟁 전승기념일이라 휴일이라고 하며, 사방에 불빛이 환희 빛나고 있었다. 동족의 비극인 6·25전쟁. 북에서는 민족해방전쟁이라고 하며,

그 승리를 기념하고 있는 모습을 바라보며, 분단의 아픔을 다시금 느끼게 되었다.

3

남북역사용어 공동연구 제1차 학술회의 참가기
(개성, 2008.4.24.~25)

2008년 4월 24~25일 개성에서 개최되는 남북역사용어공동연구 제 1차학술회의에 다녀왔다. 이번 학술회의는 남북이 서로 역사적 사실과 인식에 대하여 공통점과 차이점을 찾아보고, 이를 토대로 남북역사용어 공동사전을 편찬하기 위한 노력의 일환으로 추진되는 것이었다.

남측에서는 서중석교수(성균관대, 남북역사학자협의회 위원장), 홍순권교수(동아대, 남북역사용어공동연구 팀장), 정태헌교수(고려대, 남북역사학자협의회 기획총괄위원장) 등 19명이 참여하였고, 북측에서는 조희승 조선사회과학원 역사연구소 소장, 리정희(여, 현대사), 황명철, 주성철, 장청욱, 이광남(근대사), 리철홍, 김미연(여) 등 여러 학자들이 참여하였다.

24일 오전 11시경 개성 자남산여관에서 서로 각 3명씩 조선시대 붕당, 임진왜란, 자본주의 발생, 평안도 농민전쟁 중 여러 주제에 대하여 발표가 있었다. 남측에서는 홍순민(명지대, 붕당정치－당쟁), 한명기(명지대,임진왜란), 조광 교수(고려대, 실학사상) 등의 발표가 있었다. 북측에서는 주성철(세도정치), 장청욱(평안도 농민전쟁), 황명철 연구원(자본주의적 관계의 발생)의 발표가 있었다. 이번 학술회의는 양측의 발표만 있었을 뿐 공식적인 토론은 없어 아쉬움을 더하였다. 그 아쉬움은 점심 만찬 장소에서 어느 정도 해결될 수 있었다. 개성 인삼 등 맛나는 음식과 들쭉술, 산삼주 등으로 얼큰해진 남북의 학자들은 학담과 사담으로 시간 가는 줄 몰랐다. 앞으로 여러 시대의 주제에 대한 발표 및 사전 편찬이 있을 것으로 보인다.

발표회 후 고려시대의 궁궐인 만월대를 답사하였다. 이곳은 남북한이 공동발굴하고 있는 현장이기도 하여 더욱 가슴 뭉클하였다. 송악산 아래의 만월대의 경우 그 크기와 규모가 놀라웠다. 처음 금천을 지나 높은 3개의 계단들이 있었다. 주로 만월대를 언급할 때 항상 등장하는 사진이다. 너무나 가파르고 웅장하여 실제 사용하는 계단인가 의아할 정도였다.

남북학술회의 참여자

만월대

　계단을 오르니, 뒤로 높은 돌산인 송악산이 정면에 웅장하게 펼쳐져
있었다. 한마디로 악산이라고 표현할 수 있을 듯하다. 긴 머리를 펼쳐
내린 여인이 만삭을 하고 누워 있는 형상이라고들 한다.

　송악산을 향하여 만월대에 남아 있는 이곳저곳을 돌아보며, 궁궐의
크기가 보통이 아니구나 하고 느낄 수 있었다. 수많은 주춧돌과 계단석
들이 이를 반증해 주고 있었다. 서쪽에 남북 공동발굴단이 발굴한 다양
한 모습들을 볼 수 있었다. 과거에는 그곳에 아무것도 없는 것으로 알
고 있었다고 한다. 앞으로 동쪽 측면의 발굴 또한 필요하지 않을까 여
겨졌다.

　망한 왕조를 상징하는 망월대를 바라보며, 고려의 충신들과 민중들
을 그려본다. 아울러 세월과 인생을 다시금 생각하게 된다.

　오후에는 개성공단에 입주한 <신원>이라는 의복회사에서 일하는

북측 노동자들을 접할 수 있었다. 그 후 현대아산 사무소에 들려 공단의 전반적인 건설계획에 대하여 브리핑을 들을 수 있었다. 저녁은 북측에서 운영하는 <봉동관>에서 하였다. 숙박은 현대아산에서 건설한 송악프라자에서 하였는데 남측에서 들어온 첫 1박 손님이라고 하여 현대의 특별한 배려가 있었다. 다음날 아침 현대직원들의 구내식당에서 아침을 먹고 개성답사에 나섰다

개성공단 신원

우리 일행은 개성을 방문한 첫 1박 손님이었다. 현재 개성 관광은 당일만이 허용되는 상황이었다 그래서 우리는 아침 식사를 하고 북측출입사무소로 가서 다시 출입신고를 마치고서야 개성에 다시 들어설 수가 있었다. 이런 경우도 처음이라고 현대 아산측에서는 기뻐하며 말하

였다. 보통은 남측출입사무소 밖으로 나갔다가 우리 측 파주 등지에서
숙박하고 다시 북측출입사무소로 들어와야 한다.

리기창 북측 안내원의 도움으로 개성 시내의 설명을 듣고 이어서 박
연폭포, 대흥산성 북문, 관음사를 보았다. 기가 막힌 장관이라는 표현
밖에 할 수 없을 듯하다.

박연폭포

개성중심가로 들어오니 자그마한 남대문이 버티고 서 있었다. 거기에는 건국절 축하 문구가 적혀 있었다. 당일 4월 25일이 북측의 인민군 창건일이기 때문이라고 안내원은 설명하였다. 남대문에서 식사 장소인 개성여관으로 향하는 길에는 옛 한옥의 모습들과 맑은 개천들이 즐비하게 있어 이곳이 역사적 도시임을 확인시켜 주었다. 이러한 모습들은 몹시도 친근하게 다가왔다.

점심때에는 개성시내 민속여관에서 12개 반찬이 있는 상과 맛있는 삶은 닭 그리고 개성 소주를 한 잔 할 수 있었다. 그곳에서 <력사사전>(1~5)권을 살수 있는 행운을 얻기도 하였다,

개성에서의 점심 식사

이어서 정몽주의 집에 건립된 <숭양서원>, 정몽주가 죽은 <선죽교>, 그의 충절을 기린 <표충비>, 고려 역사교육의 산실 <고려성균관>과 성균관 안에 있는 고려박물관도 돌아볼 수 있었다.

숭양서원

선죽교

이번 방문을 통하여 남북, 북남 간의 역사교류의 필요성을 절감하였다. 아울러 책 속에서만 느꼈던 고려시대가 살아 돌아오는 느낌을 지울 수 없었다. 안내원의 설명에 "저곳이 최영장군이 돌아가신 덕물산이고요, 저곳이 두문동, 용수산, 만수산, 낙타교, 임꺽정의 청석골, 실학자 연암 박지연 묘, 황진희묘, 천마산입니다"라는 말이 더욱 귀에 쟁쟁하다.

2008년 4월 24일(목)~4월 25일(금)

남북역사학자협의회

1. 행사명 : 남북역사용어공동연구 제1차 학술모임

2. 참가자

	이 름	직 책
1	서중석	남북역사학자협의회 위원장, 성균관대 교수
2	홍순권	남북역사학자협의회 남북역사용어공동연구 팀장, 동아대 교수
3	정태헌	남북역사학자협의회 기획총괄위원장, 고려대 교수
4	조 광	고려대 교수
5	홍순민	명지대 교수
6	한명기	명지대 교수
7	박 환	수원대 교수
8	조재곤	동학농민혁명참여자명예회복심의위원회 조사연구팀장
9	하일식	남북역사학자협의회 기획총괄위원, 연세대 교수
10	김양식	충북개발연구원 연구위원
11	김건태	성균관대 교수
12	이철성	건양대 교수
13	정병욱	남북역사학자협의회 기획총괄위원, 국사편찬위원회 편사연구사
14	이욱	한국국학진흥원 연구원
15	권내현	남북역사학자협의회 기획총괄위원, 고려대 교수
16	이송순	친일반민족행위자재산조사위원회 사무관
17	조성산	고려대학교 민족문화연구원 연구교수
18	신준영	남북역사학자협의회 사무국장
19	김경순	남북역사학자협의회 기획홍보부장

3. 출발 및 해산 장소

○ 출발 : 2008. 4. 24. 오전 7시 40분. 서울역 구청사 뒷편 현대자동
차 앞(개성행 대화관광 전세버스)

○ 해산 : 2008. 4. 25. 오후 7시 30분. 서울역에서 하차.

* 도중 하차 가능.

4. 개성출입 절차

○ 오전 7시 40분 : 서울역 출발

○ 오전 9시 20분 : 도라산 남측출입사무소(CIQ) 도착.

　　　　　　　　대화관광버스에서 하차.

　　　　　　　　방북증 배부. 핸드폰 유치

　　　　　　　　(핸드폰은 북측 반입 금지 품목임).

　　　　　　　　검역신고서 세관신고서 휴대(귀경시 제출).

　　　　　　　　세관검사－＞ 출경심사 후 대화관광 버스에 다시 승차.

○ 오전 10시 : 분계선 월경.

○ 오전 10시 10분 : 북측 출입사무소(CIQ) 도착－＞ 개인짐 가지고
버스 하차－＞ 세관 검사(가방 열어봄)－＞ 입경심사(방북증 제
시, 소속을 "남북역사학자협의회"라 밝힐 것) －＞ 북측 마중차량
에 승차－＞ 숙소(송악플라자) 체크인－＞ 회의장(개성 자남산 려
관) 이동

○ 이후 현장 안내에 따름.

5. 행사 일정(4.24~4.25)

날짜	시간	일정	장소
4월 24일	11:00~13:00	학술회의	개성 자남산 려관
	13:00~14:30	오찬	자남산려관
	14:30~15:30	역사유적 답사	만월대
	16:00~17:00	개성공단 참관	개성공단 입주기업
4월 25일	09:40~11:10	박연폭포	
	12:00~13:00	점심식사	
	13:10~13:40	숭양서원	
	13:50~14:20	선죽교, 표충비	
	14:30~15:40	개성 고려박물관	
	17:10	MDL 통과	
	19:30	서울 도착	

※ 현재 북측 당국이 남측인원의 개성시내 관광은 일체 현대를 통해 진행하도록 하고 있어, 4월 25일에는 개성관광코스에 따라 역사 유적 답사를 진행합니다.

※ 4월 24일 오후에는 만월대를 답사합니다. 만월대는 현재 개성관 광 코스에 포함되어 있지 않으나, 남북역사학자협의회가 발굴조 사를 진행하고 있어 특별히 이번 행사 참가자들에게만 방문이 허 가되었습니다.

6. 학술회의 식순(예정)

1) 개회선언 : 남북공동 사회자
2) 인사말씀

○ 남측 : 서중석(남북역사학자협의회 위원장)

○ 북측 : 조희승(조선사회과학원 력사연구소 소장)

3) 발표

　○ 남측

　　* 홍순민(명지대 교수) : 당쟁

　　* 한명기(명지대 교수) : 임란

　　* 조광(고려대 교수) : 실학

　○ 북측

　　* 3월말 실무협의시 세도정치, 안중근, 1910년대 독립군 운동을
　　　거론했으나, 조선후기 쪽으로 재조정하기로 함.

4) 폐회선언 : 남북공동사회자

7. 숙소 및 식사

○ 숙소는 개성공업지구 내 송악플라자(2007년 12월 개관).

○ 개성공업지구에 최초로 문을 연 여행자용 숙소임.

　* 난방, 온수 공급 되고, 욕실, 텔레비전(남측 방송), 냉장고 있음.

　* 치약 칫솔 면도기 등 유료임.

○ 식사

　*아침 식사 : 오전 7:00~8:00.(관광 일정에 맞춰 조정)

　*점심 식사 : 첫날－자남산 려관에서 북측 발굴대와 오찬

　　　　　　　둘쨋날－관광 식당(개성 11첩 반상)

　*저녁 식사 : 송악플라자

ㅇ 편의시설 : 숙소내에 편의점, 개성공단 생산품 판매점, 술집 있음.
일체 달러 사용(한화 사용 불가능).

ㅇ 통신 : 객실에서 서울에 전화 가능(자부담). 인터넷은 불가능.

8. 준비 사항

ㅇ 복장 : 24일은 정장, 25일은 유적 답사에 편한 복장. 평균기온은
서울과 비슷하나 체감온도가 서울보다 낮음.

ㅇ 신분증명서 : 방북증으로 가능. 여권, 주민등록증 불필요.

ㅇ 개인경비 및 환전

* 쇼핑이나 개별 편의시설 이용하실 분은 미리미리 개인경비 준비
요망(막상 현지에 가시면 북측 서적 등등 구입하고 싶어 하심)

* 2008년 초부터 법령에 의해 북측 상점과 개성공단 시설들에서
일체 달러만 사용하게 됨. 북측 상점에 거스름돈이 별로 없으므
로, 1달러, 5달러를 많이 섞어 환전하시기 바람(4월 24일 아침에
남측출입사무소 내 우리은행에서도 환전 가능).

ㅇ 휴대폰

* 휴대폰은 북측 지역 반입금지 품목임. 4월 24일 아침 남측출입사
무소 도착 후 남북역사학자협의회 사무국 김경순 부장에게 맡기
시면 귀경시 찾아드림.

ㅇ 카메라

* 디지털카메라, 가정용 비디오 카메라(24배줌 이하)는 휴대 가능
하나 고배율 망원렌즈(160mm 이상)는 반입금지 품목임. 현상
안한 필름은 반출 금지 품목이므로 필름카메라보다 디지털카메

라를 준비할 것. 디카도 출경시 세관에서 모든 촬영 내용 일일히 검열함. 검열가능하게 밧데리 남겨놓으셔야 함.

○ 의약품 : 개인의약품이나 상비약 준비 바람.

○ 전기용품 : 개성 지역은 220볼트.

※ 노트북 휴대는 통일부의 사전 반출허가를 받아야 합니다. 수속상 지참을 자제해주시면 감사하겠습니다.

9. 주의 사항

○ 남쪽 발행 서적 등 인쇄물 지참을 원칙적으로 금지

* 북측 입경시 세관에 가방을 열어 일일이 확인함. 남쪽 발행 인쇄물, 특히 신문이나 종교서적 등은 지참 금지. 학술회의에 필요한 서적, 개인교양서적 등은 최소로 지참하시되, 세관원의 용도 질문에 반드시 "내가 볼 것"이라고 답변 요망.

* 북측 참가자들에게 남측 서적을 임의로 주시면 사상문제화 될 수 있으므로 주의 요망.

○ 선물

* 북측 규정상 북측 참가자가 남측 참가자들로부터 개인적으로 선물을 받는 것은 금지되어 있으니, 선물이 있으시면 주최측을 통해 일괄 전달 바람.

○ 사진 촬영

* 반드시 허가된 장소(만월대, 답사지 등)에서만 사진 촬영하셔야 함.

* 개성시민이나 인민군 촬영은 금지되어있음.

* 버스 이동중 촬영은 절대 금지.

* 위반시 북측 안내원이 카메라를 압수하는 것은 물론 학술회의 일정 자체가 취소될 수도 있으니 각별히 협조해 주시기 바람.

ㅇ 호칭

* 북측 학자, 보장성원(민족화해협의회 성원), 관광안내원들은 ○○○선생, 북측 식당, 상점 복무원은 ○○○동무 또는 ○○○씨로 불러주시고 '아가씨'는 피해주시기 바람.

<보람있는 일정이 되시기 바랍니다.>

번호	

이름	(한글)	주민등록번호	
	(영어)	신장	
성별	□ 남　　　□ 여	생년월일	

연락처	(자택전화)	소속 및 직책	소속	
	(직장전화)			
	(HP)		직책	
	(E-mail)			

주소	(자택)			
	(직장)			

방북교육	□ 이수			
	□ 미이수			

* 방북경비 환불계좌	은행명			
	계좌번호			
	예금주			

* '신장'을 비롯한 위 항목들은 통일부 방북승인을 받기 위한 필수사항입니다.
* 방북교육은 반드시 한차례 이상 받으셔야만 방북이 가능합니다.
  (금강산 및 개성관광을 위한 방북교육은 제외)

2008년 1월
남북역사학자협의회 역사용어공동연구 기획팀 드림

　　북측 사회과학원 역사연구소와 공동으로 수행할 '남북 역사용어 공동연구' 사업이 성사되었습니다. 그동안 남북역사학자협의회를 중심으로 몇 가지 사업들을 해왔으나, 이 작업은 비록 낮은 수준에서나마 남북의 역사학자들이 실질적인 차원에서 일을 함께 하는 중요한 계기가 되리라 생각합니다. 따라서 가볍지 않은 의의를 갖는 일인 만큼, 여러 선생님들이 집필에 힘을 보태주시기를 간곡히 부탁드립니다.

　　이 사업은 처음에 '역사용어 비교사전'으로 추진되었으나, 북측과 협의하는 과정에서 '남북 역사용어 공동연구'로 명칭이 바뀌었습니다. 그러나 집필 방향과 내용 등은 큰 변화가 없습니다. 따라서 선생님께 의뢰하는 항목들을 아래의 '취지' 및 '원칙'에 준하여 작성해주시면 고맙겠습니다.

　　개인별 집필항목은 별도의 파일로 붙입니다. 확인하셔서 착오없으시기 바랍니다.

■ 역사용어 공동연구 작업의 취지

　　남북 역사학계가 낮은 단계에서나마 서로 생각을 나누고 연구성과를 정리하는 실질적인 작업이라는 의의를 가짐.

남북 역사학계에서 쓰는 용어의 차이, 그 차이의 배경이 되는 역사인식과 해석 및 이해방식의 차이를 드러내어 정리·설명하여 한눈에 볼 수 있도록 하는 것.

① 이를 통해 남북 학계가 서로 이해의 폭을 넓힘으로써 공통의 역사인식을 지향하는 학술적 바탕을 마련.

② 특히 통일지향의 역사교육을 위해서는 생소한 용어를 정리한 도구서·지침서는 필수적임. (교육현장에서 교사들에게도 쓰임새가 있을 것)

③ 남북 역사학계의 인식 차이를 한 눈에 알 수 있는 사전은 일반 독자에게도 유익할 것.

④ 남쪽에서 이루어진 연구들을 낮은 수준에서나마 짧게 개괄하고, 최신의 연구성과를 반영하여 정리할 수 있는 계기가 될 것.

■ 작업 개요

- 북측과 협의하여 모두 3권의 책으로 합의함 : ①권 원시~남북국 / ②권 고려~조선전기, ③권 조선후기(임진왜란)~1919년

- ①권과 ②권의 시대 구분은 차년도에 논의 및 합의 예정

- 이 가운데 1차년도 사업으로 우선 [③권 조선후기(임진왜란 1592년)~1919년]을 선정, 모두 261항목을 집필키로 합의 함(현재 설정된 항목은 북측과 '합의'된 것임-가감할 여지가 거의 없다는 뜻) - 출판을 몇 권으로 할지 등은 최종 결과물이 나올 때까지 판단을 보류해둠.

- 각 항목은 [특대] [대] [중] [소] 4등급으로 나눔. 원고분량은 200자

기준으로 [특대] 50매 이내 / [대] 20매 / [중] 10매 / [소] 5매로 함.

남측은 매 항목 말미에 (집필자명)을 명기함(북측은 명기하지 않겠다고 함). 또 위의 원고분량에 '참고문헌'은 포함시키지 않음. 항목 등급별 '참고문헌'의 개수는 아래와 같음.

항목 등급	원고 분량	참고문헌 수
특대	50매 이내	10개 안팎
대	20매	
중	10매	5개 안팎
소	5매	1~2개, 또는 생략

● 원고 집필 마감은 2008년 5월 31일까지로 함.

* 유의해야 할 점들

● 북측은 나름대로 일관된 평가기준을 갖고 있으므로 서술에 큰 어려움이 없으리라 예상함. 그러나 남측은 워낙 다양한 견해들이 존재하므로, 집필에 어려움이 많을 것.

● 따라서 그동안 남측에서 이루어진 연구결과를 깔끔하면서도 균형 있게, 객관적으로 개괄할 수 있는 순서를 취한다. (가치 있는 최신 연구성과를 반영하는 데도 노력) 즉, [특대]와 [대] 항목으로 서술되는 사건이나 개념의 경우, 해당 항목에 가장 알맞은 순서로 <배경/원인 또는 계기/과정/…/역사적 의의> 따위를 잘 구상하여 깔끔히 서술. 또 이렇게 목차제목을 뽑고 구분해줄 필요가 있음)

● 중 · 소 항목의 경우, 굳이 목차를 나누거나 목차제목을 뽑을 필요는 없을 것.

- 인물의 경우 : 북측의 『력사사전』을 참고할 필요가 있다고 생각됨. 북측의 인물 서술이 『력사사전』처럼 '일정한 가치기준에 의한 평가'에 비중을 두리라 예상되는 반면, 남측에는 다면적 평가들이 공존함. 따라서 북측의 서술과 중복되는 내용을 최소화하기 위해서라도, 북측의 『력사사전』에서 다루지 않은 활동이나 사실 등을 보완할 수 있는 방향으로 집필을 구상할 필요도 있을 듯.

■ 원고 작성 원칙

- 기본적으로 '사전'의 형식을 갖는 책의 원고를 집필한다는 점을 유념한다. 난이도는 '전문연구서'와 '교양서'의 중간 수준에 맞춘다.
- 항목 제목 : 현재 확정하여 제시한 것을 존중하되, 수정할 필요가 있다고 판단하면 남측 학계에서 가장 널리 쓰이는 것을 선택하고 (필요에 따라서는 고교 교과서를 기준삼는 것도 방법), 나머지를 괄호 속에 표시한다.

  예 : 갑오농민전쟁(동학농민운동, 동학농민혁명, 1894년농민전쟁 …)

- 되도록 한글로 서술한다. 북측이 한자를 거의 쓰지 않을 것으로 보여 우리도 꼭 한자를 써야 할 경우에만 본문 속에 漢字를 노출하여 서술한다. (괄호 속에 한자를 다시 써주지 않는다는 뜻)
- 참고문헌은 저서와 논문의 구별 없이 연도별로 나열하되, 아래와 같은 순서로 기재한다.(∨표시는 띄어쓰기) 한자와 한글은 발표된 그대로 써준다.(꺽쇠는 전각문자가 아니라 흔글자판의 '겹낫표'를 쓴다)

  예 : 홍길동,∨2007∨「林巨正의 난에 나타난 임꺽정」∨『國史館論叢』∨44,∨국사편찬위원회

- 되도록 우리말을 살려서 쓰도록 한다.(일본식 표현, 피동태 문장, 소유격·주격으로 남발하는 '나의 사랑하는 조국' 따위 표현을 피한다 → '내가 사랑하는 조국')
- 각 항목 서술 말미에 괄호하고 집필자 이름을 쓴다.

  예 : ⋯ 촉진하는 구실을 하였다.∨∨(홍길동)

번호	용어	집필자	비중	번호	용어	집필자	비중
61	목포부두노동자들의 파업	한철호	소	91	신돌석	장석홍	소
62	무단통치	송규진	대	92	신미양요	윤대원	중
63	민비 – 명성황후	윤대원	중	93	신민회	조재곤	중
64	민족자본가	정태헌	중	94	신사유람단	허동현	소
65	민족자결주의	이지원	소	95	신소설	홍순권	소
66	민영환	서영희	소	96	신식화폐발행장정	도면회	소
67	황현(매천야록)	장석홍	소	97	신채호	김기승	중
68	박규수	허동현	소	98	신흥무관학교	서중석	소
69	박영효	서영희	소	99	자본주의적관계의 발전 (개항이후)	류승렬	대
70	박은식	김기승	소	100	자본주의 렬강의 경제리 권쟁탈	류승렬	대
71	반일의병투쟁(의병운동)	홍순권	특대	101	정미7조약	이송순	중
72	방곡령	도면회	소	102	정한론	한철호	중
73	별기군	구선희	소	103	조 – 로 조약	김영수	소
74	병인양요	윤대원	중	104	조 – 미 조약	구선희	소
75	부르죠아민족운동	김기승	특대	105	조선군대 강제해산사건	장석홍	중
76	당오전과 백동화	도면회	중	106	조선총독부	송규진	중
77	사립학교설립운동	김도형	중	107	조선책략	구선희	소
78	삼국간섭	김영수	소	108	조청상인들간의 수륙무역에 관한 조약	구선희	소
79	3·1운동시기 일제의 만행(제암리 등)	박환	대	109	조 – 영 수호조약	구선희	소
80	3·1인민봉기	이지원	특대	110	주시경	한철호	소
81	상해림시정부	윤대원	대	111	지석영	한철호	소
82	유길준(서유견문)	허동현	소	112	집강소와 폐정개혁	김양식	중

83	서원철폐	윤대원	소	113	제국신문	조재곤	소
84	서면호사건	윤대원	중	114	제주도 농민들의 봉기	윤대원	중
85	김윤식	왕현종	소	115	제물포조약	구선희	소
86	스티븐스 처단사건	장석홍	소	116	척화비	윤대원	소
87	장지연	장석홍	소	117	천도교	김양식	소
88	식민지노예교육	홍석률	대	118	1894년 조선왕궁습격사건	왕현종	소
89	식민지반봉건사회	정태헌	중	119	청일전쟁	구선희	대
90	식산은행	정병욱	소	120	춘생문사건	김영수	소
121	최시형	김양식	소	146	오경식	허동현	소
122	최제우	김양식	소	147	오동진	박환	중
123	최익현	장석홍	소	148	운양호사건	허동현	소
124	토지조사사업	이송순	중	149	을미사변	한철호	중
125	통감부	송규진	중	150	을사5조약	이송순	중
126	통리군국사무아문	한철호	소	151	임오군인폭동	구선희	중
127	통리교섭통상사무아문	한철호	소	152	일본제일은행	도면회	소
128	한인사회당	박환	소	153	애국문화(계몽)운동	김도형	중
129	한성순보	주진오	소	154	리필제난	윤대원	소
130	한일합병조약	이송순	중	155	전봉준	김양식	중
131	한일의정서	이송순	소	156	류인석	장석홍	중
132	한일협정서	이송순	소	157	위정척사론	장석홍	중
133	허위	장석홍	소	158	황국협회	조재곤	소
134	헌정연구회	서영희	소	159	을사오적	이송순	중
135	홍범도	박환	중	160	일진회	조재곤	중
136	홍영식	허동현	소	161	철도부설권침탈	류승렬	중
137	헤그밀사사건	서영희	소	162	화폐재정정리사업	도면회	중
138	활빈당무장대투쟁	윤대원	중	163	2.8독립선언	이지원	소
139	황성신문	조재곤	소	164	조선은행	도면회	소

140	회사령	정병욱	중	165	일제의식민지통치관련법	송규진	대
141	아관파천	김영수	소	166	최한기	허동현	소
142	안중근	박환	대	167	기독교의 전파	허동현	중
143	안창호	송규진	중	168	신재효	한철호	중
144	어윤중	허동현	소				
145	영일동맹	김영수	중				

4

남북한기록관리 정보화사업
(평양, 2008.10.13.~18)

평양으로

10월 13일 이른 아침 인천공항으로 향하였다. 남북한 기록관리 정보화사업을 위한 남측대표단의 자문위원의 일원으로 평양을 방문하기 위해서였다. 우리일행은 국가기록원의 기록관리부장인 윤대현, 특수기록관리과장인 김재순, 담당사무관인 이강수, 중부대학교 인쇄미디어학과 교수인 신종순, 코리아콘텐츠랩 대표이사인 유대성 등이었다.

오전 9시 30분 대한항공편으로 북경으로 향하였다. 환율인상 등의 영향으로 비행기 안에는 여행객들이 별로 없어서인지 한산한 분위기였다. 비행한지 약 2시간 정도 지난 11시 22분(현지시간 10시 22분) 북경에 도착하였다. 공항은 2008년도 8월 올림픽 때문인지 발전된 모습이었다.

우리일행은 조선족인 황선생(여자)의 안내로 북경 외곽에 있는 漁陽賓館에 투숙하였다. 점심은 북측에서 운영하는 해당화에서 하였다. 냉면, 장국, 감자떡, 가자미식해, 김치 등을 주문하였는데, 특히 된장국은 별미 그 자체였다.

식사 후 사무총장인 유대성 대표와 국가기록원의 이강수 연구관이 북측대사관에서 비자를 받으러 간 사이 앞으로의 계획 등에 대하여 깊이 있는 논의를 하였다. 북측의 소장자료 현황, 자료의 보존 상황 등에 대한 이야기들은 큰 도움이 되었다. 특히 종이의 생산에 막대한 에너지가 소요되며, 해방 이후 생산된 종이의 경우 보존 처리가 되지 않으면 자료손실이 우려된다는 신종순 교수의 지적은 이번 사업의 중요성을 다시금 깨닫게 하였다.

평양 양각도 호텔

10월 14일 오전 11시 55분 평양발 북측의 고려항공에 탑승하였다. 평양까지는 약 1,000km이며, 소요시간은 1시간 20분이라는 안내방송이 흘러나왔다. 비행기 안에는 재독음악가인 고 윤이상기념음악회에 참석하는 남측인사들과 우리일행 등이 남측손님으로 탑승하였고, 아울러 다수의 북측 사람들이 탑승하였다. 비행기는 한 줄에 5인이 탑승하는 국내선같은 비행기였다. 식사로는 볶은 밥이 나왔는데 양이 좀 많으나 맛이 있었다.

비행기는 평양 순안공항에 2시 45분(평양시간)에 도착하였다. 3년 전인 2005년 7월에 평양을 처음 방문하였을 때의 설렘은 없었지만 2번째 방문에도 자못 긴장되었다. 공항에 내려 버스로 이동하여 세관을 통과하였다.

평양 순안공항

윤이상 음악회포스터

세관에서 우리를 마중 나온 민화협의 김상호 참사(1960년생), 이기남 참사 등과 만났다. 공항을 떠나 만수대로 향하는 평양 거리는 3년 전과 별 차이는 없어 보였다. 우리 일행은 순안공항에서 김일성주석의 시신이 안치되어 있는 금수산 기념궁전을 지나 김일성종합대학, 4.25문화회관(인민군 창건기념일이 4월 25일임), 개선문(1925~1945), 천리마동상, 만수대(만수대의사당, 혁명박물관), 김일성광장, 인민대학습당, 평양대극장(수리중), 김책공업종합대학, 고려호텔, 평양역을 지나 대동강 양각도에 있는 양각도호텔에 투숙하였다. 북측에 오는 남측인사는 주로 고려호텔, 양각도호텔, 보통강호텔 등에 배당된다고 한다.

양각도호텔에서 바라본 대동강변의 노을은 매우 아름다웠다. 공항에서 호텔로 가는 평양거리는 지난 2005년에 방문했을 때보다 활기찬 모습이었다. 축구를 하고 돌아가는 학생들, 방과 후 집에 돌아가는 아이들의 모습을 볼 수 있었고, 도로공사를 하는 노동자들의 모습 등 이들의 모습은 밝아보였다. 북측이 테러지원국에서 해제되었다는 소식이 북측 주민들에게 큰 활기를 불어놓고 있다고 김상호 참사는 언급하였다.

양각도 호텔에서는 먼저 1층에 있는 서점에 들러 보았다. 서점에는 많은 책들과 지도, CD 등이 놓여져 있어 이모저모를 살피는데 큰 도움을 주었다. 우선 평양지도와 조선관광안내도를 구입하였고, 역사관련 서적도 여러 권 구입하였다. 맞은편에는 매대(상점)가 있어 그림, 술, 담배 등 다양한 물품을 판매하였다. 아울러 별도의 매대에는 약재, 술, 과자 등 다양한 물건을 판매하고 있었다. 그 전보다 상품의 질, 포장 등 훨씬 발전된 모습을 볼 수 있었다.

저녁 7시에는 양각도호텔에서 민화협(민족화해협의회) 부회장인 정덕기(65세)의 환영만찬이 있었다. 정덕기선생은 남북관계의 전문가로 언론매체를 통하여 낯이 익은 인물이었다. 이명박대통령 정부의 통일정책의 앞으로의 방향에 대하여 관심으로 보였다. 기록관리에 대하여 윤대현, 신종순 선생 등과 활발한 의견 교환을 하였다. 이 자리에서 씨는 6.15공동선언과 10.4선언의 정신에 따라 북남간의 교류가 활발히 이루어지길 기대한다고 말하였다. 저녁식사로는 동태순대(황해남도 음식)가 나왔는데 처음 먹어보는 음식으로 별미였다.

만경대혁명역사전람관 등 평양 견학

10월 15일 오전 9시 호텔을 출발하여 광복거리를 거쳐 김일성 주석의 출생지인 만경대고향집으로 향하였다. 가는 길마다 도로 공사들이 한창 진행 중인 모습을 볼 수 있었다. 만경대에 도착하여 김일성주석이 출생한 집에 대하여 여성안내원의 설명을 들었다. 김일성의 조부인 김보현, 할머니, 아버지인 김형직, 어머니 강반석 등에 대하여도 설명하였다. 아울러 김일성이 귀국 후 그를 반가워하는 할머니의 사진과 집안의 살림살이를 살펴볼 수 있는 여러 농기구에 대하여 상세히 설명해 주었다. 다음에는 대동강이 내려다보이는 만경대를 살펴보았다 그곳에서는 멀리 만경대혁명학원이 보여 북측의 주력 인재 배양에 대하여 생각해 보게 되었다. 이어서 만경대혁명역사전람관을 관람하였다.

만경대혁명역사사적관

관람객들

만경대를 관람한 후 개선문으로 향하였다. 개선문은 김일성이 1925년 조국을 떠나 만주로 간 후 1945년에 귀국한 것을 상징하여 만든 장엄한 규모의 문이다. 이 문은 김일성 주석 탄신70주년을 맞이하여 1982년 4월 15일 완성하였다고 한다. 개선문에는 70세의 나이를 기념하여 70송이의 꽃을 수놓았다. 개선문 근처에는 김일성이 대중들을 향하여 연설하는 큰 벽화가 그려져 있었다. 1945년 10월 14일 김일성이 귀국한 후 평양공설운동장에서 김일성 장군 환영대회가 개최되었는데 그 운동장이 바로 그 근처에 위치하고 있었던 것이다. 현재에는 김일성경기장이 되어 있었다. 그리고 그 옆에는 개선지하철역이 있었으며, 모란봉 극장과 을밀대 등도 위치하고 있었다.

개선문

김일성 경기장

　다음에는 주체탑을 방문하였다. 탑 건너편에는 인민대학습장, 대동
문, 연광정, 백선행기념관 등이 자리잡고 있었다. 백선행은 백과부로도
널리 알려진 인물이다. 그녀에 대하여 사전에서는 다음과 같이 언급하
고 있다.

　　백선행(白善行, 1848년~1933년)은 자선 사업을 많이 한 조선 시대
　의 여성 사업가이다. '선행'이라는 이름은 그러한 활동 때문에 바쳐진
　것이다. 북측에서는 그녀가 평양 중구역에서 태어났다고 하지만, 수원
　에서 태어났다고 알려져 있다. 16세 혹은 20세라는 나이로 과부가 되
　었고 그 이후의 삶에서도 돈을 적게 썼다. 어디에서 태어났든, 아무튼
　인생의 대부분을 평양에서 지냈다.
　　북조선 정권에서는 그녀를 애국심이 없고 인색한 보통 자본가의 모
　습과 대비시켜 좋은 자본가로 묘사했다. 김일성은 1992년 회고록에 어
　떤 사람들은 그녀가 일제강점기에 돈을 모을 수 있었던 것 때문에 '전

쟁 영웅'으로 존경했다고 썼다. 2006년 7월 평양에 그녀의 기념비가
재발견되고 복원되었다.

백선행의 기부 활동은 1908년 61세 때 대동강을 가로지르는 백선교
공사에 기부하며 처음 시작되었다. 1922년에는 평양에 3층 규모의 공
공 회관을 지었다. 그리고 1923년과 1924년에는 각각 광선 학교, 창덕
학교에 땅을 기부했다. 성현 학교에도 많은 땅을 기부하였다. 1925년
에는 그녀는 자기의 전재산을 자선 단체에 기부했다.

일제 강점기 조선 총독부에서 상을 주려고 했으나 거절했다.

아울러 『동광』 제17호(1931년 1월 1일)에도 「鐵窓속의 白善行－女
流事業家의 致富秘話」(無號亭人)라는 기록이 있어 흥미로웠다. 그 일부
를 보면 다음과 같다.

勇斷力잇는 그의 氣魄

그는 가난에서 나서 가난 속에 자라난 한낱 무식한 과부이면서 돈을
다루는 데는 어느 남자가 따를 수 없는 能이 잇다. 白善行 기념관 건축
당시 請負학자에게 지불한 금액이 다섯 번에 매번 만원에 가까운 돈이
엇건만 근친자들도 아지 못하게 이 80노파의 손으로 기약된 시간을 한
번도 어김이 없엇다는 것은 그 能을 잘 말하는 것이다. 또 그는 일즉
80평생을 돈 모기에 專心하엿건만 한번도 그 이자의 高低를 막론하고
빗놀이를 한 일이 없엇다고 한다. 이것은 그의 인격을 말하는 것이다.
그가 사람을 도모지 믿지 안는 다는 것은 찰아리 그 일생이 모든 주위
의 속임이 많은 탓이리라 마는 그는 또 누구의 말을 듣는 일이 없다고
한다. 옳다고 생각하면 누가 뭐라든 할 것이면 하고야 만다. 그러나 한
번 머리를 흔든 일이면 다시 더 變通이 없다. 그는 딱 잘라매는데 아무
주저도 없다. 이렇듯 그의 勇斷力이 잇음은 平安道 여자로서의 기백을
엿보게 되려니와 이 무식하고 일생을 돈만 아는 줄 알앗든 이 노파의
가슴에 뜨거운 봉사적 사업열이 끓고 잇는 것은 찰아리 일대 경이적 사
실이라 안할 수 없다. 세상에는 명예를 위하야 혹은 과거의 罪過를 贖

하려는 뜻에서 나오는 종종의 사업가가 잇다. 그러나 이 노파에게도 털 끝만한 야심도 욕망도 없다. 솔직히 말하면 그는 돈을 사회에 쓰는 것이 옳다니까 썻을 뿐이다. 왜 유익하고 어째서 그것이 옳은지도 아마 모르는 듯 싶다. 일즉이 그의 입으로 사회를 위하야 돈 썻다는 말이 나온 적이 없다. 그저 남겨두고 죽어서 소용이 없다는 것이다. 이것이 더욱 그를 순진케 하고 더욱 그 인격을 높이는 것이다. 그에게 남은 돈은 白善行 기념관을 지은 후에는 4만여 원에 불과하엿다. 그를 지금 모시고 잇는 먼 친척의 손자를 위하야 그것은 다시 쓰지 않도록 근친자들은 권하엿다. 그랫더니 이번에는 아무에게 말 한마듸 없이 崇仁商業學校 財團法人期成에 13,000원을 喜捨하엿다.

　　- 나는 생전에 누구 말을 들은 일이 없다. 내가 하구픈 일이면 하고 마는 것다 - 餘財 2만5천여 원 그것은 이제 또 어떻게 써질는지 여사의 늙은 가슴속에 經綸되는 일을 알 사람은 한사람도 없다.

　점심은 양각도호텔에서 단고기를 먹었다. 1시 50분 인민대학습당을 참관하였다. 북측 최대의 종합도서관이자 교육장이다. 1979년 12월 2일 착공하여 김일성주석 탄신 70주년을 맞이하여 1982년 4월 1일에 1년 9개월의 짧은 공사기간을 거쳐 완성하였다고 한다. 이곳은 23개의 열람실뿐만 아니라 14개의 강의실이 있다. 특히 문답강의실이 있다는 점이 특이하다. 전문가가 상주하여 질문자의 질문을 받고 설명을 해 준다고 하니 학습장으로서의 기능과 역할에 최선을 다하고 있음을 짐작해 볼 수 있었다. 아울러 자료 전시실에는 서울신문, 경향신문 등 한국에서 간행된 신문들이 다수 있었으며, 통감부 자료 유리원판 등도 소장하고 있었다. 이 자료는 몇 년 전 국사편찬위원회에서도 주한일본공사관자료로 영인 간행된 바 있다. 학습당 전면 대동강 건너편에는 주체탑이, 그 앞에는 김일성광장이 위용을 자랑하고 있었다.

　다음에는 동명왕릉과 그의 원찰인 정릉사를 답사하였다,

동명왕릉 입구

동명왕릉비

동명왕릉

동명왕릉은 평양에서 원산방향으로 교외에 위치하고 있었으며, 주변 산세가 좋았다. 왕릉 입구에는 下馬碑가 있어 모든 양반이나 모든 계층이 말에서 내려가도록 되어 있었다, 정릉사는 고구려식으로 붉은 벽돌로 이루어져 있었다. 동명왕릉의 경우 사회과학원 조희승 박사에 따르면, 젊은 시절 발굴에 참여하였다고 하며, 그곳에서 금관을 발굴하였다고 한다. 조선중앙역사박물관에서 그 때 발굴한 금관을 볼 수 있었다. 아울러 고구려의 경우 수도를 옮길 때마다 시조묘를 옮겼다고 하여 그들의 조상의식을 느껴볼 수 있었다.

북측과의 정보화회의

동명왕릉에서 돌아온 후 양각도 호텔 3층 면담실에서 북측의 인민대학습당 기증실장 겸 대외실장인 정태언선생과 조선사회과학원 역사연구소 소장인 조희승박사와 각각 별도로 자료기지구축사업에 대하여 논의하였다.

조선사회과학원은 1964년 2월 17일 내각결정 제11호에 의해 '사회과학 부문 연구기관들에 대한 통일적인 지도기관'으로 설립되었다. 정책을 합리화하고 교육에 필요한 자료 등을 만들어내며, 공산주의 이론에 입각하여 사회과학 전반에 걸쳐 김일성의 주체사상을 선전하는 것이 주요임무로 되어있다. 국가통제의 종합연구기관으로서 산하에 고고학연구소·경제연구소·역사연구소·언어학연구소·법학연구소·철학연구소·주체사상연구소·문학연구소·민족고전연구소·통일문제연구소를 두고 있다. 조희승박사는『일본에서 조선소국의 형성과 발전』,

남북자료구축회의

『가야사연구』등의 저서를 낸 북측의 대표적인 고대사 연구자이다. 특
히 씨는 김석형과 함께『초기 조일관계사』를 출간한 일은 잘 알려져 있
다. 그의 주요 논술은 다음과 같다.

「13 - 14세기 절간 예속민의 류형과 그들의 처지에 대하여」,『력사
과학』2호, 1982.
「고구려의 격구와 타구」,『력사과학』1호, 1983.
「중세조선의 권법」,『력사과학』4호, 1983.
「중세 우리나라 무술체육에 관한 연구」, 과학백과사전출판사,『고고
민속론문집』9집, 1984.
「서부 일본에 존재하는 조선식 산성의 축조시기에 대하여,『조선고
고연구』4호, 1986.
「광개토왕릉비문에 대한 몇가지 문제」,『조선고고연구』3호, 1987.
「일본 북구슈 이또지마반도의 가야국에 대하여」,『조선고고연구』1
호, 1988.

「중부 일본 시나노 지방의 고구려 속국에 대하여」, 『력사과학』 3호, 1983.
『초기 조일관계』(김석형 공저), 사회과학출판사, 1988.

우리측에서는 1960년 이전 민속, 예술 등 자료와 식민지시대 조선총독부자료, 고대부터 근대까지의 자료들의 수집과 정리, 보존, 관리, 공동이용에 대하여 북측에 제의하였다. 북측에서는 민족의 공동유산에 대하여 작업을 한다는 대원칙에는 동의하나 먼저 신의를 쌓고 점차적으로 일을 추진하자는 입장이었다.

조희승박사는 민속학 자료와 관련하여 북측에서는 일찍부터 황철산 선생이 자료 수집에 노력하였음을 밝혔다. 아울러 그 자료들의 현재 보관 상태 등에 대하여는 구체적인 언급은 피하였다. 황철산은 함경도출신으로 알려져 있으며, 북측 민속학의 초석을 다져 놓은 인물이다. 일찍이 청진교원대학 교원시절부터 함경도일대에 대한 현지조사를 많이 하였다. 특히 함경북도 북부 일대의 재가승 마을에 대한 연구는 종종기원문제에서 뿐만 아니라 본격적인 의미에서의 민족지구성이라는 차원에서도 주목할 만한 연구성과이다. 고고학 및 민속학 연구소 창립시 초대 민속학 연구실장을 맡아 북측 민속학계를 주도하였다.

1차 회의를 마친 후 우리 일행은 대성산 부근에 있는 고구려시대의 사찰인 광법사를 답사하였다. 머리를 기른 두분의 스님이 우리 일행을 반가이 맞아주었다. 절을 둘러보았다. 그 근처 대성산 너머에 혁명열사릉과 고구려의 궁인 안학궁이 있다고 한다. 저녁 식사를 위하여 광복거리에 있는 대성식당에 가서 북측 노래들을 들으며 흥겨운 시간을 보냈다.

김일성종합대학과 김책공업종합대학 전자도서관

김일성 종합대학

10월 16일 오전 9시 15분 김일성종합대학으로 향하였다. 이 대학은 1946년 10월 1일 개교한 북측의 대표적인 명문 종합대학이다. 학교에서는 김정일위원장의 어린시절부터 김일성종합대학 재학시절, 그 이후 학교의 방문 등에 대하여 그 사적을 상세히 설명해 주었다. 아울러 위원장이 학교를 위하여 기증하여준 동물 박제품 등에 관하여도 안내해 주었다. 학교 당국에서는 국가의 주요 자료들은 국가문헌국에 보관하고 있으며, 학교 도서관에는 일부 귀중본을 제외하고는 복사본을 소장하고 있다고 알려주었다. 학교에서 소장하고 있는 자료들은 대체적으로 전산화작업이 이루어져 있다고 한다.

김일성광장

　오전 11시에는 조선중앙역사박물관을 방문하였다. 김일성광장 옆에
있는 박물관에는 구석기시대부터 3 · 1운동시기까지의 유물을 10만여
점을 보유 · 전시하고 있다. 그 이후 시기는 혁명역사박물관에 소장되
어 있다고 한다. 현재 이 박물관의 경우 임진왜란부터 3 · 1운동부분까
지는 공사 중이라 볼 수 없어 안타까웠다. 본 박물관에는 특히 구석시
시대의 전기 상원리 유적, 고조선시기의 노예무덤, 동명왕릉에서 발굴
된 왕관, 고구려벽화 등이 인상적이었다. 아울러 개성에서 발굴된 고려
유물, 만주 상경용천부에서 발굴된 발해 관련 유물들은 흥미를 더하여
주었다.
　양각도호텔로 돌아와 점심식사를 한 후, 김책공업종합대학 전자도
서관을 견학하였다.

김책공과대학

전자도서관

공부하는 학생들

이 대학은 평양 중구역 교구동 영광거리에 위치하고 있다. 개교 당시 평양공업대학으로 불렸으나 김일성 주석의 빨치산 동료인 김책이 사망한 직후인 1951년 김책공업대학으로 개칭됐고 1988년 종합대학으로 승격됐다. 공업관련 부문의 다양한 학부와 함께 지질, 광업, 금속, 재료, 로봇, 전자계산기, 반도체집적회로, 물리공학 등 부문별 연구소와 박사원, 전자계산소, 종합분석소, 종합실습공장 등을 갖추고 있다.

학생들은 총명해 보였고, 학교시설도 잘 이루어져 있는 것 같았다. 도서실의 경우, 도서검색신, 신청실, 열람실, 외국어공부실, 동영상실, 원격강의실 등으로 이루어져 있었다. 전자도서실의 경우 서울의 유수한 대학과 비교해도 손색이 없는 시설을 갖추고 있었다. 열람실에서 공부하고 있는 장난기 있는 해맑은 청년들의 진지한 모습을 느낄 수 있었다.

오후 3시경 호텔로 돌아와 4시부터 진행예정인 자료기지구축에 대한 회의를 준비하였다. 회의에서는 북측에서 남측의 제안에 대한 보충설명을 요구하는데 집중되었다. 역사학자인 조희승 박사는 고지도에 깊은 관심을 보였다. 특히 그는 바타칸에서 출판한 고지도를 남측에서 소장하고 있는지 여부, 백두산에 대한 고지도를 어느 정도 소장하고 있는지 등에 대하여 문의하였다. 또한 이조실록에 사용한 종이가 닥나무였는지 등에 대하여도 궁금증을 토로하였다. 아울러 북측의 경우 사회과학원 민속실장이었던 황철산이 봉산탈춤 등 민속관련 자료들을 다수 수집하여 소장하고 있음을 밝혔다.

인민대학습당 기증실장인 정태언의 경우, 학습당은 교육의 전진기지이므로 자료 전산화보다는 교육에 보다 중점을 두고 있음을 밝혔다.

인민대학습당 연혁   인민대학습당 안내문

열람실

전자도서관

묘향산, 이별만찬

10월 17일 아침 6시 30분 식사를 하고 7시 10분 묘향산으로 향하였다. 평양에서는 135km로 약 2시간 정도 소요되었다. 묘향산의 경우 기대한 것보다 단풍이 들지 않아 다소 실망하였다. 도착한 후 김일성 주석과 김정일 국방위원장이 각각 세계지도자로부터 받은 선물을 전시한 국제친선전람관을 각각 방문하였다. 점심으로는 묘향산의 특산인 칠색송어탕을 맛있게 먹었다.

점심식사 후 고려시대의 사찰인 보현사(1042년 창건)를 답사하였다. 가을을 맞이하여 많은 학생들이 선생님들과 함께 견학을 하고 있었다. 절의 입구에는 보현사사적비, 서산대사비 등이 있었다. 대웅전 앞에는 국보인 고려시대의 13층 석탑이 웅장하게 서 있었다. 아울러 영산전 등 고려시대 건축물들도 접할 수 있었다. 특히 보현사에서 주목되는 것은 팔만대장경을 보관하고 있는 전각이었다.

보현사의 단풍을 뒤로 하고 우리 일행은 평양으로 향하였다. 곳곳에 추수하는 농촌의 손길에서 바쁨을 느낄 수 있었다. 아울러 유유히 흐르는 청천강을 바라보면서 이곳이 북한이구나 하는 것을 실감할 수 있었다.

평양광복거리로 와 북측에서 운영하는 하나로기념품 상점에 둘러 선물들을 구경하였다. 우리일행은 "남북교류사업"의 일환으로 기념품을 구입하였다. 필자는 천지담배, 우유사탕 등과 구기자, 소나무 꽃가루 등 농산품을 구입하였다.

저녁 7시 양각도 호텔에서 북측인사들과 이별만찬을 하였다. 조희승 박사, 정태언실장, 민화협의 김상호, 이기남 참사 등이 참여하여 이별을 서운해 하며, 담소를 나누었다. 조희승박사는 민족간에 차별성보다는 공통점을 찾아 서로 단계적으로 점차적으로 일을 추진해 갔으면 한다고 입장을 밝혔다. 아울러 필자에게도 학문에 정진하라는 격려를 아끼지 않았다. 조희승박사는 남북역사용어사전의 추진현황과 북측원고에 대한 견해 등을 물었으며, 고려대학교 정태헌교수에게 안부를 전해 줄 것을 요청하였다. 조박사는 북측의 원로 고대사전문 학자인 김석형 선생의 제자임을 밝히고, 선생에 대한 에피소드 등도 말하여 주었다. 김석형의 경우 그의 부친이 해방후 경상도 지사를 하였음도 언급하였다. 아울러 학자로서 자신의 견해에 대하여도 언급하였다. 예컨대 비단과 관련하여 중국보다 조선이 더 일찍 비단을 사용한 것처럼 보인다는 점 등이다. 아울러 그는 비단에 쓴 글씨의 보존문제 등에 대하여도 깊은 관심을 보였다. 학문적 대화로 양각도호텔에서의 마지막 밤을 그렇게 흘러갔다.

새로운 시작을 기원하며

10월 18일 아침 7시 호텔을 출발하여 공항으로 향하였다. 평양 시내는 전방 20미터 앞도 안보일 정도로 깊은 안개가 끼었다. 9시 비행기를 타고 11시(중국시간 10시)에 베이징에 도착하였다. 점심식사 후 자금성을 내려다 볼 수 있는 경산공원 등을 둘러보고 밤 9시 인천행 비행기에 올랐다.

이번여행에서 민족문화유산의 경우 그 훼손을 방지하고 이용을 효율화하기 위하여 남북 자료의 전산화 및 보존의 필요성을 절실히 깨달았다. 아울러 남북간의 공동사업의 어려움을 다시 한번 절실히 느낄 수 있었다. 이러한 사업이 보다 빨리 진척되길 바란다.

2장

역사의 현장:
기억과 기념

1

서울 남산일대 답사

청산리전투 100주년 되던 날
— 갑자기 기온이 뚝 떨어진 10월 24일

오늘은 100년 전 청산리전투가 한창 진행되던 시점이다. 청산리전투는 만주 화룡현 청산리에서 1920년 10월 21일부터 6일간 전개된 전투였다. 답사 지도교수인 필자는 참여자들에게 오늘 비록 쌀쌀한 날이지만 춥고 배고프고, 따뜻한 복장도 하지 못한 채 청산리 산골에서 일본군과 치열하게 투쟁했던 그 시절 그 시점을 기억하면서 오늘 독립운동의 정신이 서린 여러 지역을 함께 경건한 마음으로 답사하자고 말을 꺼냈다. 이 책을 읽으시는 독자들께서도 그 시절 독립군의 마음으로 함께 하시기를 바란다. 다만 코로나 19의 문제로 항일운동의 꽃, 안중근의사 기념관은 답사하지 못하여 자료마당에 소개하니 참조해주시기를 바라며, 꼭 동양평화의 산실, 안중근 의사전시관을 보실 것을 권해 드린다. 함께 답사에 응해주신 서울시민 여러분 그리고 미국과 호주에서도 참여해 주신 분들께도 감사드린다. 또한 마침 답사일인 10월 24일이 국제연합일이라 전쟁 참전국인 미국, 호주에서와 참가해주신 분들께도 고마운 마음을 전한다.

우리 답사팀은 명동전철역 6번 출구에서 맞나 독립운동의 기운이 서린 명동, 소공동, 남대문로 일원을 답사하기 위하여 모였다. 의열투쟁의 현장인 이재명의사, 나석주열사, 강우규의사 의거터, 3·1운동의 잊혀진 장소인 한국은행 앞 광장, 서울역광장의 연세재단 세브란스빌딩 옆의 함태영, 이갑성집터, 노블레스 오블리주로 널리 알려진 이회영 이시영 6형제 집터, 그리고 독립운동의 산실인 상동교회, 대한제국 성립의 상징인 원구단, 또 다른 독립운동의 꿈을 실현하기 위해 만들어진 조선공산당 창당지 등을 둘러볼 예정이다.

자! 이제 출발이다. 일행은 명동 전철역 앞에서 발열체크 후 몇가지 안내 설명을 듣고 명동성당쪽을 향하여 독립운동의 열기와 혼을 찾아 "진군"을 시작했다.

열혈 청년 이재명, 친일파 이완용을 처단: 이재명의거터

아침 나절이라 복잡함의 대명사인 명동길은 한산했다. 오랜만에 명동거리 이모저모를 둘러보며, 일렬로 목적지를 찾아 향하였다. 처음으로 답사한 곳은 이재명의사의거터였다. 해님이 비치는 명동성당 앞 도로변에 1999년에 만들어진 표지석이 나타났다. 그동안 여러 번 이곳을 지나다녔지만 관심있게 보지 못하였는데, 이곳에서 의사의 흔적을 발견하여 무척 반가웠다. 그곳에는 "이재명은 친일 매국노인 이완용을 척살하려 한 독립 운동가이다. 평북 선천 출생으로, 1909년 명동성당에서 벨기에 황제의 추도식을 마치고 나오는 이완용을 칼로 찔렀으나, 복부와 어깨에 중상만 입히고 현장에서 체포되어 이듬해 순국하였다"고 적혀 있었다. 표지석 설명문에 따르면, 이재명은 당시 20세의 청년이 아니던가. 그리고 21세의 젊은 나이에 사형장의 이슬이 된 것이 아닌가, 통곡할 일이었다. 그 젊은 청춘이 소중

이재명의거터

하고 귀하게 여겨지는 것은 자연스러운 귀결이 아니던가. 그의 일생, 이재명의 의거 동기 등이 궁금해졌다.

이재명(李在明, 1887.10.16~1910.9.30)은 판결문에 의하면, 1887년 10월 16일 평안북도 평양군 평양성 내에서 태어났다. 이후 평양의 일신학교(日新學校)를 졸업한 뒤, 1904년 미국 노동 이민회사의 모집에 응하여 하와이로 갔다. 1906년 3월에는 미국 본토로 옮겨갔는데, 공부를 더 하기 위한 것으로 이해된다. 그러나 당시는 공부에만 집중할 수 있는 상황은 아니었다. 을사조약 강제 체결 소식이 알려지자, 1905년 4월 샌프란시스코에서 동족상애(同族相愛)를 내세우며 안창호를 중심으로 창립되었던 공립협회가 미국에서도 항일 민족운동을 전개하고 있었기 때문이다. 미국 본토로 건너온 그는 곧바로 공립협회에 가입하여 항일 민족운동에 동참했던 것으로 보인다.

그러던 중 1907년 6월, 헤이그밀사 사건이 발생하고. 일제가 대한제국 군대까지 해산시키자, 공립협회는 공동회를 개최하여 매국적 숙청을 결의하고 그 실행자를 선발하였다. 이때 실행자로 지원한 사람이 바로 이재명이었다. 이재명은 그해 10월 9일 일본을 거쳐 고국으로 돌아왔다. 귀국 후 중국과 노령 등 각지를 돌아다니면서 동지를 규합하고 일제의 침략 원흉들과 매국노들을 처단할 계획을 세웠다.

그러던 중, 이완용을 비롯한 역적들이 12월 22일 오전 종현 천주교당(명동성당)에서 벨기에 황제의 추도식에 참석한다는 소식을 듣게 되었다. 12월 22일 오전 11시 선생은 성당 문밖에서 군밤장수로 변장하고 기다리고 있다가 매국노 이완용을 공격하였다.

이재명은 이완용이 인력거를 타고 앞으로 지나갈 때 비수를 들고 달려들었다. 그리고 제지하려는 차부(박원문)를 한칼에 찔러 거꾸러뜨리고 이어 이완용의 허리를 찔렀다. 이재명의 공격에 혼비백산한 이완용이 도망하려 하자 다시 어깨 등 3곳을 더 찔렀다.

붙잡혀서도 이재명은 당당하였다. 경시청에서 일본인 순사가 선생에게 "공범이 있느냐?"고 물으니, 선생은 "이러한 큰 일을 하는데 무슨 놈의 공범이 필요하냐. 그런 필요 없는 문제는 묻지도 말라. 공범이 있다면 2천만 우리 동포가 모두 나의 공범이다"라고 태연자약하게 말하였다.

법정에서도 마찬가지였다. 재판정에서 "이완용을 죽이는 것을 협조하고 도와준 자를 말하라"는 일본인 판사의 물음에, 선생은 "이완용을 죽이는 것을 찬성한 자는 우리 2천만 동포 모두며 방조자는 전혀 없었다"고 거침없이 말했다. 그리고 내외의 방청인들이 운집한 가운데에서 태연하고도 엄숙한 어조로 역적 이완용의 8개 죄목을 들며 통렬히 꾸

짓었다. 그런 다음 나라와 민족을 위하여 이완용의 처단을 시도하였음을 역설하였다. 그러나 이완용이 중상에서 살아남으면서 매국노 처단은 안타깝게도 실패로 돌아갔다.

변호사 안병찬의 성의 있는 변호에도 불구하고 결국 이재명은 1910년 5월 18일 경성지방법원에서 사형을 선고 받았다. 이 자리에서 선생은 최후 진술을 통해 "공평치 못한 법률로 나의 생명을 빼앗지마는 국가를 위한 나의 충성된 혼과 의로운 혼백은 가히 빼앗지 못한다 할 것이니, 한 번 죽음은 아깝지 아니하거니와 생전에 이룩하지 못한 한을 기어이 설욕 신장하리라"고 말하면서 조금도 흐트러진 모습을 보이지 않았다. 조국광복과 민족독립에 대한 굳은 신념을 여실히 보여주고 있다고 해도 과언은 아닐 것이다. 이후 선생은 이른바 '한일합방조약'이 강제 체결되어 10월 1일 조선총독부 체제의 정식 발족을 코앞에 둔 1910년 9월 30일, 사형 집행으로 순국하였다.

이재명은 제2의 안중근이라고 할 수 있다. 1909년 10월 26일 안중근의 의거 소식을 듣고, 그 영향으로 블라디보스토크에서 서울로 와 의거를 실행하였던 것이다. 그의 마음속에서는 조선 강점의 일본인 원흉 이등박문은 안중근이 처단했으니, 자신은 제2의 이등박문인 국내 친일의 원흉 이완용은 자신이 처단하겠다는 강한 의지를 갖고 의거를 일으켰을 것이라고 판단된다.

이재명은 젊은 나이에 한국, 미국, 러시아 등지를 다니며 국권회복을 몸소 실천한 애국청년이었다. 그럼에도 불구하고 자료가 제한되어 있어 그에 대한 학계의 연구는 거의 없는 실정이라 안타깝기 그지없다.

독립운동 명문가, 노블리스 오블리주의 실천:
이회영, 이시영 6형제 집터

이회영 흉상과 집터

이재명의사 의거터를 뒤로 하고 명동 로얄호텔방향으로 내려가다가 우측 YWCA 방향 골목으로 향하니 바로 노블리스 오블리주 정신을 선양한 대표적인 독립운동가 명문 우당 이회영 집터에 도착한다. 그곳에는 현재 우당 이회영의 흉상과 이회영, 이시영집터라는 표지석이 설치되어 있어 보는 이의 마음을 울컥하게 한다. 우당 이회영은 6형제다. 이들은 조선의 명문거족 답게 항일운동에 전재산을 희사하고 항일투쟁에 헌신하였다. 특히 1910년대 만주벌에 신흥무관학교를 설립하는데 크기 기여하여 독립군 - 광복군 - 국군으로 이어지는 계기를 마련하였다는 측면에서 더욱 역사적 의미를 부여할 수 있다. 우당 이회영 집안과 6형제의 독립운동에 대하여 알아보자.

우당 6형제는 백사의 11세손이며, 이조판서를 역임한 이유승(李裕承)의 아들들이다. 이유승은 1864년(고종 1) 증광문과에 급제하여, 1868년 평안도 암행어사가 되었고, 그 뒤 대사성, 예조·공조·형조·이조 판서를 역임했다. 1905년 을사조약이 체결되자 이를 반대하고 국권회복의 상소를 올렸다.

첫째는 이건영(李健榮, 1853~1940)으로 정3품 통정 대부(通政大夫)를 지냈고, 1910년 6형제 전 가족이 서간도로 망명했다가 1926년 귀국하여 선산을 돌봤다. 1999년 정부에서는 건국훈장 애족장을 추서했다.

둘째는 이석영(李石榮, 1855~1934)으로 종2품 가선대부(嘉善大夫)를 지냈고, 1885년 이유원 영의정에게 입적 되었고, 1910년 망명 후 신흥무관학교 교주였으나 1934년 상해에서 순국하여 상해 홍차오루(虹橋路) 공원에 안장되었으나, 도시개발로 훼손되어 시신을 찾을 수 없게 되었다. 1991년 건국훈장 애국장을 추서했다.

셋째 이철영(李哲榮, 1863~1925)은 현릉원 참봉으로 일하다 망명하여 신흥무관학교 교장을 역임하고, 동성한족생계회 부회장을 역임했으나 일찍이 풍토병으로 서거하였다. 1991년 건국훈장 애국장을 추서했다.

넷째는 우당 이회영(友堂 李會榮, 1867~1932)으로 벼슬은 하지 않고 을사늑약 이후 독립운동에 투신하여 독립운동비밀결사 신민회(新民會) 창립을 주도했다. 1907년에는 고종황제에게 주청하여 헤이그만

이회영

이시영

국평화회의 특사 파견을 주선했다. 망명한 후에는 경학사와 신흥무관학교 개교의 주역이었고 1918년에는 고종 망명계획을 추진하다 고종이 독살되자, 3·1운동 직전 망명하여 1919년 임시정부를 수립할 때 의정원 의원으로 참여했다. 1920년부터 북경을 중심으로 한 아나키스트 독립운동과 의열투쟁을 벌이다가 1932년 중국 대련에서 일제 경찰에 피체되어 그해 11월 여순감옥에서 고문으로 순국하였다. 정부에서는 1962년 건국훈장 독립장을 추서했다.

다섯째는 성재 이시영(省齋 李始榮, 1869~1953)으로 평양남도 관찰사, 한성 재판 소장을 역임하고 중국에 망명하여 신흥무관학교를 지원하다가 1919년 임시정부를 수립할 때 형 우당과 함께 의정원 의원, 임시정부 법무총장과 재무총장을 역임했다. 1948년 정부를 수립할 때 초대 부통령이 되었다. 1949년 건국훈장 대한민국장을 수장했다.

여섯째 이호영(李護榮, 1885~1933)은 형들과 함께 망명하여 경학사와 신흥무관학교 재무를 담당하였다. 1925년 의열단체 다물단(多勿團)

의 단장으로 김달하를 처단하는 데 가담했고, 만주에서 무장투쟁을 벌리다가 일제에 피체되어 전 가족이 몰살되어 후사가 없다. 정부에서는 2012년 건국훈장 애족장을 추서했다.

우당 6형제 가족들은 독립운동에 대한 공로로 6형제 이외에 우당의 부인 이은숙(李恩淑) 여사가 2018년 애족장, 아들 이규학(李圭鶴)은 1990년 애족장, 아들 이규창(李圭昌)은 1969년 독립장, 사위 장해평(張海平)은 1963년 독립장을 받았다. 이건영의 아들 이규룡(李圭龍)은 1990년 애국장, 이시영의 아들 이규봉(李圭峰)은 건국포장을 받는 등, 가족 12명이 독립운동 관련 건국훈장을 받은 독립운동의 명문가이다.

우당 이회영 6형제의 항일투쟁을 생각하니 그저 존경스러운 마음에 고개가 숙여졌다. 아울러 전 재산을 희사하고 굶어죽은 잊힌 영웅 이석영에 대한 안타까움이 끓어 올랐다. 이석영은 우당 이회영의 둘째 형이다. 그는 영의정을 지낸 이유원(李裕元, 1814~1888)의 양자로 들어갔다. 이유원은 만석이 넘는 재산을 가지고 있었고 이를 이석영에게 상속하였다. 이석영은 이 재산을 모두 처분하여 독립투쟁에 썼다. 1910년대 만주지역의 대표적인 교민 자치기관인 경학사와 신흥무관학교 설립과 운영에 쾌척한 것이다. 신흥무관학교는 10년에 걸쳐 3,500여 명의 독립군 장교를 배출했다. 이들이 일제강점기 무장 독립투쟁의 핵심이었다. 이석영 선생이 계시지 않았다면 독립군 간성들을 길러낸 신흥무관학교가 세워지기 어려웠을 것이다.

이석영이 독립투쟁에 쾌척한 재산이 어느 정도였는지는 명확하지 않다. 황현의 「매천야록」에 의하면 이유원은 "양주에서 서울로 오는데 남의 땅을 밟지 않아도 될 만큼 광대한 땅"을 가지고 있었다. 이유원이 당시 조선 10대 부자의 한사람, 서울의 3대 부자의 한사람, 서울 경기

일원의 5대 부자의 한사람이라는 주장도 있다. 최근에는 처분한 재산의 현재가치가 2조원에 달한다는 주장도 있고, 가문에서는 6조 내지 7조원 쯤 될 것으로 보기도 한다.

사회 지도층이 솔선수범해서 책임을 다하는 소위 노블레스 오블리주(noblesse oblige)를 실천한 대표적인 사례로 이석영의 행동은 역사에서 높게 평가되어야 한다. 특히, 만석의 재산을 가지고도 친일 반민족의 앞잡이가 된 사람들과 비교할 때 이석영은 빛나는 민족의 사표라는 생각이 들었다. 현재 남산에는 2021년 새로이 개관한 이회영기념관이 있다. 이곳에는 이회영의 부인 이은숙여사가 집필한 『서간도시종기』와 신흥무관학교 졸업생들이 청산리전투에서 사용하였던 체코군으로부터 구입한 무기 등이 전시되어 있다.

남산 이회영 기념관에 전시되어 있는 모신나강 소총

일제 수탈기관 응징과 자결: 나석주열사 동상

명동 YWCA을 지나 굽어진 길을 따라 5분정도 다시 발걸음을 재촉하니 을지로가 나왔다. 시청방향으로 바로 서울 중구 을지로2가 181, 하나은행 본점이 나타났고, 건물 왼쪽 화단에 나석주 열사 동상과 의거터 표석이 우리를 반갑게 맞아준다. 1926년 12월 나석주 의사가 일제 동양척식회사에 투탄하고 일본경찰과 총격전 중 자결한 그곳이다. 지금도 "동포들이여! 나는 조국의 자유를 위해 투쟁했노라. 2천만 민중이여 쉬지 말고 분투하라."라고

나석주열사의 상

외치는 듯하다. 특히 이곳은 한글과 영문으로 의사의 활동 내용을 수록하고 있어 같이 동행한 미국과 호주분들에게 더욱 공감을 갖게 하였다.

나석주, 의열투쟁에 나서다.

1926년 12월 25일경 나석주는 홀로 상해에서 중국 배인 이통호利通號에 승선했다. 신분 노출을 피해 중국인 노동자로 위장하였다. 이 배는 대련, 위해위를 경유하여 인천 사이를 운항하는 중국인 경영의 기선

나석주의거 기념터

나석주 동상앞에서 참여자들과 함께

이었다. 그는 독일제 32구경 9연발 자동권총 1정과 실탄 70발, 위력이 반경5미터에 달하는 주철제 폭탄 2개를 소지하고 26일 인천으로 들어왔다. 12월 28일 오후 2시경 경성의 식산은행 대부계에 폭탄을 투척했으나, 기둥에 맞고 폭발되지 않았다. 곧이어 동척 경성지점으로 달려가 토지개량부 기술과실에 폭탄을 던졌으나 역시 폭발하지 않았다. 그는 이 과정에서 일본인 기술과장 등 6명을 쏘아 살상하고, 황금정 거리로 나와 경기도 경찰부 경부보를 사살한 후 자신의 가슴에 권총 3방을 쏘아 자결하였다.

폭탄이 불발한 원인에 대해 일제 당국은 나석주가 안전핀을 뽑지 않고 던졌기 때문이라고 발표하였다. 그러나 이는 일제의 의도적인 왜곡이라고 할 수 있다. 일경이 폭탄을 수거한 후 성능을 확인하기 위해 실시한 폭발 실험에 의하면 나석주가 소지한 폭탄의 위력이 대단했다고 한다. 제대로 폭발했다면 동척의 2/3까지 파괴할 수 있었다는 것이다. 그런데 한 개는 뇌관이 물에 젖었고, 한 개는 너무 오래되어 폭발하지 않았다는 것이다. 그가 소지한 폭탄은 신채호가 보관하던 것인데, 상태가 좋지 않았던 것 같다. 나석주도 귀국하기 전 폭탄의 성능 시험을 하려고 2일 동안 장소를 물색하다가 결국 시험을 하지 못한 채 귀국하였다며, 아쉬움을 동지에게 전하고 있다.

나석주의 역사적 위상

나석주(1892~1926)의 본관은 나주(羅州). 일명 마중달(馬仲達). 황해도 재령 출신. 아버지는 나병헌(羅秉憲)이며, 어머니는 김씨(金氏)이다. 16세에 재령군 북율면 진초리의 보명학교(普明學校)에 입학하여 2년간 수학하고, 그 뒤 농사를 지었다.

1910년 약관의 나이에 동지들과 중국으로 집단 망명하여 독립운동에 투신하려 했으나 체포되어 옥고를 치렀다. 3·1운동 이후 1920~21년에는 황해도 일원에서 독립운동 자금 모집과 밀정 처단활동을 벌였다. 1924년 중국 상해에서 대한민국 임시정부 경무국 경호원과 경무국장을 맡아 임시정부의 보위에 힘썼다. 그는 몸을 내던지는 직접적인 의열항쟁을 지향하였다. 이를 위해 의열단, 병인의용대, 다물단 등 의열투쟁 단체에 관계하며 투쟁방안을 모색하였다. 1925년에는 다물단과 연계하여 독자적으로 국내 의열투쟁을 추진하였다. 국내로 침투하여 동양척식주식회사 등 일제 착취기관을 폭파할 계획이었으나, 운동 자금 부족으로 좌절되었다. 결국 1926년 김창숙의 자금 지원에 힘입어 동양척식주식회사와 식산은행에 폭탄을 던지고 자결 순국하였다.

1926년 나석주의 투탄의거는 의열단원으로 추진한 것이다. 그러나 의열단의 의열투쟁 계획에 따라 추진된 것은 아니다. 그가 1925년부터 계획해 오던 국내의열투쟁의 연장선상에서 봐야한다. 그는 끊임없이 자신의 온 몸을 조국 독립의 제단에 바치기를 갈망했고, 이를 실천에 옮겼다. 우리 의열투쟁사에서 그의 활동이 돋보이는 이유이다

나석주에 대한 상반된 이야기들

나석주는 의거의 장렬함에 비해 나석주의 생애와 활동은 잘 알려져 있지 않다. 자료의 부족이 가장 큰 원인이다. 자결 순국했기 때문에 판

결문 등 일제측의 관련 자료가 거의 남아있지 않다. 자료가 영성할 뿐 아니라 그나마 남아있는 자료도 내용이 제각각이다. 출생년도 조차 자료마다 다르다. 활동내용은 더 말할 나위가 없다.

의거 이후 「동아일보」, 「조선일보」 등 언론에 단편적으로 보도된 생애가 지금까지 알려진 사실의 거의 전부라고 해도 과언이 아니다. 신문 보도 기사 중에는 그나마 동아일보의 내용이 가장 자세하다. 동아일보 기자가 나석주의 고향으로 가족을 찾아가 거사와 순국사실을 전하기도 했다. 조선일보는 3차례에 걸쳐 호외를 발간했으나 모두 압수되었고, 네 번째에 가서야 대부분의 기사가 삭제된 채 발행되었다. 중외일보 역시 마찬가지로 소략하다. 기념사업회에서 출판한 김상옥 나석주 항일실록(1986년)이 가장 자세한 기록이지만, 중국 망명 이전의 활동을 위주로 당시의 언론보도 내용을 정리한 수준을 넘지 못하고 있다.

일반적으로 나석주의 투탄의거는 벽옹 김창숙의 지도로 이루어졌다고 알려져왔다. 김창숙이 세칭 제2차 유림단 활동으로 국내에서 모금한 자금을 지원하여 거사가 추진되었다는 것이다. 그러나 김창숙의 자금지원 이전인 1925년부터 나석주의 국내 투탄의거가 꾸준히 계획되고 있었다는 사실은 잘 알려져 있지 않다. 그동안 국내 투탄의거를 나석주를 중심으로 살펴보려 하지 않았기 때문이다. 나석주는 약관의 나이인 1910년부터 국내에서 독립운동 자금을 모집하며 독립운동에 나섰다. 1920~21년에는 황해도 일대에서 독립운동 자금모집과 밀정 처단 등의 활동을 벌였다. 그런데 그의 국내활동도 잘못 알려진 부분이 상당하다.

중국 상해로 망명한 이후에는 임시정부 뿐 아니라 한국노병회, 의열단, 병인의용대, 다물단 등에 참여하여 끊임없이 의열투쟁을 모색했다.

이러한 활동의 결정체가 1926년의 국내 투탄의거였다. 그는 투탄 후 자결하겠다는 의사를 사전에 동지와 국내의 동포들에게 밝혔다. 모든 의열투쟁이 죽음을 각오한 활동이지만, 나석주의 생애는 의열투쟁의 전형을 보여준다. 현재 다행히 그가 쓴 편지들이 남아있어 그의 생각과 행적의 일단을 엿볼 수 있다. 나석주의 편지는 백범 김구전집 제4권(백범김구선생전집편찬위원회, 1999)에 6편이 수록되어 있다.

대한제국의 탄생, 대한제국의 상징: 환구단(圜丘壇, 원구단)

시청방향으로 롯데호텔과 프레지텐트 호텔사이 골목으로 들어가니 옛 건물이 보인다. 바로 황구단의 부속 건물인 황공우다. 환구단은 1897년(광무 1) 대한제국기 천자가 하늘에 제를 올린 제단이다. 규모(면적)는 8,661㎡이며, 서울특별시 중구 소공로 106(소공동 87 - 1번지) 소재하고 있다. 1967년 7월 15일에 사적 제157호로 지정되었고, 웨스턴 조선호텔 경내에 그 터가 위치하고 있으며, 서울특별시 중구청에서 관리해오고 있다.

환구단은 천자(天子)가 하늘에 제를 드리는 둥근 단으로 된 제천단(祭天壇)인데, 예로부터 '천원지방(天圓地方)'이라 하여 하늘에 제를 지내는 단은 둥글게, 땅에 제사 지내는 단은 모나게 쌓았다. 국왕이 정결한 곳에 제천단을 쌓고 기원과 감사의 제를 드리는 것은 농경문화의 형성과 더불어 일찍부터 있었다. 우리나라에서도 983년(고려, 성종 2) 정월에 왕이 환구단에 풍년기원제(豊年祈願祭)를 드렸다는『고려사(高麗史)』의 기록으로 보아, 이미 이전부터 이러한 의식이 행하였다고 추측

환구단

환구단에서 설명하는 필자

된다. 이러한 제천의례는 조선시대에도 계승되었다. 세조 때에 환구단을 쌓게 하였다는 기록이 보이나, 『동국여지승람(東國輿地勝覽)』에는 환구단의 명칭이 보이지 않는다. 이는 천자가 아닌 제후국(諸侯國)의 왕으로서 천제(天祭)를 지냄이 합당하지 않다는 논의 때문이며, 이로 인해 이후 여러 차례 제천단을 폐한 일이 있었다.

그 뒤 고종이 1897년(광무 1) 대한제국의 황제로 즉위하면서 천자가 되었기에 완전한 제천의식(祭天儀式)을 행하게 되었다. 환구단은 1897년(광무 1) 우리나라도 천신(天神)에게 제를 드려야 한다는 의정(議政) 심순택(沈舜澤)의 상소에 따라 영선사(營繕史) 이근명(李根命)이 지관(地官)을 데리고 지금의 소공동 해좌사향(亥坐巳向)에다 길지(吉地)를 정하고 제단을 쌓게 하였다. 제단이 조성된 이후에 고종은 이곳 환구에서 천지에 제를 드리고 황제위(皇帝位)에 오르게 되었다.

이때에 조성된 환구단의 제도를 보면, 황천상제(皇天上帝)의 위(位)는 제1층 북동쪽에서 남향하여 있고 황지기(皇地祇)의 위는 북서쪽에서 남향하였다.

동쪽에는 대명(大明), 서쪽에는 야명(夜明)의 위가 봉안되었으며, 제3층 동쪽에는 북두칠성(北斗七星)·오성(五星)·이십팔수(二十八宿)·오악(五嶽)·사해(四海)·명산(名山)·성황(城隍)의 위와 서쪽에는 운사(雲師)·우사(雨師)·풍백(風伯)·뇌사(雷師)·오진(五鎭 : 다섯 鎭山)·사독(四瀆 : 나라에서 위하던 네 江)·대천(大川)·사토(司土)의 위가 모셔졌다.

그리고 제를 올릴 때 영신궁가(迎神宮架)에는 중화(中和)의 악, 진찬궁가(進饌宮架)에는 응화(凝和)의 악 등, 여러 주악이 의식에 따라 연주되었다.

그 뒤 1899년(광무 3) 환구의 북쪽에 황궁우(皇穹宇)를 건립하고 신위판(神位板)을 봉안하면서 태조를 추존하여 태조고황제(太祖高皇帝)로 삼고, 환구 황지기 위의 동남에 배천(配天)하였다.

1913년 일제에 의하여 환구단이 헐리고 그 터는 지금 서울 웨스턴 조선호텔이 되었는데, 화강암 기단 위에 세워진 3층 팔각정의 황궁우는 지금도 남아 있다. 기단 위에는 돌난간이 둘러져 있고 1·2층은 통층(通層)인데, 중앙에 태조의 신위가 있다. 3층은 각 면에 3개의 창을 냈다.

건물의 양식은 익공계(翼工系)인데, 청나라 영향을 받은 장식이 많다. 황궁우 옆에는 제천을 위한 악기를 상징한 듯 3개의 석고(石鼓)가 있는데, 몸통에 조각된 용문(龍文)이 화려하다.

또 다른 세상, 노동자, 농민의 나라를 꿈꾸다:
경성부 황금정 아서원, 조선공산당 창당지

황구단 옆 롯데호텔자리가 조선공산당이 창당된 아서원이라는 음식점터라는 것을 아는 사람은 드물다. 아서원의 당시 주소는 경성부 황금정 1정목 181이며, 현재는 서울 중구 을지로 1가 180이다. 위치 고증은 『경성편람』(1929) 요리 음식점편을 통해 아서원의 주소를 확인할 수 있다. 현재 롯데호텔이 들어서 있는데, 정확한 위치는 환구단과 담을 맞대고 있는 롯데호텔 본관 서쪽 날개의 남반부이다. 현재 표지석은 설치되어 있지 않다.

1925년 4월 17일 황금정 아서원에서 김재봉(金在鳳), 김낙준(金洛俊, 이명 金燦), 김약수(金若水), 주종건(朱鍾建), 윤덕병(尹德炳), 진병기(陳秉基), 조동호(趙東祜), 조봉암(曹奉岩), 송봉우(宋奉瑀), 김상주(金尙珠),

유진희(兪鎭熙), 독고전(獨孤佺), 정운해(鄭雲海), 최원택(崔元澤), 이봉수(李鳳洙), 김기수(金基洙), 신동호(申東浩), 박헌영(朴憲永), 홍덕유(洪悳裕) 등 19인이 비밀리에 조선공산당을 조직하였다. 조선공산당 창당대회(1차당 대회)는 사상단체(思想團體)인 화요회(화요파)와 북풍회 등이 주도하였고, 김사국(金思國), 이영(李英) 등 서울청년회 계열의 사회주의자(서울파)들은 배제되었다.

1차 당대회에서는 책임비서에 김재봉을 선출하였다. 조선공산당은 조직부, 정치경제부, 간부국, 조사부, 선전부, 노농부 등을 조직하고 코민테른 집행위원회에 조선공산당의 창건을 알리고 승인을 얻기 위해 모스크바에 조동호와 조봉암을 파견할 것을 결정하였다. 1차당 대회에서는 조선혁명의 과제가 심의되었고 그것을 민족해방혁명, 반제국주의 혁명으로 규정하였다. 조선공산당은 창립 당시 강령(綱領)을 작성하지는 않았지만, 1926년 6월 7일에 상해에서 발행된 조선공산당의 기관지 『불꽃』에 수록된 「조선공산당선언」에 따르면 조선공산당은 민주공화국을 건설하되 국가의 최고 및 일체 권력은 국민으로부터 조직한 직접, 비밀(무기명 투표), 보통 및 평등의 선거로 성립한다. 또한 직업조합의 조직 및 동맹파업의 자유, 야간노동 금지, 아동노동 금지, 산모의 산전 2주 산후 4주간 노동금지, 대토지 소유자와 회사 및 은행이 점유한 토지를 몰수하여 국가의 토지와 함께 농민에게 교부할 일, 소작료를 3할 이내로 할 일, 농민조합을 법률로 승인할 일 등 40개 항에 이르는 강령을 내걸었다.

조선공산당은 을축년(乙丑年, 1925) 대홍수를 겪으면서 수해 이재민에 대해 모금과 상황 조사를 하는 등 홍수 이재민들을 돕기 위한 전국적인 운동에 참여했다. 또한 전국 각지를 순회하여 농민, 노동자 등에게 강연을 벌이고 일본인 사회주의자를 초대하여 강연회를 여는 등 선전사업을 벌였다. 또한 조선공산당은 서울에 있는 인쇄공 조합, 철공조합, 구두직공조합, 양말직공조합, 물장수조합 등의 각 직업별 노동조합의 창설에 관여하였다. 조선공산당은 출판물로서『조선지광(朝鮮之光)』과『신흥청년(新興靑年)』을 발행하였다.

　조선공산당은 1926년 6월 10일 순종의 장례식을 계기로 민중봉기를 계획하였다. 당시 조선공산당 산하 고려공산청년회의 책임비서인 권오설의 주도하에 조선공산당은 '6·10투쟁특별위원회'를 두고 「격고문(檄告文)」, 「복상(服喪) 통곡(慟哭)하는 민중에게 격(檄)함!」 등의 전단을 배포하여 일제에 대항하는 투쟁을 준비하였다. 그러나 이러한 계획이 사전에 발각되어 조선공산당은 1백여 명의 당원이 체포되었다. 조선공산당은 1925년 11월 '신의주사건'과 1926년 6·10만세운동사건 등 '1·2차 조선공산당 사건'으로 조직에 치명적 손실을 받았지만 파괴된 조직을 정리하고 '서울파 사회주의그룹'인 고려공산동맹을 가입시켜 당세의 확장을 이루어 1926년 12월 6일 조선공산당 2차 당대회를 개최하였다.

우리가 몰랐던 3월 1일 만세운동의 또 다른 격전지:
선은전 광장 3·1운동 만세시위지

　도심 속의 정원같은 황구단터에서의 답사를 마치고 우리일행은 점심 식사후 발길을 재촉하여 옛 한국은행으로 향하였다. 3·1운동의 잊혀진 역사를 되새겨 보기 위함이었다. 1919년 3월 1일 독립만세를 부르

3 · 1독립운동 기념터

며 남산 조선총독부를 향해 행진하던 수천 명의 시위대가 모여 독립만
세시위를 벌인 곳. 한국은행 오른쪽 인도에 표지석이 설치되어 있다.
당시 주소는 경성부 남대문통 3정목 110. 일본 육군성 문서인 「독립운
동에 관한 건(제2보)」(1919.3.1)와 「홍일창 등 3인 판결문」에 관련 사실
이 기록되어 있다. 『(대정10년, 1921년) 조선은행회사요록』에 조선은
행의 당시 주소지가 기록되어 있으며, 「경성부시가강계도」(1914)를 통
해 당시 조선은행의 위치와 조선은행 앞 광장의 규모를 확인할 수 있다.

1919년 3월 1일 탑골공원에서 독립선언식을 거행한 뒤, 오후 3시경
고종 황제의 빈전이 마련된 덕수궁 대한문 앞에 모여 독립만세를 부르
고 연설을 한 시위대의 일단은 만세를 부르며 장곡천정(長谷川町, 현
소공로)을 거쳐 남산 조선총독부를 향해 행진하였다. 행렬이 조선은행

이등박문이 쓴 정초 글씨

(현 한국은행) 앞 광장에 이르자 학생과 시민들이 합류하여 인파가 3천 명으로 늘어났다. 시위대는 총독부를 향해 본정통(本町通, 현 충무로)으로 들어서며 이를 저지하는 일제 군경과 맞섰다. 일부는 저지선을 뚫기도 했으나, 용산 조선군사령부에서 보병 3개 중대와 기병 1개 소대를 긴급히 배치함으로써 시위대는 강제 해산되었다.

한편 최근에는 표지석 반대편 한국은행 머리돌에 이등박문이 1909년 (융희3년) 7월 11일에 쓴 <定礎>라고 쓴 글씨가 그대로 남아 있는 것이 발견되어 보는 이의 마음을 아프게 하고 있다.

독립운동의 산실 상동교회

상동교회 원경

상동교회

한국은행에서 반대편으로 길을 건너 남대문시장으로 향하다 보면 상동교회가 멀리 보인다. 이곳은 한말 '상동파'로 불린 애국지사들의 거점으로 비밀결사 신민회의 서울 근거지 가운데 하나였던 곳. 서울 중구 남창동 1. 「경성부시가강계도」(1914)에 현 남대문로 변에 '교회(敎會)'라는 글자가 보인다. 현재 새로나백화점이 들어서 있다. 1층 교회 입구에 정초석과 서울의 미래유산 상동교회 표식과 설명 표식판이 붙어 있다.

상동교회(尙洞敎會)는 1889년 스크랜튼(William B. Scranton) 목사에 의하여 설립되어 민족운동의 요람지가 되었던 교회. 중구 남창동 1의 2에 위치하고 있으며 구한말과 일제시대에 민족운동의 요람지 역할을 하였다.

1900년 7월 30일에 상동병원은 세브란스병원과 통합되었고, 상동병원 자리에 새로운 교회 건물을 위한 정초식이 거행되었다. 1901년 5월에 교회 건물 봉헌식이 거행되었고 1902년부터 교회는 신축된 이곳으로 옮겨졌다. 이때 교회 속장에서 전도사가 된 전덕기(全德基)가 중심이 되어 상동청년회가 조직되면서 상동교회는 민족운동의 중심지가 되었다.

1905년에 일제에 의해 「을사5조약」이 강제로 체결되었다는 소식에 접한 전덕기는 교동교회의 엡윗청년회인 감리교 청년회 전국 연합회를 소집하여 을사조약 반대 및 무효를 위한 투쟁을 전개하였다. 각지에서 청년회 대표들과 우국지사들이 상동교회로 몰려들었다. 상동교회에서는 국가와 민족을 위한 구국기도회를 열었다. 연일 수천 명이 상동교회에 모여 철야기도와 금식기도를 올리는 등 기울어진 나라를 위하여 기도하였다. 이를 계기로 상동교회 전덕기 전도사를 중심으로 소위

민족주의자들이 모여들었고 이들은 상동파를 형성하였다. 이밖에도 상동교회를 중심으로 몰려든 청년들은 을사5적의 암살을 기도하였으며, 이준 열사 등은 상동교회 뒷방에서 헤이그 밀사 파견을 모의하였다.

1904년에 상동교회 내에 상동청년학원이란 중등교육기관을 세워 유능한 청년들을 모아 민족운동지도자를 양성하였다. 한국 최초의 민간 잡지로 『가뎡(가정)조선』(1906년)을 발행하였다. 1907년 목사안수를 받은 전덕기는 은퇴하는 스크랜튼의 뒤를 이어 상동교회 담임목사로 부임하였다. 전덕기가 목사로 부임한 이후 상동교회는 한층 민족운동의 장으로서 더욱 발전되어 갔다. 당시 상동교회를 중심으로 활약했던 이른바 상동파는 김구·이준·이동녕·이동휘·안창호·이회영·조성환·안태국·남궁억·신채호·노백린·최광옥·이상설·이상재·양기탁·이갑·주시경·이용태·유일선·이필주·최성모·이승훈·이승만 등이었으며, 이들 중 대부분이 신민회 조직에 간여하였다. 신민회 조직은 앞서 상동파를 근간으로 하여 조직되었다고 할 수 있다.

상동교회는 1911년 '105인 사건'으로 상동파가 주류였던 신민회 간부들이 일제에 검거당하면서 전덕기 목사도 역시 체포되어 갖은 악형과 고문으로 병을 얻어 1914년에 순직하였다. 이로써 상동교회를 중심으로 한 민족운동은 중단되었고 상동청년학원도 폐교되고 말았다. 그러나 남녀 공옥학교는 계속 운영되었고, 이 학교를 통하여 청소년의 신앙훈련과 민족정신의 앙양은 계속될 수 있었다. 전덕기 목사는 죽었으나 그의 유지를 받들어 이필주·최성모·김진호·현순 등이 1919년 그의 뜻을 이어 3·1운동을 주도하였다.

33인의 민족대표 중 16명이 기독교인이었으며, 이중 9명(이필주·최성모·신홍식·오화영·신석구·박희도·정춘수·김창준·박동완)이 감리교 대표로, 상동교회에서 목회와 민족운동을 겸하였던 이들이다. 3·1운동 이후 민족 대표 33인 중 1인인 최성모 목사가 서대문 감옥에서 출옥하면서 상동교회의 담임목사로 파송되었다. 전덕기 목사에 이어 교육과 선교를 통한 민족운동을 전개하여 상동교회의 전통을 지켜나갔다. 그러나 중·일전쟁과 태평양전쟁 등으로 전선을 확대시켜 나간 일제는 한국 교회를 말살하고자 교회의 나약한 목사들과 교인들을 매수하였고 이에 저항하는 교회를 폐쇄시켰다. 1942년 싱가포르를 점령한 일제는 전국 교회에 싱가포르 함락 축하예배를 강요하고 교회의 기물인 철붙이를 헌납하도록 강제하여 이를 징발해 갔다. 일제는 상동교회의 철문은 떼어갔으나 종탑 위의 종은 끌어내리지 못해 징발 당하지 않았다. 그러나 전쟁 막바지에 달하자 일제는 교회 폐쇄를 명하고 건물을 일본인에게 팔도록 명령하였다. 상동교회는 교회를 팔아버리라는 일제의 끈질긴 요구를 거절하고 1944년 3월 교회를 팔아버리는 대신 교회 문을 닫았다. 그리고 건물을 팔아버리라는 일제측과 협상하여 「황도문화관」이란 교육장으로 개조하여 건물을 유지하였다. 상동교회는 황도문화관으로 개조되어 일본정신과 문화를 가르치는 치욕을 당하기도 하였다. 그 후 해방이 되어 교회는 다시 복귀되었지만 6·25사변 때 공옥학교 3층 건물이 폭격으로 없어졌고, 그 옆의 교회 건물이 무사하여 이를 기반으로 복구사업을 시작하였다.

1974년 10월에 73년의 역사를 가진 벽돌예배당을 헐고 새 건물을 신축하기 시작하여 1976년에 연건평 5천 평에 지하 2층 지상 9층의 건축이 완성되었다. 현 건물에는 교회가 운영하는 '새로나 백화점'이 6층까지 입점해 있고, 7층 이상을 교회가 사용하고 있다. 백화점 운영으로 나오는 수익금 일체를 선교사업에 전용하고 있다.

3·1운동을 준비하다—세브란스 : 남대문밖교회 함태영 사택 터

3·1운동기념터(세브란스병원)

상동교회에서 남대문 시장과 숭례문을 지나 서울역 방향으로 이동하였다. 3·1운동의 준비를 위해 노력했던 역사적 현장을 만나기 위해서였다. 그 현장인 남대문밖교회는 현재 연세재단 세브란스빌딩으로 변해있다. 다만 그 건물 밖 표지석에 써 있는 <1919년 3·1독립운동거사를 위해 기독교지도자들이 모여 논의하던 곳>란 글귀만이 당시를 증거해 주고 있다. 아울러 빌딩안 1층에 있는 세브란스병원 전시관이 사진과 모형건물전시를 통하여 남대문밖 교회의 모습을 잘보여주고 있었다.

남대문밖교회 함태영 사택 터는 현재 세브란스빌딩 앞 도로이다. 도로 확장 과정으로 지하철 1호선 서울역 5번 출구와 6번 출구 사이 앞 도로로 편입되었다. 당시 주소는 경성부 남대문통 5정목 75, 현주소는 서울 중구 남대문로5가 84이다. 『독립운동사료집』5에 따르면, 3·1운동 당시 함태영은 남대문통 5정목 75번지 남대문밖교회 조사 사택에 거주한 것으로 되어 있다. 「경성부 지형명세도」(1929)와 현 지번도를 통해 그 위치를 추적해보면, 도로 확장 과정에서 지하철 1호선 서울역 5번 출구 앞 도로로 편입되었음을 확인할 수 있다.

남대문밖교회 함태영(1872~1964) 조사(助事)의 사택이 3·1운동 준비과정에서 기독교계 독립운동의 거점으로 떠오른 것은 1919년 2월 11일 송진우를 만나 독립운동 거사 제의를 받은 이승훈이 귀향길에 남대문밖교회를 방문하면서부터였다. 평안도 일대를 돌며 동지를 규합하고 2월 17일 재차 상경한 이승훈은 천도교 측과의 교섭이 지지부진하자, 2월 20일 밤 협성보통학교 박희도의 숙소에서 감리교회 지도자들과 모임을 갖고 기독교계 단독으로 거사를 추진하자는데 의견 일치를 보았다. 이튿날 오전 이승훈은 함태영을 찾아와 전날 회의내용을 전하고 장로교계의 동지 규합 방안을 논의하였다. 그런데 그날 오후 이승훈과 최린의 회담이 전격적으로 성사되었다. 이에 장로회와 감리회 양 교단 지도자들은 그날 밤 세브란스병원 구내 이갑성의 집에서 연석회의를 열어 천도교 측과의 교섭위원으로 이승훈과 함태영을 선정하였다.

이승훈과 함태영은 2월 23일 천도교 측의 최린과 독립선언 문제를 협의한 뒤, 그날 밤 함태영의 집에서 제2차 장로회·감리회 지도자 연석회의를 열어 천도교 측에서 주장하는 독립선언서 발표 방침을 수용하기로 함으로써 독립운동 일원화의 발판을 마련하였다.

세브란스병원 이갑성 사택 터

서울역 앞 세브란스병원

3 · 1운동 당시 이갑성은 세브란스병원 제약주임으로 재직하면서 남
대문통 5정목 15번지 병원 구내 사택에 거주한 것으로 되어 있다. 남대
문통 5정목 15번지는 현재 84번지로 지번이 통폐합되었는데, 1940년
대 말 세브란스의과대학 및 부속병원 건물 배치도를 통해 지금의 GS
역전주유소 주변이 그에 해당하는 자리임을 확인할 수 있다.

1919년 2월 11일 남대문밖교회를 방문한 이승훈을 통해 천도교 측
과 기독교 측 사이에 독립운동을 위한 암중모색이 진행되고 있음을 전
해들은 이갑성은 2월 12일 밤 세브란스병원 음악회가 끝난 뒤, 1월 27
일 대관원 모임에 참석한 바 있는 한위건 · 김원벽 · 김형기 · 윤자영과
세브란스 의학전문학교의 김문진 · 이용설 · 배동석을 병원 구내 자신의
사택으로 불러 국내 · 외 정세에 대해 이야기하며 독립운동에 대한 의
사를 타진하였다. 그 뒤 이갑성은 한 차례 더 전문학교 학생대표들을

자신의 집으로 불러 천도교 측과 기독교 측의 독립운동 추진상황을 알렸다.

한편 2월 21일 밤에는 장로회 측에서 이승훈·함태영·이갑성·안세환·김세환·김필수·오상근, 감리회 측에서 박희도·오화영·신홍식·오기선·현순 등이 참석한 가운데, 제1차 장로회·감리회 양 교단 지도자 연석회의가 이갑성의 집에서 열렸다. 이 자리에서 양 교단 지도자들은 천도교 측과의 합동문제에 대해 이승훈과 함태영에게 만사를 일임하기로 하고, 독립운동에 참여할 동지를 규합하기 위해 각자 역할을 분담하였다.

사이토 조선총독에게 폭탄을 투척한 노혁명가,
한의사로, 기독교인으로 동양평화를 주창.

구서울역 광장으로 걸어가니 위풍당당하게 서 있는 왈우 강우규의 사를 만나게 된다. 1919년 9월 2일 사이토 마코토[齊藤實] 신임 조선총독 부임 행렬에 폭탄을 던진 강우규의 의거가 있었던 곳에 현재 그의 동상이 서 있다. 도로 확장과 역사 신축 등으로 주변 경관이 일부 바뀌었다. 당시 주소 경성부 봉래정 2정목, 강우규 의거 당시 남대문역의 위치는, '국제 규모의 신역사 착공에 앞서 역사를 임시역사로 이전한 뒤, 기존 역사는 헐고 신역사 건축에 착수할 터'라는 『동아일보』 1921년 12월 20일자 기사를 통해, 현재의 구 서울역사와 같은 장소였음을 알 수 있다.

강우규 동상 원경

강우규 동상

강우규의거 당시 광경과 LA타임즈에 실린 강우규 의거 당시 스케치(1919.9.9)

강우규(姜宇奎, 1855~1920)는 평안남도 덕천 출생으로, 1911년 북간도로 망명해 연해주를 넘나들며 지사들과 교류하다가, 길림성 요하현(遼河縣)에 자리를 잡고 학교와 교회를 세워 독립정신을 고취하는데 힘썼다. 1919년 3·1운동이 일어나자 강우규는 64세의 노구를 이끌고 연해주 블라디보스토크로 건너가 노인동맹단에 가입한 뒤, 조선총독을 주살할 계획을 세우고 폭탄 한 개를 구입해 국내로 잠입하였다.

1919년 8월 하순경 신임 조선총독의 부임소식이 전해지자 강우규는 거사 장소를 남대문역으로 정하고, 9월 2일 오후 5시경 남대문역 귀빈실을 나와 부인과 함께 대기 중이던 쌍두마차에 오르는 사이토 마코토[齋藤實] 신임총독을 향해 폭탄을 던졌다. 폭탄의 위력이 강하지 못해 목표물인 총독을 주살하는 데는 실패하고, 근처의 신문기자를 비롯한 30여 명이 중경상을 당했다. 거사 뒤 현장에서 빠져나와 재차 의거를 모색하던 중에 9월 17일 체포되어 1920년 2월 25일 사형 선고를 받고 같은 해 11월 29일 서대문감옥에서 순국하였다.

강우규는 『동광 40호』(1933.1.23), 유광열의 「신문기자시대에 접촉한 각계인물인상기」에 보이듯이, 일제에 체포되어 법정에서 재판을 받을 때도 당당하게 자신의 주장을 소신 있게 펼친 인사였다. 사형을 선고받은 강우규는 감상을 묻는 일제 검사에게 다음과 같은 시 한수를 씨주었다고 한다.

재판정에서의 강우규

斷頭臺上 猶在春風
有身無國 豈無感想

단두에 위에는 봄바람만 불뿐,
이 몸은 나라 없는 자이니 어찌 무슨 생각이 있겠나.

기독교에 바탕한 평화독립사상의 주창자

강우규는 독실한 기독교 신자
였다. 이점은 1920년 5월 27일 사
형이 확정되었을 때 강우규의 동
정을 보도한 동아일보 1920년 5
월 27일자의 "독실한 크리스챤으
로 요새도 항상 성경읽기로 일을
삼고 아침저녁으로 무슨 묵도黙
禱가 있으며 아무 근심하는 빛이
없이 지낸다"는 보도를 통해서도
짐작해 볼수 있다. 또한 그는 유언

감옥에서의 강우규

에서 조선청년의 교육을 강조하면서, 조선청년이 향할 곳은 기독교이
니 먼저 기독교를 믿어서 심령을 맑게 한 후에 공부를 하지 않으면 안
된다고 주장하였다. 즉 그는 청년교육을 강조하면서도 기독교적인 청
년의 양성을 주장하였던 것이다. 이처럼 기독교 신자였던 강우규는 구
한말부터 교회설립에 적극적으로 나섰다. 그리하여 함경남도 홍원군
에 교회를, 블라디보스토크에 장로교회, 북간도 두도구에 장로교 계통
의 교회를 설립하였던 것이다.

강우규는 1920년 4월 법정에서 행한 최후진술에서, 사이토를 동양 평화를 깨뜨린 사람이므로 죽이려 한 것이라고 하고, 자신은 "인도정의와 동양평화와 조국을 위하여 한 몸을 바친 자"라고 자신의 정당성을 피력하였다.

　　아울러 강우규는 동양대세를 영원히 보호하기 위해서는 분쟁을 일으키지 말고, 평화를 유지해야 됨을 강조하였다. 아울러 일본 천황이 어지御旨 중에 동양평화를 강조하는 훈시를 내렸음에도 불구하고 악마 사이토이 하늘의 뜻을 위배하여 분쟁을 기틀을 미련하여 조선을 인민의 감옥으로 만들었다고 비판하였다. 즉 강우규는 사이토이 일본천황의 뜻을 거역한 인물이라고 규정하고 전략상 일본 천황에 대한 비판은 삼가고 있음을 볼 수 있다. 이어서 강우규는 일본이 동양 3국 중 세계의 대국으로서 일등국이며, 동양의 신문명 선진국이라고 규정하였다. 아울러 일본은 동양분쟁의 씨를 거두어 평화회의를 성립시켜야 하며, 동양 3국을 정립케 하여 견고히 자립하게 하여야 한다고 하였다. 이와 같이 되는 날에 일본은 3국 중 패국覇國이라고 할 수 있을 것이라고 하였다. 만약 그렇지 않을 경우 본인은 자국과 우리 동포를 위해 신명을 희생하여 영혼으로 하여금 국권회복과 자유독립과 동양의 평화를 위해 노력하고자 한다고 하였다.

안중근의사기념관

안중근 의사(1879.9.2.~1910.3.26.)는 대한제국시기 일제의 침략으로 나라가 위기에 처했을 때 한국의 독립과 동양평화를 위해 제국주의 침략의 원흉 이토 히로부미(伊藤博文)를 1909년 10월 26일 하얼빈 역에서 처단한 민족의 영웅이다. 안중근 의사의 하얼빈의거는 당시 일제의 부당한 국권 침탈에 당당히 맞섬으로써 안으로는 많은 국민들의 독립의지를 일깨우고, 밖으로는 우리 민족의 혼과 정신이 살아있음을 세계만방에 알린 쾌거였다. 또한 청일전쟁 이래 한·중 양국이 함께 항일투쟁에 나서는 신호탄이 되기도 하였다.

또한 안중근 의사는 하얼빈의거 뿐만 아니라, 청년시절 진남포에 학교를 세워 인재양성에 힘을 쏟았으며, 국채보상운동 서북지역 책임자를 맡아 민족계몽운동을 펼쳤고 연해주에서는 의군(義軍) 활동을 전개하였다. 그리고 의거 이후 재판과정에서 "하얼빈의거는 한국의 독립뿐만 아니라 동양의 평화를 위해 거행한 것"임을 분명히 밝히고, 뤼순감옥에서 자신의 뜻이 담긴 많은 유묵(遺墨)과 자서전『안응칠역사』에 이어「동양평화론」을 저술하던 중 1910년 3월 26일 순국하였다.

이렇듯, 안중근 의사는 30년 6개월이라는 짧은 삶을 살았지만 생의 전부를 조국의 독립과 동양평화를 위해 바쳤다. 즉 위대한 민족의 영웅이자 민족운동가요, 탁월한 정치사상가로서 한 나라의 독립운동가를 넘은 평화주의자였다는 점이 오늘을 살아가는 우리들에게 커다란 감동을 주고 있다.

안중근의사기념관은 바로 이러한 안중근 의사의 위훈을 기리고, 일제에 의해 훼손된 민족정기를 바로 세우고자 식민지배의 상징이던 남산 조선신궁 터에 1970년 개관한 이래, 기념관이 노후·협소해짐에 따라 2010년 안중근 의사 순국 100주기를 맞아 새 기념관을 재개관하였다.

2010년 10월 26일 새로이 개관한 현재의 안중근의사기념관은 안중근 의사를 비롯한 단지동맹 12인을 형상화하여 12개의 기둥을 묶은 형태의 건물로 설계되어 있다. 기념관은 모두 3개의 전시실로 구성되어 있으며, 전시실에는 안중근 의사의 출생부터 순국에 이르기까지의 전 생애와 업적이 주요 자료와 함께 전시되어 있어 안중근 의사의 모든 면을 만나볼 수 있다.

제1전시실은 한국이 전근대에서 근대로 이행하던 역사적인 전환기라고 할 수 있는 안중근 의사 출생 전후의 시대 배경, 황해도 해주와 청계동에서의 어린 시절과 성장과정, 그리고 15명에 이르는 독립유공자를 포함한 안중근 의사 가문의 독립운동에 관한 내용으로 구성되어 있다.

제2전시실에는 독실한 천주교 신자였던 안중근 의사의 신앙과 국내에서의 교육·계몽활동, 국외 망명 이후의 의군 활동과 단지동맹에 관한 내용이 전시되어 있다.

제3전시실은 안중근 의사의 하얼빈 의거에서 순국에 이르기까지를 다루고 있다. 하얼빈의거 계획 과정에서부터 의거 장면, 법정 투쟁과 뤼순감옥을 재현해 놓은 공간들이 있으며, 자서전과 「동양평화론」 등 각종 저술, 어머니의 당부 말씀과 동포들에게 남긴 유언, 의연한 순국 장면과 다양한 옥중 유묵 등을 볼 수 있다.

안중근기념관 전경

안중근참배홀 전시실

체험전시실은 퀴즈를 풀면서 전시실 내용을 되새겨볼 수 있는 터치스크린과, 전자방명록, 안중근 의사와 함께 찍은 사진을 전자우편으로 받을 수 있는 코너, 유묵 책갈피를 만들어 보는 스탬프 체험, 안중근 의사의 활동도를 한눈에 볼 수 있는 여정 따라가기, 접착메모지를 이용해 기념관 방문 소감을 적어 붙일 수 있는 등의 다양한 체험을 할 수 있도록 되어 있다.

추모실을 지나 남산의 풍광이 보이는 계단을 통해 이동하여 종합영상실로 가면 영상을 통해 안중근 의사의 생애와 사상을 더욱 생생하게 느낄 수 있다.

안중근 의사가 살신성인의 자세로 보여준 나라사랑정신은 이후 한국독립운동의 지도이념이 되었다. 안중근 의사의 의거는 강우규, 김상옥, 나석주, 이봉창, 윤봉길 등 많은 독립운동가들에게 계승되었다. 청년기에 황해도 신천군 청계동에서 안중근 의사 집안과 인연을 맺었던 백범 김구는 안중근 의사를 '한국 독립운동의 지주'로 받들었다. 일본 제국주의 침략에 맞서 한국독립과 동양평화를 위해 목숨을 바친 안중근 의사의 위국헌신과 평화사상은 독립과 평화를 사랑하는 한국민과 전세계인의 마음속에 영원히 기억될 것이다.

안중근의사기념관은 안중근 의사 관련 자료를 수집하여 다양한 전시활동과 학술활동, 그리고 교육활동을 통해 안중근 의사의 평화사상을 선양하고, 국민들의 나라사랑정신 함양을 위한 사회적 책무를 다하고 있다.

2

청일·러일전쟁에 대한 동아시아의 기억과 재현:
여순과 블라디보스토크를 중심으로

1. 머리말

청일전쟁과 러일전쟁은 주지하는 바와 같이 제국주의 국가들간의
전쟁이기는 하나 그 전쟁 현장의 일부가 한반도라는 점, 그리고 한반도
를 강점하고자 하는 국가들 사이의 전쟁이라는 점에서 우리에게 끼친
파장은 무엇이라 표현할 수 없을 정도로 큰 것이라고 할 수 있다. 그러
므로 학계에서는 일찍부터 청일전쟁과 러일전쟁에 대하여 깊은 관심
을 갖고 많은 연구들이 이루어져 왔다.[1] 그런데 최근에는 학문적 연구
성과와 더불어 중국, 일본, 러시아, 한국 등에 널리 산재해 있는 전쟁유
적 및 기념시설, 박물관, 각국의 역사서술에 대하여도 깊은 관심을 갖고
이에 대한 연구가 이루어짐으로서 청일전쟁과 러일전쟁에 대한 보다
입체적인 분석들이 이루어지고 있는 것은[2] 반가운 일이라 할 것이다.

---

[1] 대표적인 것으로는 「기획 러일전쟁 100년」, 『역사비평』69, 2004를 들 수 있다.
  흥미로운 연구성과로는 차경애(「러일전쟁 당시 전쟁견문록을 통해서 본 전쟁지역
  민중의 삶」, 『중국근현대사연구』48, 2010)의 논문이 주목된다.
[2] 박선영 우영란 최봉룡 한상도, 『중국 랴오둥 산둥반도 국제전 유적과 동북아평화』,

본고에서는 이와 같은 맥락에서 청일전쟁, 러일전쟁에 대한 동아시아의 기억에 주목하고자 한다. 그러나 주제가 너무 크고 넓어 필자로서는 이를 감당하기가 쉽지 않다. 이에 중국에서는 여순, 러시아에서는 블라디보스토크를 중심으로 집중적으로 살펴보고자 한다. 이 두 지역은 중국과 러시아의 극동지역 대표적인 군사기지들이기 때문이다.

우선 일차적으로 여순지역에 대하여 밝혀보고자 한다. 여순지역은 청일, 러일전쟁의 최대의 격전지 중의 하나였으므로 이를 살펴보는 것은 그 의미가 크다고 생각된다. 그런데 이 부분에 대하여는 일찍이 대련대학의 최봉룡 교수가 집중적으로 살펴본 바 있다.[3] 이에 필자는 최교수의 연구업적을 바탕으로 이에 더하여 몇 가지를 첨가하는 수준에서 본고를 작성해 보고자 한다. 특히 중국인의 기억과 재현의 측면에서 지금까지 별로 주목하지 못한 만충묘(萬忠墓)에 대하여 집중적으로 알아보고자 한다. 만충묘는 남경대학살과 더불어 청일전쟁 당시 일본인에 의한 중국인의 최대 학살피해지로 상징화될 수 있는 곳이라 판단되기 때문이다. 한국의 경우 3·1운동 당시 제암리학살사건, 1920년 러시아 블라디보스토크를 중심으로 한 4월 참변 등과 유사한 것이라 판단되기 때문이다. 이어서 지금까지 검토하지 못하였던 여순감옥내에 있는 러시아와 일본의 중국침략관련 전시관에 소장되어 있는 유물들에 대하여도 살펴볼 것이다. 이들은 최근 여순지역에서 새로이 수집한 것들인데 기존 연구에서는 이들을 간과하였기 때문이다.

동북아역사재단, 2013.

김승태, 심헌용, 박환 외, 『근현대 전쟁유적 그리고 평화』, 동북아역사재단 엮음, 2011.

3) 최봉룡, 「여순의 청일 러일전쟁유적과 유물 및 동북아평화」, 『한 중 일의 전쟁유적과 동북아평화』, 동북아역사재단엮음, 2013.

한편 본고에서는 러일전쟁에 대한 러시아인의 기억을 살펴보는데
있어서 블라디보스토크 지역을 중심으로 알아보고자 한다. 지금까지
심헌용박사가 개척적으로 러일전쟁에 대한 러시아인의 기억을 총괄적
으로 살펴보아[4] 이 분야 연구에 크게 기여하였다. 이에 본장에서는 이
를 바탕으로 러시아 극동지역의 대표적인 군사기지인 블라디보스토크
에서 러일전쟁에 대하여 어느 정도 비중을 두고 기억하고 재현하고 있
는지에 대하여 밝혀보고자 한다. 이는 러시아혁명과 내전, 독소전쟁 등
과 비교하여 검토되어질 것이다. 아울러 러시아 극동의 대표적인 행정
도시인 하바로브스크에서도 러일전쟁에 대하여 어떻게 기억하고 재현
하고 있는지를 블라디보스토크와 비교해 봄으로써 러시아인들의 기억
에 보다 접근해 보고자 한다.

한편 러시아에 살고 있는 우리 동포들은 1914년 러일전쟁 발발 10주
년을 맞이하여 러시아인들의 일본에 대한 적개심을 최대한 이용하여
이를 바탕으로 러시아 패전군인들과 함을 합쳐 다시 한번 더 일본과 전
쟁을 벌려 조국의 독립을 이루고자 하였다. 이에 대하여도 알아보고자
한다.

2. 청일전쟁, 러일전쟁에 대한 기억과 재현－여순

1) 청일전쟁 유적과 기억

청일전쟁은 1894~1895년 중국(청)과 일본 간에 조선의 지배를 둘러

---

4) 심헌용, 「러시아의 러일전쟁 기억 기념과 한국의 인식」, 『근현대 전쟁유적 그리고
평화』, 동북아역사재단 엮음, 2011.

싸고 벌어진 전쟁이다. 현재 여순에 있는 청일전쟁의 유적과 유물로는 황금산(黃金山)포대, 모율취(牦律嘴)포대, 노호미(老虎尾)포대, 성두산(城頭山)포대, 의자산(椅子山)포대, 백옥산(白玉山)포대, 남자탄고(南子彈庫), 갑오고포(甲午古炮) 및 사구청말병영유적(寺溝淸末兵營遺蹟) 등을 들 수 있다.[5]

청일전쟁과 관련하여 중국측의 기억과 재현은 전쟁유적지보다는 중국인들의 피해현장에 집중된 것 같다. 그것이 바로 만충묘이다. 여순지역에서 중국인들의 애국교육의 현장으로 주목되는 곳은 여순감옥과 더불어 바로 이곳 만충묘이다. 중국인들의 기억과 재현의 중심이 어디에 있는가를 살펴볼 수 있다. 만충묘[6]에 대하여 살펴보면 다음과 같다.

〈만충묘 기념관〉

만충묘는 여순 구삼로 23호에 위치한다. 만충묘는 1894년 청일전쟁 당시 희생당한 중국인들의 합장묘지였다.

만충묘전시관에는 청일전쟁의 발발배경, 청일전쟁의 경과 등에 대하여 상세히 전시되어 있다. 특히 일본군의 여순 침략과 중국인에 대한 대대적인 학살 등에 대하여 당시의 신문, 사진 자료들을 통하여 상세히 보여주고 있다. 아울러 만충묘의 역사적 변천에 대하여도 깊이 있게

---

5) 王恒杰, 『旅順口近代戰爭遺跡』, 大連出版社, 2003 가운데 <여순구 갑오전쟁유적>편에 청일전쟁 유적지에 대한 사진 및 해설이 상세히 나와 있음.
   李元奇 編, 『大連舊影』, 人民美術出版社, 北京, 1997.
6) 王恒杰, 『旅順口近代戰爭遺跡』, 大連出版社, 2003, 30~39쪽. 만충묘의 역사와 유래, 일본군의 학설지 등에 대하여 사진과 더불어 상세하게 서술하고 있음.

만충묘 기념관

만충묘 전시관

소개하고 있다. 만충묘 전시관 밖에는 만충묘와 더불어 제사를 지내는 제사각과 만충묘 비석들, 그리고 청일전쟁 당시 사용하던 포가 전시되어 있다.

청일전쟁 발발 후인 1894년 11월 7일, 일본군 제2군 제1사단은 대련의 만포대를 점령했고, 11월 21일 여순을 점령했다. 11월 21일~11월 25일까지 일본군은 2만여 명의 중국인을 학살하는 이른바 '여순대학살'을 자행했다.

현재 만충묘기념관에 비석 4개가 보존되어 있다. 첫 번째 비석은 1896년 11월 일본군이 랴오둥반도에서 철퇴할 때 직예후보지주(直隸候補知州) 고원훈(顧元勛)이 일본군이 중국인을 학살하고 화장한 뼈가루를 묻은 곳에 세웠던 '청국장사진망지묘(淸國將士陣亡之墓)'라고 쓴 목패(木牌)를 뽑아버리고, 만충묘라는 글자가 새겨진 돌비석을 세운 것이다.

1904년 2월 러일전쟁 발발 후, 일본군은 또다시 여순을 점령했다. 일제 식민당국은 '만충묘'가 중국인들의 분노와 반항 및 반일 정서를 촉발시킬 것을 두려워하여, 비밀리에 만충묘 비석을 관동청의원(關東廳醫院)에 감추었다. 그리고 청명절에 중국인들이 만충묘에서 제사지내는 것을 금지시켰다. 그러나 중국인들은 계속 만충묘에 제사를 지냈다. 1922년 3월 12일 여순화상공의회(旅順華商公議會) 회장 도욱정(陶旭亭) 등은 만충묘의 보수를 위한 조직을 발기하여 만충묘비를 세웠다. 이것이 두 번째 비석이다.

1946년 10월 25일, 여순 시민들은 만충묘에서 성대한 제사를 올림과 동시에 만충묘를 확장하기로 선포하였다. 1948년 만충묘 확장건설 공사에 착수하여, 그해 11월 세 번째 만충묘 비석을 세웠다. 비석 뒷면에

만충묘

1922년 만충묘비

새겨진 비문은 모두 385자인데, 제일 마지막 부분에는 "우리관동인민
(關東人民)은 중소우의(中蘇友誼)를 공고히 하고, 원동(遠東)의 영구 화
평을 확보할 것이다."라는 내용을 담았다.

1994년 11월 21일, 여순의 각계각층 사람들이 '여순대도살순난자백
년제사일[旅順大屠殺殉]難者同胞百年祭日]'을 맞아 대규모의 갑오백
년 제사 활동을 거행하였다. 이때 만충묘의 유골을 중국식에 따라 원형
으로 중건한 묘지에 다시 안장하면서 동시에 '갑오백년제중건만충묘비
기(甲午百年祭重建萬忠墓碑記)'를 세웠다. 이것이 만충묘의 네 번째 비
석이다.

이 비석의 비문은 모두 383자인데, 비문의 마지막 부분에는 "백년대
제(百年大祭)를 맞이하여 돌에 새김으로써 영령을 위로하고 또한 후세
에 경시(警示)하노니, 평안에 처했을 때 안위를 걱정하고 국가의 치욕
을 잊지 않으며[居安思危勿忘國恥], 국가가 강하고 국민이 부유하여
중화를 진흥시키자[强國富民 振興中華]"라는 내용을 새겼다.[7]

2) 러일전쟁 유적과 기억

러일전쟁은 1904~1905년 만주와 한국의 지배권을 두고 러시아와
일본이 벌인 제국주의 전쟁이다. 러일전쟁 후 일본은 여순의 전장을 중
시하여 1913년 '만주전적보존회'를 설립하여 과거 전쟁 유적지 보존과
건설에 노력하였다. 주요 전장의 유적지에 기념비를 세우고 동시에 백
옥산(白玉山), 동계관산(東鷄冠山), 이룡산(二龍山), 송수산(松樹山), 이

---

7) 박선영 우영란 최봉룡 한상도, 『중국 랴오둥 산둥반도 국제전 유적과 동북아평화』,
   동북아역사재단, 2013. 43~46쪽.

령산(爾靈山) 등 10여 km를 도는 '전적선(戰迹線)'과 '관광유람선'을 만들어 일본인이 전적지를 관람할 수 있도록 하였다.[8]

제2차 세계대전 이후 이러한 유적지는 여러 가지 이유로 파괴되거나 부분적으로 훼손되었다. 백옥신사납골사(白玉神社納骨祠), 전리품진열관, 수사영회견소(水師營會見所) 등은 소련군에 의해서 철거되었고, 여순항구 서쪽 암초상의 '폐새대기념비(閉塞隊紀念碑)'와 203고지 부근의 '노기 야스스케 전사비(乃木保典戰死之所碑)'는 문화대혁명 시기에 파괴되었다. 최근 과거의 전쟁터를 관람하려는 사람이 많아지면서 여순구 인민정부가 전쟁 유적지에 대한 보호를 중요시하고 교통 노선을 건설하여 관광객이 관람할 수 있도록 만들었다.

여순에 남아 있는 러일전쟁 관련 유적과 유물로는 전암포대(電岩炮臺), 망대포대(望臺炮臺), 동계관산보루(東鷄冠山堡壘), 이룡산보루(二龍山堡壘), 대안자산보루(大案子山堡壘), 서계관산포대(西鷄冠山炮臺), 장군석포대(將軍石炮臺), 송수산보루(松樹山堡壘), 수사영회견소 옛터(水師營會見所舊址), 백옥산탑(白玉山塔) 등을 들 수 있다.[9]

러일전쟁은 중국 땅에서 벌어진 러시아와 일본과의 전투들임에도

---

8) 일본의 러일전쟁에 대한 기억에 대해서는 다음의 논문들이 참조된다.
조명철, 「일본의 러일전쟁에 대한 인식」, 『아시아문화』21, 한림대학교 아시아문화연구소, 2004.
나리타 류이치, 「일본: 기억의 장으로서 러일전쟁」, 「기획 러일전쟁 100년」, 『역사비평』69, 2004.
박진한, 「일본의 전쟁기념과 네오내셔널리즘-러일전쟁 100주년을 돌이켜보며」, 『역사교육』98, 2006.

9) 王恒杰, 『旅順口近代戰爭遺跡』, 大連出版社, 2003. pp. 40~127. 러일전쟁 유적지에 대하여 사진과 더불어 자세하게 나와 있음.
러일전쟁에 대한 도록으로는 다음의 것이 참조된다. 郭富純, 『日俄旅大爭奪戰圖鑑』』, 吉林人民出版社, 2002.

불구하고 중국측에서는 이들 유적지들을 보다 잘 관리 보존하여 애국
교육기지로서 활용하고 있는 점은 주목된다.[10] 아울러 여순일러감옥
구지박물관(旅順日俄監獄旧址博物馆)을 통하여 러시아와 일본의 중국
인에 대한 탄압을 강조하며 애국교육기지로서 적극적으로 활용하고
있다. 이는 한국에서 서대문형무소를 적극적인 교육의 장으로 사용하
고 있는 것과 같은 맥락에서 이해할 수 있는 부분이다. 중국측에서는
여순감옥에 대하여 다음과 같이 공식적으로 설명하고 있다.

여순일러감옥구지박물관(旅順日俄監獄旧址博物馆)은 대련시 여순
구 향양가 139호에 위치하고 있다.1902년에 러시아가 대련을 식민통
치할 때 건설하기 시작하였다. 1904년 러일전쟁 발발 전에 여기에는
감방 85개와 오피스빌딩 일동이 있었다. 1904년 러일전쟁 발발 후에
여기에는 러시아군대의 야전병원이 있었다.

1905년 러일전쟁 끝난 후 일본이 여순, 대련구역을 점령하였고 40
여년의 식민통치를 실행하였다. 1907년 일본이 정식으로 감옥을 사용
및 확대하기 시작하였다. 확대한 감옥은 각종 감방 275개, 담벽 높이4
미터, 길이 725 미터, 담벽 내의 면적이 2.6만평방미터에 달한다. 그때
감옥에는 공장 15개가 있었으며 피수감자들을 강제로 노동하여 식민통
치자에게 많은 생산이윤을 창조하였다. 수많은 중국,조선,일본,러시아,
이집트 등 여러 나라에서 온 사람들이 여기에 구금과 도살당하였다.
1945년 8월 소련홍군이 여순에 입성하여 감옥이 해체되었다.

1971년 7월 여순감옥이 수복된 후 사회에 개방되었다. 1988년 국무
원으로부터 전국 중점문물 보호단위로 지정되었다. 여순감옥은 제국주
의의 중국침략과 반인류의 증거이고, 제국주의 침략자의 야만을 세계
역사에서도 보기 드문 곳이다.

---

10) 청일전쟁이 일어난 당시 중국인들의 다수는 러일전쟁에 환호하였으나, 일부 지
식인들은 일본의 침략이 러시아와 다를 바 없다고 하여 경종을 울리는 분위기였
다(유용태, 「환호속의 경종:전정 중국에서 본 러일전쟁」, 『역사교육』90, 2004)

한편 러일전쟁 유적지 중 여순감옥내 전시관, 203고지, 백옥산탑(白玉山塔), 수사영회견소 옛터(水師營會見所舊址), 동계관산보루(東鷄冠山堡壘) 등을 보면 다음과 같다. 이들 유적지들은 관광명소와 더불어 역사유적지로 활용되고 있다. 그러므로 여순을 찾는 관광객들은 여순감옥과 더불어 203고지, 백옥산탑 등을 주로 답사하고 있다.

한편 『1906－1907 한국 만주 사할린 독일인 헤르만 산더의 여행』에는[11] 여순의 러시아군대의 작전전투작전 진지, 대포, 요새지 등의 사진들이 들어있어 생동감을 더해주고 있다.

(1) 여순감옥 내 러시아와 일본의 중국침략 전시관

전시관 외경

---

11) 『1906－1907 한국 만주 사할린 독일인 헤르만 산더의 여행』, 국립민속박물관, 2006.

여순감옥 내 안중근의사 사형장 뒤편에 중국측에서는 러시아와 일본의 여순 침략과 관련하여 이 지역에서 발견된 유물들을 전시하고 있다. 이 가운데 러일전쟁과 관련된 유물들도 다수 전시되어 있다. 러시아군이 사용

일본군 수뢰

하던 철포(鐵砲), 총탄 상자, 수뢰(水雷), 철포총탄, 러시아군함 철포, 러시아군의 묘비석 등이 있어 당시를 생생히 재현해 주고 있다.

러시아군 수뢰

총탄상자는 노횡산(老横山) 고지 전투시 사용한 것이다. 수뢰의 경우 러일전쟁 당시 러시아군이 여순항구 밖에 대량의 수뢰를 설치하였다. 일본은 러일전쟁에서 승리한 후 대량의 수뢰를 전리품으로 전시하였으며, 1945년 해방 후 여순군사박물관에서 소장하고 있었다. 1994년부터 여순감옥에서 소장하고 있다. 러시아군함 철포는 1903년 상트피터스부르크 공장에서 생산된 것으로, 2002년 6월에 출토된 것이다. 러시아군 묘비석은 수사영에서 러일간에 종전 협정 후 여순에 만들어졌다. 1977년에 수집한 것이다.[12]

한편, 이 전시관에는 백옥 산 납골사(納骨司)의 정수조 (淨水槽), 백옥산조각석, 백 옥산납골사에 소장된 일본군 납골함, 수사영회견소의 석 주(石柱), 203고지의 선향로 (線香爐), 복정환(福井丸) 닻 등도 있다. 정수조는 1978년

백옥산 향로

7월에 수집한 것으로, 러일전쟁 후 일본이 22,723명의 유골을 납골사 에 모셨는데, 그 입구에 둔 것이다. 백옥산 조각석은 1929년 일본 오사 카여행구락부에서 백옥산에 세운 것이다. 백옥산유골함은 납골사에 있던 것으로, 소속부대, 성명, 전사장소 등이 기록되어 있다. 복정환은 러일전쟁시 참전한 군함으로 일본해군이 3차에 걸쳐 여순항을 패쇄할 때, 2차 작전에 참전한 배이다.13)

(2) 203고지 유적

203고지는 현재 203풍경구라고 하여 중국인들이 주로 찾는 여순지 역의 대표적인 관광지역 가운데 한곳이다. 4월말에는 벚꽃 축제가 열 려 많은 사람들이 찾는 곳이며, 203고지 정상을 중심으로 러일전쟁관 련 유적지들을 찾아볼 수 있다.

여순 태양구(太陽溝)에서 서북쪽으로 3km 떨어진 곳에 있는 203고

12) 郭富純, 『旅順日俄監獄舊址陳列館收集品集』, 遼寧師範大學出版社, 2003. 72~74쪽.
13) 郭富純, 『旅順日俄監獄舊址陳列館收集品集』, 遼寧師範大學出版社, 2003. 79~91쪽.

지(高地)의 원명은 후석산(猴石山) 또는 노야산(老爺山), 후석산(後石山)으로 불렸다. 203고지라는 이름은 러일전쟁 때 일본군이 관측한 해발 높이가 203m라는 숫자에 따른 것이다.

러일전쟁 때 이곳에서 가장 치열한 고지 쟁탈전이 벌어졌다. 1904년 9월 19일 일본군은 203고지를 공격했다. 러시아군은 동시베리아보병 제15사단 14사단·5사단이었고, 일본군은 제3군 제1사단과 제7사단이었다. 쌍방이 투입한 병력은 각각 1만여 명에 이르렀다.

11월 27일 일본군은 203고지의 해자(垓字)에서 150~200m 떨어진 곳까지 전호(戰壕)를 팠다. 28일 새벽 일본군은 재차 공격을 개시했지만, 러시아군의 반격으로 이틀 동안에 제'3'군 사령관 노기 마레스케(乃木希典)가 지휘하는 제'1'사단 사상자가 3,800명에 달했다.

203 풍경구

쌍방은 203고지 쟁탈전의 중요성을 인식하고 있었기 때문에 전투는 매우 치열했다. 일본의 만주군 총참모장 고다마 겐다로(兒玉 源太郎)는 직접 요양(遼陽)에서 기차를 타고 여순에 와서 친히 전투를 독려하였다.

노기 야스스케 소위 전사한 곳

11월 30일 새벽 일본군은 여러 차례 '육탄' 공격에서 많은 대가를 지불한 다음, 저녁에야 203고지의 일부를 점령했다. 노기 마레스케의 작은 아들인 노기 야스스케(乃木保典) 소위도 이날 전투에서 전사하였다. 12월 6일 일본군은 제'6'차 공격에서 203고지를 점령했는데, 9일 동안에 일본군의 사상자는 17,000명이었고, 러시아군 사상자도 6,000명에 달했다.

203고지를 점령한 일본군은 포병관측소를 설치하고,[14] 여순항에 정박해 있는 러시아 태평양분견대를 향해 포 사격을 가하여, 며칠 사이에 러시아 태평양분견대 함대는 모두 격침되었다.

203고지 전투는 러시아군의 실패를 가속화하였다. 1905년 1월 1일 여순을 수비하던 러시아군은 일본군에게 투항을 선포하였다. 그 후 일본 식민당국은 203고지 전투에서 전사한 일본군을 위해 세웠던 '유골기표(遺骨基標)'를 없애고, 기념탑을 세우기 시작했다. 1913년 8월 31일 높이 10.3m, 총탄 모양의 기념탑을 세웠는데, '이령산(爾靈山)'이란

14) 『1906－1907 한국 만주 사할린, 독일인 헤르만 산더의 여행』, 89쪽. 203미터 고지의 거대한 대포.

이령산탑

글자는 노기 마레스케가 직접 쓴 것이다.

해방 후, 203고지는 군사 금지 구역으로 구분되었다. 문화대혁명 때 동판의 '이령산'이라는 세 글자는 홍위병들이 파 버리고 '향양산(向陽山)'으로 고쳐놓았다. 또 총탄 모양의 탑 기둥에 새긴 동판비문도 뜯겨졌으며 분실되었다.

1987년 7월 여순 지방정부는 30만 위안을 투자하여, 203풍경구를 조성함과 동시에, 제정 러시아 군대의 전호(戰壕) 및 '노기 야스스케가 전사한 곳'을 복원하여 관광객들에게 개방하였다. 그리고 '203고지진열관'을 개관하여 귀중한 사진과 자료 및 유물을 전시 · 보관하고 있다. 1997년 8월부터 203고지 유적은 대련시 애국주의 교육기지이자 국방교육기지로 활용되고 있다.15)

(3) 백옥산탑(白玉山塔) 유적

백옥산탑은 여순 시내의 여러 곳에서 바라볼 수 있는 여순을 상징하는 듯한 존재이다. 아울러 백옥산탑에 올라가면 여순만과 여순시내를 전체적으로 조망해 볼수 있어 우리의 남산타워를 연상하게 한다. 그러

---

15) 박선영 우영란 최봉룡 한상도, 『중국 랴오둥 산둥반도 국제전 유적과 동북아평화』, 동북아역사재단, 2013, 71~74쪽.

나 이 탑은 주지하는 바와 같이 러
일전쟁에 참전했다 희생당한 일본
군을 위로하기 위한 충혼탑이다.

여순 군항의 북쪽에 위치한 백옥
산 꼭대기에 있는 백옥산탑의 원명
은 '표충탑'이지만, 흔히 '백옥탑'
또는 '백옥산탑'으로 불리고 있다.
청 말기 백옥산은 중요한 군사 요
지였다. 1883년 동북쪽 산언덕에
청군의 군계총고(軍械總庫)가 수축
되었고, 백옥산포대를 만들었지만,
청일전쟁 때 일본군이 모두 파괴하
였다.

백옥산탑

제정 러시아가 여순을 점령한 후, 백옥산 북측에 3문의 대포를 설치
하고 포대 진영을 확충하였다. 러일전쟁이 끝난 뒤인 1905년 11월, 일
본군은 백옥산 꼭대기 동북쪽에 '백옥신사납골사(白玉神社納骨祠)'를
건립하고 여순 요새 전투에서 전사한 2만 2,723구의 유골을 보관함과
동시에 남쪽 산마루에 '제3회폐새대기념비(閉塞隊記念碑)'를 세워 전사
한 일본군 사병들의 혼령을 위로하였다.16)

해방 후 이 두 건축물은 철거되어 현재 그 흔적을 찾아볼 수 없다.
1907년 6월, 일본 연합함대 사령관 도고 헤이하치로(東鄕平八郞)와 제

16) 국립민속박물관, 『1906-1907 한국 만주 사할린, 독일인 헤르만 산더의 여행』
2006, 91쪽. 203미터 고지를 점령한 일본육군부대. 이 사진에는 <203高地 我軍
之墓標>라는 글이 적혀 있다.

3군사령관 노기 마레스케(乃木希典)는 전사한 일본군 사병의 '충혼'을 기리기 위해, 백옥산에 '표충탑'을 세우기로 하였다. 일본 식민당국은 일본 국내에서 모금한 25만 엔(圓)을 투자하고, 수천 명의 중국인 노동 자를 동원하여 2년 5개월 만인 1909년 11월 12일 준공하였다.

백옥산탑의 높이는 66.8m이고, 모두 273개 계단과 18개 창문으로 조성되었다. 설계자는 일본군 전사자의 '충혼'이 촛불처럼 밝게 비춘다 는 뜻에서 '표충탑'의 외형을 촛불 모양(어떤 의미에서는 '전쟁'을 뜻하 는 포탄 모양으로 해석되기도 함)으로 만들었다고 한다.

당시 '표충탑'이란 글자는 일본 천황의 후예인 후시미 노미야(伏見宮 貞) 애친왕(愛親王)이 썼는데, 러일전쟁에서 일본 천황에게 모든 충성 을 다 바친 '영령'을 기념한다는 뜻이 담겨 있다. 탑 꼭대기 북쪽에는 도 고 헤이하치로와 노기 마레스케가 함께 쓴 동판의 명문(銘文)이 여순 요새 전투의 과정을 기록하고 있지만, 현재는 글자가 닳아서 알아볼 수 없다.

일본 식민당국은 매년 봄가을 이곳에서 제사 의식을 거행하면서, 천 황을 드높이고 일본의 군국주의 사상을 선양하였다. 특히 1916년부터 는 '오사카여행구락부(大阪旅行俱樂部)'를 통해 3갈래 유람 코스를 만 들고, '여순전적성지유람(旅順戰跡聖地遊覽)'을 조직하여, 일본 청소년 들에게 군국주의 사상과 소위 '무사도 정신'을 주입시키는 장소로 활용 하였다.

1945년 8월 22일 여순은 소련군에 의해 일제의 압박에서 해방되었 다. 당시 여순 지방정부는 '표충탑'을 '백옥탑'으로 개칭하였다. 그리고 1985년에 다시 '백옥산탑'으로 불렀다. 중화인민공화국 건국 후부터 '문화대혁명'이 끝날 때까지, 백옥산은 군사 요충지로서 일반인의 출입이 금지되었던 곳이다.

　1986년부터 백옥산풍경구(白玉山風景區)가 개방되었지만, 외국인은 공안 부문의 통행증 수속이 있어야 했다. 그리고 1988년과 1995년에는 백옥산 꼭대기 동북쪽에 여순해군병기관(旅順海軍兵器館)과 여순해군 기지역사전람관(旅順海軍基地歷史展覽舘)을 건립하여, 청일전쟁과 러일전쟁 관련 역사 사진, 자료 및 실물 1,000여 점을 전시하고 있다.

　현재 백옥산탑 유적은 문물보호단위(시급), 국방교육기지(성급) 및 애국주의교육기지(시급)로 활용되고 있을 뿐만 아니라, 대련시 '10대 풍경구'의 하나로 매년 80만에 달하는 관광객을 맞이하고 있다.[17] 현재는 걸어서 또는 삭도를 이용하여 정상에 올라갈 수 있다.

여순항전경

17) 박선영 우영란 최봉룡 한상도,『중국 랴오둥 산둥반도 국제전 유적과 동북아평화』, 동북아역사재단, 2013. 47~49쪽.

(4) 수사영회견소 옛터(水師營會見所舊址)

수사영은 여순에서 북쪽으로 4㎞ 떨어진 용하(龍河)의 오른쪽 해안에 위치하고 있는데, 러일전쟁 때 러시아 군대가 투항 문서를 조인한 곳이다.[18] 원래 이곳은 청나라 수군의 주둔지였다. 청나라 말기 수사영이 철수한 뒤 점차 주민 구역으로 변하였는데, 러일전쟁 때 심하게 파괴되었으나, 서북가(西北街) 29호의 주택 한 곳만이 완전하게 보존되었다. 일본군이 여순을 총공격할 때, 이 주택이 일본군 제3군 제1사 단의 위생소로 이용되었기 때문이다.

1905년 1월 1일 제정 러시아 여순 주둔군사령관 스토셀리는 레이스를 파견하여 일본군(만주군) 제'3'군 사령관 노기 마레스케에게 투항서를 전달했다. 그 이튿날 쌍방의 대표는 투항 문제에 대한 담판을 통해, 쌍방의 최고 장교가 수사영에서 만나기로 결정했다.

1월 5일 노기 마레스케와 스토셀리는 수사영에서 투항문서, 즉 '여순 개성 규약[旅順開城規約]'을 체결함으로써 여순요새 쟁탈전은 막을 내렸다. 그리하여 여순 요새는 일본군에게 넘어갔고, 러시아 장교 878명과 병사 23,491명이 일본군의 포로가 되었다.

당시 쌍방이 회견할 때, 스토셀리가 노기 마레스케에게 선물로 준 백마를 매어 놓았던 대추나무는 러일전쟁 후 관동군이 그 주택을 매입함에 따라, 일본군의 '전적(戰績)'을 선전하는 기념물이 되었다. 일본관동군은 주택 울타리 안에 '수사영회견소'라는 글자를 새긴 돌비석을 세웠다.[19]

---

18) 『1906-1907 한국 만주 사할린, 독일인 헤르만 산더의 여행』 91쪽. 항복에 대한 협상을 하러 만난 일본-러시아측 협상자.

19) 王恒杰, 『旅順口近代戰爭遺跡』, 大連出版社, 2003. 114~115쪽에 사진들이 실려

수사영회견소 옛터

수사영회견소라고 새겨진 돌비석

있음.
박선영 우영란 최봉룡 한상도, 『중국 랴오둥 산둥반도 국제전 유적과 동북아평화』, 동북아역사재단, 2013. 85~88쪽.

(5) 동계관산 보루(東鷄冠山堡壘) 유적

동계관산보루는 여순시 중심에서 동북쪽 방향으로 약 2km 떨어진 곳에 위치하고 있다. 동계관산의 해발 높이는 119.6m이다. 청일전쟁 발발 전에 이곳에는 토목 구조로 만들어진 청군의 포대가 있었다.

기록에 따르면, 청일전쟁 시기인 1894년 11월 20일~11월 21일 일본군 보병 제14연대 좌익종대가 에키호우 헤이스케(益滿邦介)의 지휘하에 동계관산포대를 공격했다. 당시 청군은 총병(總兵) 서방도(徐邦道)의 지휘하에 일본군과 치열한 반격전을 벌였다. 이 전투에서 일본군 보병 제'14'연대 제'1'대대장 소좌하나오카 마사사다(花岡正貞)가 사살되었다. 그러나 일본군 연합함대가 청군 진영을 향해 함포 사격을 함으로써, 청군 포대는 일군에게 점령되었다.

현재의 동계관산보루 유적은 대부분 러일전쟁 때의 것이다. 청일전쟁 후 제정 러시아는 '환료유공(還遼有功)'의 대가로, 1898년 3월 27일에 청나라를 협박하여 '중국 러시아 여대 조차지 조약(中俄旅大租地條約)'을 체결하고 여순을 점령했다. 이때부터 제정 러시아는 여순 지역 주위 10km에 방어선을 구축했다.

동계관산은 러시아군의 동부 육지 방어선에서 가장 중요한 요지였는데, 당시 동계관산보루는 흔히 '동계관 북산보루(東鷄冠北山堡壘)'라고 불렀다.

동계관산 북보루는 5변형의 반지하 형식으로 수축되었는데, 면적이 9,900㎡이고, 전체 길이가 496m이며, 외곽 해자의 길이는 4,000m에 달한다. 이 보루는 쇠금속을 전혀 사용하지 않고 모두 콘크리트로 만들었는데, 두께가 0.9m이고, 상부는 높이 2m에 달하는 모래주머니로 덮었다.

러일전쟁 때 이곳에 주둔한 동시베리아 육군 제7사 제25단 제5련은 병력 3천 명에, 대포 30문, 중기관총 4정을 배치하였다. 1904년 8월 11일 일본군의 만주군(滿洲軍) 제3군 제11사단은 동계관산을 공격하는 임무를 맡았다. 8월 19일 일본군은 러시아군의 보루에 포 사격을 했지만 효과를 거두지 못하였다. 일본군은 갱도를 파서 보루에 접근하여 폭파시키는 전법을 이용했다.

12월 15일 동계관산 북보루에서 작전을 지휘하던 러시아 여순 주둔군 육군 총사령관 겸 동시베리아 제'7'사 사장 칸트라친크 소장을 포함한 9명의 고위 장교가 일본군의 포격으로 전사했다. 12월 18일 일본군은 대포 엄호하에 갱도를 이용하여 북보루에 접근하여, 2.3t의 폭탄으로 동계관산 북보루의 벽을 뚫었다.

결국 119일 간의 동계관산 북보루 쟁탈전은 일본군이 점령함으로써 종결되었다. 이어서 이룡산포대(二龍山炮臺), 망대포대(望臺炮臺)도 함락됨으로써, 제정 러시아군의 동부 육군 방어선은 완전히 붕괴되고 말았다.

1913년 11월 일본관동도독부 후쿠시마 야스마사(福島安正), 여순진수부(旅順鎭守府) 사령관 츠카사 사카모토 이치카(官阪本一和), 만철총재 나카무라(中村)등의 발기로 성립된 만주전적보존회(滿洲戰跡保存會)는 일본 천황과 군국주의의 신성한 위엄을 표방하고, 일본 국민을 고무시키기 위해 러일전쟁 전장에 전적기념비를 세웠다. '동계관산 북보루(東鷄冠山北堡壘)'란 글자와 함께 동계관산 북보루 전투 상황을 서술한 비문은 이 전투를 지휘했던 일본군 중장 사메시마시게오(鮫島重雄)가 썼다.

1914년 겨울, 만주전적보존회는 일본 천황이 하사한 1,000엔, 일본

국회에서 지불한 15만 엔 및 민간 모금 50만 엔으로 각 전장에 전적 기념비와 신사 등을 세웠을 뿐만 아니라, 일본인들의 '전적지 유람'을 통해 일본 제국주의의 '전공'을 과시하고자 하였다. 해방 후 동계관산 북보루는 한때 소련군과 해당 지역 공안 기관에서 매설된 옛 폭탄을 제거하는 지역으로 지정되기도 하였다.

1986년 여순 지방정부는 수백만 원을 투자하여, 동계관산풍경구를 조성하고 관광객들에게 개방하였다. 1997년 4월 동계관산 북보루 서남쪽에 개설된 러일전쟁진열관(口俄戰爭陳列館)에는 귀중한 역사 사진과 자료 및 실물이 진열되었다.

그중에서 1904년에 일본의 저명한 여류시인 요사노 아키고(与謝野晶子)가 발표한 '너는 죽지 말아다오'라는 한 편의 시가 주목된다. 그는 시에서

> "너는 죽지 말아다오. 천황은 친히 전역에 참가하지 않을 것이다. 황은은 호탕한데 어찌 이런 뜻으로 사람들을 피 흘려 죽이는가"

라고 읊으면서, 반전(反戰) 정서를 그대로 드러내었다.

현재 동계관산풍경구는 대련시 '애국주의교육기지', 성급 '문물보호단위' 및 '국방교육기지'로 활용되고 있다. 그리고 4A국가급 풍경구로 지정되어 매년 40~50만 명에 달하는 많은 관광객들이 찾고 있다.[20]

---

20) 박선영 우영란 최봉룡 한상도, 『중국 랴오둥 산둥반도 국제전 유적과 동북아평화』, 동북아역사재단, 2013. 65~71쪽.

3. 러일전쟁에 대한 기억과 재현－블라디보스토크

1) 러시아의 기억, 기념

러시아가 러일전쟁을 기억하고 기념하는 사업은 전쟁 직후부터 실행해 왔다. 1904년 4월 10일 제정러시아는 바랴크호의 귀국한 러시아 병사를 대대적으로 환영하는 행사를 거행하였다. 제정러시아정부는 이들을 크게 환영하면서 장렬한 전투를 벌인 용맹함과 애국심에 경의를 표했다.

1912년에는 모스크바 북부도시 블라디미르에 <바랴크>호의 영웅적 투쟁을 추모하는 기념비를 세웠다. 곧이어 1913년에는 태평양함대 발진기지인 상트피터스부르크 인근 크론슈타트 항구도시에는 일본의 기습에 속절없이 당한 마카로프 당시 극동함대사령관을 위해 기념동상을 세웠다.

한편 제2차 세계대전이란 참혹한 사태가 전개되자 스탈린은 전쟁 승리를 위한 방편으로 러일전쟁에서 영웅적 투쟁을 벌인 전투사례를 국민동원에 활용하였다. 소비에트 러시아정부는 인천에서 발생한 러시아함대의 장엄한 항거의 역사를 제물포해전으로 기록하며 기려왔다. <바랴크>호가 분전한 내용은 1946년 영화로도 제작되어 정훈교재로 활용되었다. 1989년 12월에는 수장된 <바랴크>호를 9,000t급 미사일 순양함으로 승계하여 복원하였다. 포함 <꼬레이츠>함은 역시 함명의 후손을 찾지 못한 채 100년 가까이 묻혀 있었다. 그러나 러일전쟁당시 침몰한 <꼬레이츠>함의 장렬한 최후를 잊지 않은 러시아 해군이 2003년 8월 태평양함대사령부에 소속된 1,000t 급 초계함 중 가장 뛰

어난 함정을 <꼬레이츠>함으로 명명하여 기리고 있다.[21]

현재 러시아의 푸틴정부는 '러시아의 국민애국심 고양사업'을 통해 조국을 위해 영웅적으로 투쟁한 역사를 강조하고 있다. 대통령을 위원장으로 하는 <국민 애국심 고양 위원회>가 중심이 되어 애국심 고취 사업 1차 계획(2001~2005)이 완료되었으며, 현재 2차 계획(2006~2010)도 완성되었다. 주요 프로그램 중에 전쟁사의 주요 기념일을 애국심 고양을 위한 사업으로 기념하고 있으며 각종 학술실천회의, 교육, 전시회, 상훈제정 및 수여 등을 시행하고 있음은 조국을 위해 희생한 자들을 잊지 않고 있음을 보여주는 일이 아닐 수 없다.[22]

2) 러일전쟁에 대한 기억: 블라디보스토크

블라디보스토크는 러시아 극동함대 사령부가 있는 해군기지이며, 북극해와 태평양을 잇는 북빙양 항로의 종점이다. 또한 모스크바에서 출발하는 시베리아 철도의 종점이기도 하다.

항만은 표트르 대제만(大帝灣)에서 남쪽으로 돌출한 무라비요프아무르스키 반도 끝에 있다. 시가는 해안에서부터 구릉 위로 펼쳐져 있는데 철도 종점인 블라디보스토크역의 북쪽이 시 중심지역이다. 신시가지와 별장·휴양 지대는 반도 북부의 구릉지대로 뻗어 있다.

---

21) 심헌용, 「러시아의 러일전쟁 기억 기념과 한국의 인식」, 『근현대 전쟁유적 그리고 평화』, 동북아역사재단 엮음, 2011, 66~80쪽.
러시아 역사교과서에서의 러일전쟁에 대한 기술은 다음의 논문이 참조된다. 박상철, 「러시아역사교과서속의 러일전쟁」, 『역사교육』 90, 2004.

22) 심헌용, 「러시아의 러일전쟁 기억 기념과 한국의 인식」, 『근현대 전쟁유적 그리고 평화』, 동북아역사재단 엮음, 2011, 66~80쪽.

1856년 러시아인이 발견한 후 항구와 도시의 건설이 시작되었고, 1872년 군항이 니콜라옙스크에서 이곳으로 옮겨왔다. 1896년부터는 무역항으로, 1939년부터는 어업항구로서으로 크게 발전하였다. 1903년 시베리아 철도(1891~1916)가 완전히 개통되어 시베리아를 횡단해 모스크바와 이어지게 되었다.

블라디보스토크는 1918년 봄부터 1922년까지 러시아혁명을 진압하기 위하여 시베리아에 출병했던 일본, 미국, 체코 등 외국의 군대에 점령된 적이 있으며, 제2차 세계대전 때에는 연합군의 원조물자 기지 역할을 하였다. 블라디보스토크는 군항일 뿐만 아니라 무역항의 기능도 가지고 있었으나, 현재 무역항 기능은 시의 동쪽 약 90 km 지점에 신설된 나홋카항으로 옮겨졌다.

블라디보스토크는 1905~1907년에 제1차 러시아 혁명기에 군대 반란이 여러 차례 일어났으며, 1917년 10월 혁명 때에는 재빨리 소비에트 정권을 수립하는 등 시베리아, 극동정세에도 큰 영향을 미쳤다.

블라디보스토크지역에는 여러 전쟁 기념물들이 설치되어 있다. 그 중 가장 대표적인 유적은 러시아혁명관련 유적과 제2차 독소전쟁(1941~1942)에 대한 추모유적이라고 할 수 있을 것 같다. 전자로는 혁명광장, 혁명광장의 혁명전사상, 레닌 동상 등을 들 수 있으며, 후자로는 영혼의 불로 상징되는 추모시설과 성당, 잠수함 등을 들 수 있을 것이다. 이들 양자는 시의 중심지에 위치하고 있어 일반시민들과 접근성이 아주 좋은 곳에 위치하고 있다.[23]

본고의 주요 대상인 러일전쟁에 관한 유적은 없는 것은 아니나 그 규

---

23) 박환, 『박환교수와 함께 걷다 - 블라디보스토크』, 아라, 2014.

모와 중요도에 있어서 러시아혁명, 독소전쟁보다는 그 비중이 적은 느낌이다. 러일전쟁때 참전하여 전사한 마카로프 장군의 동상이 동해바다를 바라보며, 블라디보스토크 호텔 인근에 위치하고 있다. 아울러 이지역의 대표적인 박물관인 아르세니예프 박물관 1층에 마카로프의 흉상이 있는 정도이다. 아울러 블라디보스토크 해변에는 요새박물관이 있는데 이 요새는 러일전쟁과도 연관이 있는 요새로 알려져 있다. 또한 블라디보스토크의 구릉지대들에는 러일전쟁을 대비하여 만든 요새들이 블라디보스토크와 그 인근 루스기 섬 등 여러 지역에 위치하고 있다. 이들 요새들은 러일전쟁 및 그 이후 블라디보스토크를 지키기 위하여 수시로 증축된 것으로 알려져 있다.

한편 하바로브스크의 경우도 블라디보스토크와 마찬가지로 전쟁유적들이 많이 남아 있다. 러시아혁명과 독소전쟁 및 최근의 전쟁들에서 순국한 러시아 장병들을 위한 것들이다. 전자로는 레닌광장과 레닌동상, 콤소몰광장에 있는 혁명전사상을 우선적으로 들 수 있다. 아울러 러시아 혁명시 전사한 분들을 추모하는 죽음의 골짜기 추모비, 러시아 혁명에 참여한 한국인 김 알렉산드라의 활동거점, 러시아 혁명군이 고문을 당했던 장소 등 수많은 혁명사적들이 있다. 아울러 러시아혁명군의 최대 전투지인 볼로차예프카 전투지가 성역화되어 있으며, 아르세니예프박물관에도 볼로차예프카전투도가 파노라마 형식으로 이루어져 있다.[24]

후자로는 독소전쟁과 최근 아프카니스탄 전쟁들에서 죽은 하바로브스크지역 출신들을 추모하는 영혼의 불 및 그 광장이 큰 규모로 시내

---

24) 박환, 『박환교수의 러시아한인유적답사기』, 국학자료원, 2009.

중심가에 자리잡고 있다. 그러나 러일전쟁과 관련된 추모유적 및 기념
시설은 하바로브스크에서는 찾아 볼 수 없었다.

다만 하바로브스크의 경우 이 지역을 발견하고 개척, 통치한 인물들
에 주목하고 있다. 하바로브스크역에 위치한 하바로프 동상, 아무르강
변에 위치한 시베리아 총독 아무르총독 입상이 그 대표적인 것이라고
할 수 있다.[25]

하바로브스크의 경우 러일전쟁에 대한 시설은 찾아볼 수 없고, 러시
아혁명에서 극동지역의 중심적인 역할을 하였기 때문에 혁명에 대하
여 보다 큰 비중을 두고 있음을 알 수 있다. 다만 주목할 점은 혁명에 참
여한 김 알렉산드라 등에 대하여도 높이 평가하고 있는 점이다.

(1) 러일전쟁관련

블라디보스토크의 경우 러일전쟁에 대한 기념물은 마카로프에 집중
되어 있다. 길가의 동상, 박물관 안의 흉상 등이 그것이다.

1. 마카로프 동상 ― 옛 블라디보스토크 호텔근처, 동해바다를 바로보 고 있다.

스테판 오시포비치 마카로프(1849~1904)는 1904년 러일전쟁에서
태평양 함대를 지휘했다. 해군 소위의 아들로서 1865년 해군사관학교
를 졸업하고 1869년 러시아 해군 소위로 임관되었다. 그는 군대에 있으
면서 훌륭한 조선기사·발명가·전술가·선박설계가로서 혁신을 일으
켰다. 1877~78년 러시아―투르크 전쟁 때 어뢰정을 이용한 새로운 전

---

25) 박환, 『사진으로 보는 러시아지역 한인의 삶과 기억의 공간』, 민속원, 2013.

략과 전술로 흑해에서 놀라운 전과를 올렸다. 러시아의 선구적 해양학자이기도 했으며 최초의 전투용 기뢰부설함을 설계했다. '마카로프의 팁'으로 알려진 철갑관통 포탄은 포탄의 관통력을 크게 향상시켰으며 북극을 탐험하기 위해 쇄빙선 '예르마크호'를 설계 · 제작했다. 1890년 마카로프는 41세로 러시아에서 가장 젊은 함대사령관이 되었으며 1896년에는 해군 중장으로 진급하는 등 1890년대에 해군의 주요직책을 차례로 거쳤다.

1904년 2월 러일전쟁이 일어나자 대평양 함대사령관으로 임명되었고 3개월 동안 뛰어난 능력을 발휘하다가 그의 기함 '페트로파블로프스크호'가 1904년 4월 13일 여순항 해전 중 일본 함대를 쫓아가다가 기뢰에 걸려 폭발하면서 파편에 맞아 사망하였다.

마카로프 동상

마카로프 이력서

2. 마카로프 흉상 - 블라디보스토크 아르세니예프 박물관 1층

아르세니예프 향토 박물관은 연해 지방의 주립박물관이다. 1906년 옛 시베리아 상업은행 건물에 건립되었다. '아르세니예프(Arsenyev)'는 연해 지방 일대를 서방 세계에 알린 탐험가의 이름이다. 박물관에는 100년 이상 된 고고학, 지리학, 민속학 분야 등의 수집품들이 전시되어 있으며, 희귀한 고서들도 보관되어 있다.

마카로프 장군 흉상

3. 블라디보스토크 요새박물관

구릉지대 요새 외형　　　　　요새 내부　　　　　요새 외부

블라디보스토크 요새 박물관은 러시아 블라디보스토크의 바타레이나야(Batareynaya) 거리에 있는 군사 박물관이다. 1996년 10월 30일 문을 연 이 박물관은 러시아 역사문화 보호협회의 주도로 100여 년 된 베지미안나야(Bezymyannaya) 요새를 복원해 설립된 것이다. 이곳은 가장 오래된 요새 중 하나로 포대(砲隊)가 1880~1882년 숲의 언덕에 세워졌고 9인치, 11인치 해안포가 설치된 바 있다. 1897~1900년에는 콘크리트로 개축되었으며, 러-일 전쟁 후 새로 세워졌다. 1910~1917년에

세워진 요새의 구조는 세계에서 유례가 없을 정도로 우수하여, 러시아 공학의 기적으로 인식할 정도였다. 1930년대에는 용도를 잃고 차 수리공장으로 사용되기도 했으며, 2차 세계대전 때는 대공포 기지로 쓰였다.

해안요새 전경   해안요새 외관   해안요새

러시아 함대 창설 300주년을 맞이하여 개관한 이 박물관은 관련 사진, 문서, 회고록 등을 소장하고 있다. 1922년까지 요새에서 근무했거나 러-일 전쟁에 참전한 사람들에 대한 자료를 볼 수가 있다. 박물관 바깥쪽에는 과거 해군의 무기류와 방공 관련 장비가 전시되어 있다. 이 박물관의 특별한 매력은 숲속, 도시의 공원, 산 정상, 해변 영역에도 걸쳐 있는 요새 구조물 자체이다.

(2) 혁명전쟁과 독소전쟁

1. 혁명전쟁

① 중앙광장(혁명광장)

중앙광장(혁명광장)은 블라디보스토크 스베틀란스카야 대로의 중심에 위치한다. 중앙에는 소비에트 정권 수립을 위해 싸운 병사들을 기념하는 동상이 있다. 왼쪽으로는 벨르이돔(White House)이라 불리는 연

해(Primorskiy) 지방 주정부 종합청사가 위치한다. 전승기념일 5월 9일에는 각종 퍼레이드와 불꽃놀이가 펼쳐지고, 금요일에는 각종 소비제품의 장터가 열린다.

이곳은 혁명광장이라고도 한다. 1917년~1922년 러시아 극동지역에서 구 소련을 위해 싸웠던 병사들을 위한 기념물이 있으며, 중요한 국경일 행사가 개최되는 광장으로 블라디보스토크의 대표적인 유적 중의 하나이다. 또한, 시민들에게 휴식처를 제공하고 있으며, 주변으로 흰색 고층 시청건물이 있다. 이곳에서 금각만으로 향해 올라가다 보면 블라디보스토크 125주년을 기념하는 오벨리스크가 있으며, 작은 만과 바다 및 선박들을 볼 수 있다.

혁명광장에는 APEC 정상회담시 푸틴 대통령의 블라디보스토크 방문을 기념하는 기념비가 세워졌다. 기념비에는 러시아의 위대함을 보여주는 다양한 부도가 설치되어 있다.

레닌동상

② 블라디보스토크 역 앞, 레닌 동상

러시아 블라디보스토크의 스베틀란스카야거리에 위치해 있으며,
1930년 처음 조성 당시 블라디보스토크 기차역 광장 중앙에 있었으나,

라조동상

1970년대 레닌 탄생 100주년 기념행사에 맞춰 언덕으로 옮겨져 커다란 받침대 위에 세워져 있다.

③ 라조동상

세르게이 라조(1894~1920)는 러시아혁명기 한인들과 더불어 혁명운동을 전개한 대표적인 혁명가이다. 스베트란거리에 위치하고 있으며, 개선문 맞은편에 위치하고 있다. 연해주 바닷가에 그의 이름을 딴 라조시가 있으며, 그곳에 그를 기념하는 박물관이 있다.

2. 1941년~1945년 독소전쟁

잠수함 박물관

① 잠수함 박물관

잠수함 박물관은 러시아(구소련) 해군의 제2차 세계대전 당시 태평양전쟁의 승리를 기념하기 위해 1982년 블라디보스토크 상선항(Marine Port) 앞에 설립되었다. 조각가 네나지빈(Nenazhivin)과 건축가 산도크(Sandok)가 이 박물관을 디자인했다. 박물관 중앙에는 제2차 세계대전 당시 태평양과 대서양 전선에서 큰 전과를 거둔 C-56 잠수함 1대가 전시되어 있다. 선실, 기관실, 조타실 등 잠수함의 내부 관람을 통하여 당시 러시아 태평양함대의 앞선 군사과학기술을 이해할 수 있다. 당시

잠수함 함장이었던 시체드린(Shchedrin)은 소련의 '작은 영웅'으로 칭송된다. 잠수함 뒷면에는 러시아 해군의 제2차 세계대전 참전기념비와 '영원의 불(꺼지지 않는 불)' 전시가 이루어지고 있다.

영혼의 불

② 영혼의 불—개선문 앞

1941년부터 1945년까지 독소전쟁에서 희생당한 러시아군인들을 추모하는 성당과 영혼의 불이 있다. 벽면에는 희생자 명단이 적혀 있다.

3. 한인들의 기억—러일전쟁 발발 10주년

러시아에 살고 있는 한인들은 일찍이 러일전쟁의 발발과 더불어 한인의병을 조직하여 러시아편에서 일본군과 전쟁을 전개하였다.26) 그후 우리 동포들은 러일전쟁 발발 10주년을 맞이하여 러시아인들의 일본에 대한 적개심을 최대한 이용하여 이를 바탕으로 러시아 패전군인들과 함을 합쳐 다시 한번 더 일본과 전투를 벌여 조국의 독립을 이루고자 하였다.[27] 그리하여 러시아지역에 있는 한인들이 조직한 단체가 대한광복군정부인 것이다.

1910년대 연해주지역의 대표적인 독립운동 단체인 권업회에서는 '독립전쟁론'의 구현을 위해 대한광복군정부의 건립을 주도하였다. 마침 그 해는 러일전쟁 10주년에 해당하여 연초부터 러시아 안에서 제2의 러일전쟁이 임박했다는 여러 가지 조짐이 나타나고 있었다. 계봉우의 「아령실기」에

> 그렇게 회(권업회 - 필자)가 대진행大進行한 중에 기원 4247년 甲寅1914에 至하여 러시아俄國 경성으로부터 각 지방을 통하여 러일전쟁俄日戰爭 10년 기념회된 결과로 복수열復讐熱이 절정에 달하여 다시 개전될 조짐이 비조비석非朝非夕에 재在함에 이상설·이동휘·이동녕·이종호·정재관 제씨 주모로 러俄·중中 양령에 산재한 동지를 대망라하야 대한광복군정부를 조직하고 정도령正都領을 선거하여서 군무를 통일케 하니 첫째는 이상설이요, 그 다음은 이동휘씨가 되얏섯다. 군대를 비밀리에서 편성하고 중령 나자구羅子溝에는 사관학교까지 설하였으며

라고 기술되고 있다. 위의 기록에서 보는 바와 같이, 러시아 연해주지역의 독립운동지도자들인 이상설, 이동휘, 이동녕, 이종호, 정재관 등

---

26) 심헌용, 『러시아와 일본의 전쟁 그리고 한반도』, 국방부군사편찬연구소, 2012.

27) 한편 국내의 한인들 가운데에는 러일전쟁에서 일본에 협조한 사람들이 대부분이었다(김윤희, 「러일전쟁기 일본군협력 한인연구 – 일본정부의 훈포상자를 중심으로」, 『한국사학보』35, 고려사학회, 2009)

은 중국과 러시아지역에서 활동하고 있는 동지들과 힘을 합쳐 대한광복군정부를 조직하고자 하였던 것이다. 그리고 비밀리에 광복군을 편성하고 있던 연해주와 독립운동의 기지화가 추진되던 서북간도에 3개 군구軍區를 설치하였다. 정부 소재지인 연해주에 제1군구를 두고 북간도를 제2군구, 서간도를 제3군구로 분정하였고 모든 광복군의 통제 지휘는 정도령이 맡아 행사하도록 하였다.

대한광복군정부의 비서였던 계봉우는 그 사실을 『조선역사』에서 다음과 같이 기술하고 있다.

> 그 당시에 제1차세계대전이 폭발되지 않았더면 로시야에서 일본에 대한 복수전이 조만간에 닐어날 기미가 보이엇던 것이다. 그래서 조선인은 중러中俄 양령의 연합대표회를 해항海港, 블라디보스토크에 소집하고 '대한광복군정부'라는 비밀조직이 있게 되었다. 군사적 행동이 필요가 있는 경우에는 민활한 수단을 취하기 위하여 중아 양령을 3개의 군구軍區로 분정分定하엿는데, 아령은 제1군구로, 북간도는 제2군구로, 서간도는 제3군구로 지정하였다. 거기에 대한 통제권은 정도正都 령領이 파악하엿고 그 직위는 이상설이 당선되엇나니, 이것은 군사적 통일기관을 형성함에만 깊은 의의가 있을 뿐이 아니다. 재래의 분파심, 자세히 말하면 기호파니, 서도파니, 북도파니 하는 그런 지방적 편견을 아주 근절하려는 거기에 더욱 큰 의의가 있었던 것이다.

처음 정도령에는 권업회의 창설시 주도권을 가졌던 이상설이 선출되었으나, 다음에는 권업회를 발전시킨 이동휘가 선임되었다. 그 후 이동휘는 연해주에서 북간도로 넘어와서도 최고통수권자인 정도령의 명의로 1915년 5월 8일 다음과 같이 활동가능한 범위 내에서 군구사령관과 그 휘하의 각급 군직을 임명하기까지 하였다.

그러나 대한광복군정부는 오래가지 못하고 1914년 8월에 그 모체가된 권업회와 함께 러시아 전시체제 확립에 따라 연해주에서 탄압을 받아 활동하지 못하고 북간도로 그 중심지를 옮겼다. 그러나 그곳에서도지탱하지 못하고 끝내 그 이름만 유전하는 단명정부가 되고 말았다. 그이유는 제국주의 실리에 밝은 러시아와 일본이 제1차 세계대전 발발과함께 동맹국으로 제휴하여 한인의 정치·사회활동을 강력히 탄압하였기 때문이다. 이에 따라 권업회도 해산되고 126호까지 발간되던 『권업신문』도 폐간되었다. 뿐만 아니라 중요 항일인물도 가차없이 투옥 혹은 추방되었다. 이동휘와 그를 지원하던 이종호 등 36인은 연해주에서퇴거명령을 받고 그곳을 떠나야만 하였다.[28]

4. 맺음말

지금까지 청일 러일전쟁에 대한 기억과 재현을 중국의 여순, 러시아의 블라디보스토크를 중심으로 살펴보았다. 중국과 러시아는 청일, 러일전쟁에서 일본에게 패전한 국가들이라는 공통점이 있다. 아울러 여순과 블라디보스토크는 각각 중국과 러시아의 대표적인 해군 군사기지라는 공감대를 갖고 있다.

청일전쟁에 대하여 승자인 일본과 패자인 중국은 각각 기억과 재현을 통하여 자신의 역사 속에서 이를 적극적으로 기억하고자 하고 있다. 이에 반하여 결국 최대의 피해자인 한국은 청일전쟁의 역사적 중요성

---

28) 윤병석, 「서간도 백서농장과 대한광복군정부」, 『한국학연구』 3, 인하대학교 한
   국학연구소, 1991, 103~112쪽.

을 망각하고 이에 적극적 관심을 기울이고 있지 않은 것이 현주소인 것 같다.

청일전쟁과 관련하여 중국측의 기억과 재현은 전쟁유적지보다는 중국인들의 피해현장에 집중된 것 같다. 그것이 바로 만충묘이다. 여순지역에서 중국인들의 애국교육의 현장으로 주목되는 곳은 여순감옥과 더불어 바로 이곳 만충묘이다. 중국인들의 기억과 재현의 중심이 어디에 있는 가를 살펴볼 수 있다.

러일전쟁은 1904~1905년 만주와 한국의 지배권을 두고 러시아와 일본이 벌인 제국주의 전쟁이다. 러일전쟁 후 일본은 여순의 전장을 중시하여 1913년 '만주전적보존회'를 설립하여 과거 전쟁 유적지 보존과 건설에 노력하였다. 주요 전장의 유적지에 기념비를 세우고 동시에 백옥산(白玉山), 동계관산(東鷄冠山), 이룡산(二龍山), 송수산(松樹山), 이령산(爾靈山) 등 10여 km를 도는 '전적선(戰迹線)'과 '관광유람선'을 만들어 일본인이 전적지를 관람할 수 있도록 하였다.

제'2'차 세계대전 이후 이러한 유적지는 여러 가지 이유로 파괴되거나 부분적으로 훼손되었다. 백옥신사납골사(白玉神社納骨祠), 전리품진열관, 수사영회견소(水師營會見所) 등은 소련군에 의해서 철거되었고, 여순항구 서쪽 암초상의 '폐새대기념비(閉塞隊紀念碑)'와 203고지 부근의 '노기 야스스케 전사비(乃木保典戰死之所碑)'는 문화대혁명 시기에 파괴되었다. 최근 과거의 전쟁터를 관람하려는 사람이 많아지면서 여순구 인민정부가 전쟁 유적지에 대한 보호를 중시하고 교통 노선을 건설하여 관광객이 관람할 수 있도록 만들었다.

러일전쟁은 중국땅에서 벌어진 러시아와 일본과의 전투유적지들임에도 불구하고 중국측에서는 이들 유적지들을 보다 잘 관리 보존하여 애국교육기지로서 활용하고 있는 점은 주목된다.

블라디보스토크지역에는 여러 전쟁 기념물들이 설치되어 있다. 그중 가장 대표적인 유적은 러시아혁명관련 유적과 제2차 독소전쟁 (1941~1942)에 대한 추모유적이라고 할 수 있을 것 같다. 전자로는 혁명광장, 혁명광장의 혁명전사상, 레닌 동상 등을 들 수 있으며, 후자로는 영혼의 불로 상징되는 추모시설과 성당, 잠수함 등을 들 수 있을 것이다. 이들 양자는 시의 중심지에 위치하고 있어 일반시민들과 접근성이 아주 좋은 곳에 위치하고 있다.

러일전쟁에 관한 유적은 없는 것은 아니나 그 규모와 중요도에 있어서 러시아혁명, 독소전쟁보다는 그 비중이 적은 느낌이다. 러일전쟁 때 참전하여 전사한 마카로프 장군의 동상이 동해바다를 바라보며, 블라디보스토크 호텔 인근에 위치하고 있다. 아울러 이 지역의 대표적인 박물관인 아르세니예프 박물관 1층에 마카로프의 흉상이 있는 정도이다. 아울러 블라디보스토크 해변에는 요새박물관이 있는데 이 요새는 러일전쟁과도 연관이 있는 요새로 알려져 있다. 또한 블라디보스토크의 구릉지대들에는 러일전쟁을 대비하여 만든 요새들이 블라디보스토크와 그 인근 루스키 섬등 여러 지역에 위치하고 있다. 이들 요새들은 러일전쟁 및 그 이후 블라디보스토크를 지키기 위하여 수시로 증축된 것으로 알려져 있다.

한편 러시아에 살고 있는 우리 동포들은 러일전쟁 발발 10주년을 맞이하여 러시아인들의 일본에 대한 적개심을 최대한 이용하여 이를 바탕으로 러시아 패전군인들과 함을 합쳐 다시 한번 더 일본과 전투를 벌려 조국의 독립을 이루고자 하였다. 그리하여 러시아지역에 있는 한인들이 조직한 단체가 대한광복군정부인 것이다.

3장

세계속의 한국:
인도주의

1

인도주의 활동과 연구과제:
대한적십자의 독립운동

1. 머리말

대한적십자사는 기본적으로 인도주의를 바탕으로 설립된 국제적인 조직이다. 그럼에도 불구하고 일제의 침탈하에 있던 대한적십자사는 인도주의와 더불어 시대적인 요청을 저버릴 수 없었다. 즉 독립전쟁기에 독립군 치료를 위한 병원 설립, 간호사 양성을 위한 간호원양성소 설립 등을 추진하였던 것이다. 그러나 그런 가운데서도 적십자인들은 인도주의 정신을 지켜 나가자고자 꾸준히 노력하였다. 『독립신문』 1920년 3월 1일자에 실려 있는 대한적십자회 간호원양성식에서 부른 적십자 노래 가사는 이를 잘 대변해 주고 있다.

한나라의 솟다운 새악시
氣運찬 사내들
가슴에 불근 十字標하고
압서나아간다

하나님의 부르심을 조차

正義와 人道를
彈丸이 빗발 갓흔데라도
빗내기위하야

한나라의 꼿다운 새악시
氣運찬 사내들
아름다운 人生의 사랑을
거득한 싸홈에
나타냄이 녀의 자랑이니

傷하고 누은者는
敵이라고 너의 짜뜻한 손
악기지마러라(耀)

　그동안 학계에서는 대한민국임시정부의 성립과 더불어 대한민국 임시정부 산하조직으로 설립된 대한적십자사의 독립운동에 관심을 기울이지 못하였다. 최근 3·1운동 100주년을 맞이하여 대한적십자사의 적극적인 후원과 한국민족운동사학회의 참여로 그 윤곽의 일단이 밝혀지기 시작한 것은 매우 반가운 일이다. 그 결과 대한적십자의 초대 지도자인 이희경, 이관용과 더불어 대한적십자사의 설립과 국내외의 활동의 일단들이 밝혀지게 되었다.[1] 아울러 최근에는 독립운동과 적십자에 대한 연구서도 간행되어[2] 그 연구를 보다 심층화하고 있다.

　그러나 대한적십자사의 독립운동에 대한 연구는 이제 시작 단계라

---

[1] 대표적인 연구성과로서 다음을 들 수 있다.
　조규태, 「대한적십자회의 설립과 확장, 1919~1923」, 『한국민족운동사연구』102, 2020.
[2] 박환, 『독립운동과 대한적십자』, 민속원, 2020.

고 볼 수 있을 것 같다. 아직도 세부적인 문제들이 연구자의 손길을 기다리고 있기 때문이다. 이에 본고에서는 대한적십자사의 독립운동, 나아가 인도주의 활동과 연구과제들에 대하여 살펴보고자 한다.

대한적십자회(1920년)

대한적십자회 간호사양성소(1920년)

2. 잊혀진 대한적십자의 지도자들

안창호

대한적십자사의 지도자들로 독립운동에 참여한 인물들이 다수임은 주지의 사실이다. 이관용이 국제적십자사에 보낸 다음의 기록은 이를 짐작하기에 충분하지 않을까 한다.

각서(Memorandum)
중앙위원회 구성

대한적십자회 자문위원회
서재필 박사	명예회장
이승만 박사	대한민국 임시정부 대통령
이동녕	대한민국 임시정부 국무총리
안창호	대한민국 임시정부 노동국총판
문창범	대한민국 임시정부 교통총장

대한적십자회 임원
이희경	총재
안정근	부총재
서병호	사무총장
김태연	서기관
고일청	회계관
옥성빈	
김순애	감사관

위에서 보는 바와 같이. 적십자인 가운데에는 독립운동가들이 대다수이다. 그럼에도 불구하고 적십자적 시각에서의 이들에 대한 연구는 거의 없다. 최근 성주현에 의하여 초대 회장인 이희경, 구주지부장이었던 이관용이 개척적으로 연구되었을 뿐이다.[3]

일단 대한적십자사에 대한 인물연구로는 설립을 주도한 도산 안창호, 그리고 회장 또는 회장 대리로 일한 이희경, 안정근, 손정도 등에 대한 전반적인 연구가 필요하다고 판단된다. 특히 안정근의 경우는 안중근의사의 동생으로서 안창호와 밀접한 관계를 맺고 있는 인물로 더욱 주목된다. 또한 설립 당시 상해지역의 대표적인 인물인 여운형의 참여, 상해 적십자에서 활동하다 독일로 유학을 떠난 이미륵의 경우도 주목의 대상이 될 것이다. 이미륵의 경우 상해에 머물러 있을 때, 안중근의사의 부인 김아려와 대담한 적도 있고, 안정근과 만난 인연도 있다. 더욱이 이미륵은 안중근의 4촌 안봉근과의[4] 인연으로 독일로 떠나게 된다.[5]

대한적십자사의 경우 국외에도 만주, 러시아, 미주 등지에 지부 등을 두었다. 그러므로 이들 지부와 관련된 인물들에 대한 연구도 중요하다고 보여진다. 러시아의 경우 고문, 문창범, 지부장이었던 박처후, 곽병규, 주요 구성원이었던 채계복을 비롯한 여성회원들 특히 간도애국부인회 회장이었던 우봉순 등이 주목된다. 아울러 멕시코의 김익주, 큐바의 임천택의 경우도 적십자의 관점에서 깊이 있게 다루어질 필요가 있

---

3) 성주현, 「대한적십자회 요인 이희경과 이관용의 활동과 민족운동」, 『한국민족운동사연구』102, 한국민족운동사학회, 2020.

4) 정운현, 정창현, 『안중근가 사람들』, 역사인, 2017, 266~272쪽.

5) 정규화 박균, 『이미륵평전』, 범우, 2020, 31쪽.

다고 보여진다. 그 중 본장에서는 이희경, 안정근, 이미륵, 이정숙 등 몇

몇 인물에 대하여만 간단히 살펴보고자 한다. 특히 이희경의 모스크바

에서의 활동 등은 신선하다.

1) 대한민국임시정부 대표로 모스크바 파견: 이희경

이희경

　　　대한적십자회의 초대 회장 이희경에 대한 이해는 내한적십사회의 구성 활동 등을 살펴보는데 중요하다. 이에 성주현은 개척적으로 이희경에 대하여 심도있게 밝혔다. 연구에 따르면, 대한적십자회 초대회장 이희경은 의사로써 대한적십자회 활동뿐만 아니라 민족운동에 적극 참여하였다. 미국에서 의사 자격을 취득한 이희경은 민족

운동에 참여할 것을 모색하던 중 우선 귀국한 후 3 · 1운동을 경험하고

상해로 망명하여 대한민국 임시정부에 참여하였다. 임시의정원 평 안

도 대표를 비롯하여 군무위원과 군무위원장, 외교차장, 외무총장 대

리 등 중요한 직책을 맡았다. 그러나 무엇보다도 임시정부의 중요한

단체인 대한적십자회 설립에 주도하였을 뿐만 아니라 초대 회장으로

적십자회의 기초를 다지는데 기여하였다. 대한적십자회가 설립 직후

미주로 건너가 한인사회에 적십자회의 설립과 운영계획을 전달하는

한편 의사와 간호사를 양성하기 위한 의연금을 모금하였다. 또한 미주

한인사회에 적십자회 지부를 설립하는 등 조직의 확장과 안정을 도모

하였다.6)

한편 이희경은 임시정부가 러시아로부터 지원을 받기 위해 특별전권 대표를 파견할 때, 안공근과 함께 선정되었다. 이희경은 러시아로부터 외교적 방법으로 지원을 받고자 하는 한편, 한형권의 직권남용을 조사하고자 하였다. 그러나 이 두 가지 목적은 뜻대로 달성하지는 못하였다.

안공근의 보고 자료에 이희경에 대하여 좀더 살펴볼 수 있는 자료가 있다.『대한민국임시정부자료집 별책 5, 95권』, <국민대표회의 I , 러시아문서관자료, 18) 대한민국 상해임시정부의 현황 전반에 관해 안공근의 1922년 4월 29일자 구두 보고>가 그것이다. 여기에서는 1922년 모스크바를 방문한 이희경 등의 입장을 살펴볼 수 있다. 아울러 안공근의 이희경에 대한 언급도 실펴볼 수 있다.

제목:18) 대한민국 상해임시정부의 현황 전반에 관해 안공근의 4월
        29일자 구두 보고
발신자: 안공근
수신자: 외무인민위원회
[작성일자] 1922년 5월 18일(이것은 본 문서의 작성 일자이며, 구두
보고 일자와 다름)

≪사본/기밀!≫
■ 한국에서 혁명 운동의 발생 - 대한민국 상해임시정부의 당면과제
  에 대한 설명
■ 혁명 정당의 분열
■ 개별적 인성

---

6) 성주현,「대한적십자회 요인 이희경과 이관용의 활동과 민족운동」,『한국민족운
  동사연구』102, 2010.

<이희경>

대한민국 상해임시정부의 정례대표로서 현재 모스크바에 체류 중인 이희경에 대해 말씀드리겠습니다. 그는 미국에서 문학부와 의학부를 졸업한 후 경력을 쌓았으며, 한국, 만주, 중국, 상해 등지에서도 생활했었습니다. 한국의 적십자 대표였던 그는 영어, 독일어, 프랑스어, 중국어 그리고 일본어 또한 구사하며, 이승만과 친밀한 관계를 유지하고 있습니다.

■ 총결론

이희경을 대표로 하는 대한민국 상해임시정부는 앞서 언급한 사항들을 간단하게 요약하면서, 모든 자료들을 구두보고 뿐만 아니라 문서상으로도 제출한 준비가 되어 있음을 알려드리며, 우리는 소비에트 정부가 대한민국 상해임시정부와의 관계 구축을 원하는지의 여부에 관심을 갖고 있습니다. 긍정적인 경우에 소비에트 정부는 반드시 진정으로 한국 혁명을 지원할 것이라는 사실과 관련하여 상해임시정부는 의문을 갖고 있지 않습니다. 향후 소비에트 정부는 상해임시정부 성명서의 진실성은 물론, 한국 인민들의 정신이 진정 얼마나 혁명적으로 고취되어 있는지, 만약 혁명적이라면 그 수준이 어느 정도인지 그리고 적극적인지 수동적인지 등등의 여부를 검사하고 확인해야만 할 것입니다. 계속해서 소비에트 정부는 상해임시정부가 얼마나 한국 인민들의 참된 의지를 반영하고 있는지 그리고 모스크바에 있는 이희경과 안이 실제로 상해임시정부의 합법적 전권대표인지의 여부 또한 검증해야 할 것입니다. 만약 소비에트 정부가 이런 논제들을 검증하고 상해임시정부가 언급한 모든 사안들의 진실을 확인할 수 있는 가능성을 보유하고 있다면, 물론 차후에 어떤 공동 과업을 수행할 수 있을 것이며, 모종의 합동 회의에서 제기될 모든 문제와 관련하여 이희경이 구체적인 설명을 해드릴 것입니다. 혹 외무인민위원회가 요구하는 바에 따라 문서의 형태로 설명을 제공할 수도 있습니다.

한편『대한민국임시정부자료집 43권 서한집 II』에 <상해 대한민국 임시정부 대표 '이희경'과 '안공근'의 서한에 관한 상세 내용>이 있어 참조된다. 이를 보면 다음과 같다.

봉투 1
독일 바이에른주 뷔르츠부르크시 니콜라우스 12번가 슈프링글러의 김갑수(Carl Kim)에게
위에 동봉한 것.

(a) 이희경 박사가 김갑수에게 보낸 서신으로 조선의 평남 순천에 사는 친척 K.Y. 이氏에게 보내는 서한이 동봉됨.

몇 일 전 신문과 함께 상해 및 다른 곳에서 보낸 편지를 동봉한 귀하의 서신을 받았습니다. 여러 조직들과 그룹 대표들이 워싱턴 강화회의에 보낸 청원서는『한국평론(Korea Review)』에 (워싱턴의 구미위원부 통신국의 월간지로 1884년과 1895~98년의 진보 운동의 지도자중의 한 사람이자 한국계 미국 시민인 필립 제이슨(서재필) 박사의 편집 아래 필라델피아에서 간행됨) 공개된 것 같습니다. 그러니 제발『한국평론(Korea Review)』1월호 및 3월호를 보내주십시오. 이곳의 특별한 소식은 없습니다. 현재 안병찬과 홍도가 도착했고, 임정 전 각료 이동휘, 김규식, 최창식과 다른 사람들은 여전히 여기 있습니다. 전술했듯이, 우체국과 전신국에 이 문제를 조회해 보고, 상해에서 보낸 돈을 수령해 이희경의 청구서를 지불하고 남은 돈은 귀하가 보관하십시오.
(위에서 언급한 조선의 이 K.Y.에게 보낸 동봉된 서한은 영어로 작성된 가족 문제에 관한 것임)

2) 독립전쟁과 안정근

안정근 러시아군 시절

안정근(상해)

광복 후 상해로 돌아온 안정근(앞줄 가운데)

독립전쟁시대 대한적십자가 취하여야 할 행동은 무엇이었을까, 이에 대하여 잘 알 수 있는 기록이 있어 살펴보면 다음과 같다. 조선일보, 동아일보 1922년 2월 5일자에서 그 윤곽을 짐작해 볼 수 있을 것 같다.

> 상해임시정부(上海臨時政府)의 적십자사총회결과(赤十字社總會結果)
> 회원을 대대력으로 모집하며, 군사병원을 셜립결의 해
>
> 작년말에 상해림시정부에서는 총회를 개최하고 먼져 셰측(細則) 십일조를 정하얏는대, 이후에는 총회를 삼월일일에 개최하기로 하고 그 다음에 회장 기타 임원선거를 행한 결과, 회장은 안창호(安昌浩) 감사 송병조(監事宋秉祚) 이탁(李鐸) 위원 양헌 한진교 류긔(委員梁憲韓鎭敎)유긔(基) 이외에 십오명을 임명하얏는대, 회장 안창호는 엇지한 일인지 사직을 함으로 안정근씨가 회장대리로 취임하얏고, 적십자사사업에 대하야 안정근의 제의로 지나와 기타 로령안에 군사병원의 셜립과 독립군 쥬둔디와 젼선에서 상하고 병든 군인을 구호하기 위한 셜비외 구호반(救護班)의 파견하는 등 두가지□ 최대 급무라 하야 만장일치로 가결하얏고 리사장 셔병호(徐丙오)는 다년간 광복사업□노력□니 실로 우국지사로 공훈이 현적하다 하야 감사장을 보내기로 하얏스며 그 다음에 안정근은 동회의 주의 션뎐과 일반동포털과 독립운동에 노력하야 긔어코 목뎍을 달하자고 말하얏고 각지 독립단과 련락하기 위하야 리보(李報)라는 긔관지를 발행하고 선젼대를 조직하야 해외에는 미국 포와 묵서가에 지부를 셜하야써 대대력으로 회원을 모집하고 긔돈금을 모아셔 군사병원을 셜립하기로 결정하얏다더라

안정근의 위의 기록을 통하여, 적십자와 독립전쟁, 그리고 군사병원 등의 상호관계가 보다 깊이 있게 연구되기를 기대한다.

한편 적십자에서는 독립전쟁과 더불어 인도주의를 적극적으로 실천하고자 하였다. 독립신문 1921년 12월 26일자 <萬國赤十字 條約>은

이를 잘 보여주고 있다.

> 우리 大韓赤十字會에서도 將次 病院을 設立하고 傷病者 救護에
> 從事하기로 된바 그러하면 우리가 戰時 傷病者 救護에 關한 國際條
> 例를 參考할 必要가 잇슴으로 今에 西曆 1864年 8月 22日 瑞西國 제
> 네바府에서 瑞西外 11個國間에 締結한 萬國赤十字條約 全文을 下에
> 揭載하노라.

> 第1條 戰地假病院과 밋 陸軍病院은 此를 局外中立으로 하야 患者
> 或은 負傷者가 該病院에 在하는 동안에는 交戰者는 此를 保護하고
> 侵犯치 아니함. 但 戰地假病院과 밋 陸軍病院을 兵力으로써 守할 時
> 는 其 局外中立의 資格을 失함(하략).

즉, 대한적십자에서는 "將次 病院을 設立하고 傷病者 救護에 從事하
기로 된바, 그러하면 우리가 戰時 傷病者 救護에 關한 國際條例를 參考
할 必要가 잇슴으로, 今에 西曆 1864年 8月 22日 瑞西國 제네바府에서
瑞西外 11個國間에 締結한 萬國赤十字條約 全文을 下에 揭載하노라"라
고 인도주의를 주창하고 있는 것이다.

3) 이미륵과 대한적십자

안정근과 이미륵 관련은 『이미륵평전』(정규화, 박균, 범우, 2010,
31~32쪽)에서 살펴볼 수 있다.

> 그 며칠동안 나는 한 부인을 알게 되었다. 그 한국 여인은 젊은 생을
> 영웅의 업적으로 마감했던 위대한 의사의 미망인이었다. (…) 안중근의
> 사가 일본법정에서 사형을 언도받자 그의 가족은 불행에 처해졌다. 부

인은 고향을 떠나야만 했다. (…) 그녀는 두 아이를 데리고 북쪽으로 이주했다. 그리고 10년동안 시베리아에서 이리저리 옮겨다녔다. 일본세력이 더욱더 강하게 그녀를 추적했고, 차가운 눈보라와 참혹한 고통, 두 아니에 대한 걱정이 그녀를 따라 다녔다. 그러다가 그녀는 상해로 오게 되었고, 마침내 그녀의 남편이 생을 희생해 민족의 운명을 떠맡기로 했던 것을 알고 있는 몇몇 사람들의 보호를 받을 수 있게 되었다 (…) 그녀는 나의

이미륵

나이며[7] 직업이며 가족관계를 물었다. 아직 이렇게 어린데! 그녀의 부드러운 목소리가 슬프게 울렸다. (…) 나는 말없이 앉아 있었다. 가족이라고 하는 두명의 남자가 있었다. 한 사람은 죽은 영웅의 남동생(안공근[8] – 안정근[9] 필자주)이었고, 다른 한 사람은 사촌(안봉근)이었다. 안 의사의 동생은 삼십대중반의 강직한 사람이었다. 그는 나이보다 진지했고, 말이 없었으며, 잘 웃지도 않았다. 나는 그에게 상해에서의 나머지 시간들을 그의 가족과 함께 살 수 있도록 해준 것에 감사했다. 그리고 우리의 독립활동과 인간 삶에 대해 진지하게 생각하게 해준 것에 감사했다.

위에서 언급되고 있는 인물은 안공근이 아니라 안정근이라고 판단된다. 안정근은 1885년생으로 1919년 당시 30대 중반이었다. 1917년부터 1919년 3·1운동 참여시까지 경성의학전문학교을 다닌 이미륵은 1919년 11월 27일, 대한적십자대 대원으로 발탁되어 임시정부의 일을 도왔다. 아울러 이미륵은 간호사양성하는 일을 도왔다. 그리고 당초 계

7) 이미륵(1899~1950)
8) 안공근(1889~1940)
9) 안정근(1885~1949)

획대로 유럽행 유학을 준비했다.[10] 이미륵이 적십자에서 활동했음은 신한민보 1920년 4월 16일자 신문에 실린 적십자사진에서 확인할 수 있다. 사진에는 <리의경>이라고 표시되어 있다.

4) 대한애국부인회와 이정숙

『독립운동사자료집』 9권[11]을 보면, 대한애국부인회의 구성원 가운데, 적십자원이 있음을 짐작해 볼 수 있다. 그중 세브란스 병원 간호사인 이정숙[12]을 들 수 있다. 이정숙의 경우 1919년 12월 이전에 국내에서 간호부로서 적십자원으로 활동하고 있음이 주목된다. 시기적으로 중국 상해에서 간호부를 양성하기 이전부터 활동하고 있기 때문이다. 이정숙이 세브란스의 간호부로서 근무하며 독립운동에 참여한 첫 조직적 활동은, 3·1운동 당시 검거된 조선인들과 가족을 돌보기 위해 '혈성단'의 창립멤버로 참여한 것이다. 이정숙이 참여한 독립운동 및 대중운동은 '혈성단애국부인회(1919)', '대한민국애국부인회(1919)', '대한적십자회(1919)', '조선여성해방동맹(1925)' 그리고 '경성여자청년회(1925)' 등이다.[13]

> 대정 8년(1919년) 12월 5일자 고경(高警) 제34497호
> 대한민국애국부인회 검거의 건(경상북도 지사 보고)

---

10) 『이미륵평전』, 31쪽.
11) 『독립운동사자료집』9, 426쪽~430쪽.
12) 김숙영, 「간호부 이숙영의 독립운동」, 『의사학』제24권 제1호, 2015.
13) 위의 논문, 16쪽.

금년 4월 이래 경성을 중심으로 각 지의 예수교도들로 조직한 대한
애국부인회(별명 대한독립애국부인회)라는 불온 단체 있음을 경상북도
제3부에 있어서 탐지하고 수사 계속 중 금번 유력한 증거품을 입수하
고, 또 그 외 관계로 대략 판명되어 11월 28일 관계 각 도 제3부와 연
락을 갖고 일제 검거에 착수하여 계속 중이나, 그 개황은 다음과 같으
며 상세한 것은 추후 또 보고하고자 한다.

1. 관계자
본적 경성부 연지동(蓮池洞) 136
주소 경성부 연지동 136
체포 회장 정신여학교(貞信女學校) 교사
김마리아(金瑪利亞) 26세

본적 함경남도 북청군(北靑郡) 양가면(良家面) 초리동(初里洞) 17
의 7
주소 경성부 남대문 밖 예수교 경영 세브란스병원내
체포 적십자원 간호부
이정숙(李貞淑) 22세(이하 생략)

이정숙의 경우 1919년 3·1운동 후 감옥에 투옥되었던 독립운동가
들의 사식 제공 및 옥바라지를 후원하는 혈성단 애국부인회에 참여한
점 또한 인도주의 활동으로서 주목된다. 이정숙은 간호부였으므로 자신
의 직업적 소명을 다하기 위하여, 독립운동으로 수감되어 옥중에서 고통받
는 이들의 건강을 지키기 위한 기본적인 방법으로, 수감된 애국지사들에게
사식을 제공하고 돌아가신 이의 유족들을 돌보고자 오현관, 장선희 등과
혈성단애국부인회를 조직하였다.14) 이 단체가 갖는 의미는 여성만에 의해

---

14) 김성은, 「장선희의 삶과 활동: 독립운동 및 技藝교육」, 『이화사학연구』 47, 2013,
124쪽. 양현혜, 「장선희의 독립 운동과 교육 활동」, 『대학과 선교』 33, 2017,

자생적으로 생겨난 조직이고 3·1운동 직후 조직된 최초의 여성독립운동 단체라는 점이다.

2. 제암리학살사건과 인도주의, 미국적십자사.

일제는 청일전쟁과 중일전쟁시 만주 여순에서 그리고 중국본토 남경에서 중국인들을 대량학살하였다, 한편 한국인들에 대하여도 제암리학살, 간도 경신참변 등 국내와 만주 등지에서 만행을 자행하였다. 제암리학살사건의 경우 여론을 못이겨 일본 측에서 이재민 구호사업을 실시하였다. 즉, 도나 군에서 거액의 경비를 들여 가옥, 식량, 곡물, 기타 농기구의 제공하는 한편, 동양척식주식회사 소작인인 수원군이재민에 대한 지원은 동양척식주식회사 경성(서울)지점에서 제공하였다. 아울러 일본인 종교단체의 기부도 있었다.

한편 서울지역 미국 감리교선교사 노블 등의 알선에 의하여 외국인 조선구호단이 수원군의 이재민에 대해 약 3,600원 상당의 의류, 가구, 일용품 등을 기증하였다. 또한 조선인 독지가의 금품 등 기부도 이루어졌다. 수원군 참사 禹成鉉은 화재로 피해를 입은 집마다 5원씩 기부하겠다는 의사를 수원군수에게 밝혔으며. 그 외에도 독지가들이 이재민 구호를 위해 각 면에 금품을 기부하였는데, 1919년 5월 31일 현재 수원군지역 이재민에 대한 기부상황을 보면, 종류는 현금, 백미, 보리, 소나무 등으로 나눌 수 있고, 지역은 송산면, 마도면, 서신면, 향남면, 장안면, 우정면 등이다. 소나무의 경우 서신면에만 기록이 나오는데, 수량

229~230쪽.

9, 인원 3명 등이며, 송산면의 경우는 현금 1,430,300원, 보리 17,000석 등이다.[15]

3·1운동 이재민 1

3·1운동 이재민 2

15)『1919년 3.1운동에 관한 도장관보고 자료집』V,독립기념관, 2020. 박환,『독립운동과 대한적십자』, 민속원, 2020.

제암리 파괴 후 방화된 민가

미국적십자원들(옥성득교수 제공)

이와 같은 지원사업들에도 불구하고 일본적십자사 조선지부는 이에 대한 적절한 조치를 취하지 않았다. 오히려 미국적십자사에서 이에 대한 조처들을 진행하였다. 그동안 화성지역의 제암리에 대한 연구에서 적십사의 구호활동에 대한 연구는 이루어진 적이 없다. 이에 대한 자료들이 제한되어 있기 때문일 것이다.

이관용이 국제적십자사에 보낸 다음의 기록은 미국적십자사의 활동 이해에 큰 도움이 된 것이다.

각서(Memorandum)

1910년 대한제국 합병에 따라 일본적십자사로 통폐합되었던 대한적십자회가 대한민국 임시정부의 승인에 따라 1919년 8월 29일에 재건되었습니다.

대한적십자회는 해당 통폐합이 무효임을 선언하였으며, 지금까지 이어진 두 적십자사의 모든 관계를 이로써 끝내고자 합니다. 다음의 사항들을 고려하면, 대한적십자회의 독립은 무엇보다 중요합니다.

1) 대한민국 독립선언 이후, 무장을 하지 않은 대한민국 국민들과 일본 군대 사이의 충돌이 단 하루도 빠짐없이 이어지고 있는 상황입니다. 대한민국 국민들은 엄명에 따라 비폭력 행동을 이어가고 있음에도 불구하고(독립선언을 통해 모든 폭력적 행위를 금지하였음) 일본 군대와 경찰은 무력적 제압에 의존하고 있으며 이는 교전국 사이에 지켜야 하는 규칙과 관습에도 반합니다. 이로 인해 비무장 민간인들이 학살되고 수백 개의 마을이 파괴되었습니다. 또한 여성과 아이를 포함한 수천 명의 무고한 사람들이 다치고 감옥에서 고통 받고 있습니다. 상기 사항들은 한국에 있는 미국, 영국, 프랑스 영사당국 및 미국 상원에 의하여 조사되고 확인되었으며 마침내 일본정부도 이 사실을 인정하였습니다. 1919년 3월 1일부터 연말까지 발생한 피해는 다음과 같습니다.

· 사망자 수 7,645명

· 부상자 수 45,562명

· 투옥된 수 49,811명

생계부양자가 사망 또는 부상, 투옥된 가정의 가족들은 매우 곤궁한 처지에 처해있습니다. 게다가 750채의 집이 불 탔으며 59개의 교회와 3개의 선교회가 파괴되기도 하였습니다.

2) 한국 국민들이 고통 받고 있음에도 여전히 일본적십자사는 어떠한 구호활동도 펼치지 않고 있습니다. 한일합병 이후 일본적십자사는 한국인 기부자로부터 2,250만 프랑을 기부 받았음에도 불구하고, 난 한 푼도 한국인을 위해 쓰지 않고 있습니다. 지난 4월 제암리 학살 사건 때, 서울에 있던 미국적십자사가 구호활동을 하고자 하였으나, 일본 당국은 일본적십자사가 그들을 돌보겠다며 이마저도 승인하지 않았습니다. 그러나 일본적십자사는 아무활동도 하지 않았으며, 결국 미국적십자사는 일본정부의 허가 없이 피해지역을 방문하여 응급처치와 식량, 의복 등을 지원하였습니다.

아울러 『자유한국』 제1권2호(1920년 6월)에서도 미국적십자사의 활동을 살펴볼 수 있다. 『자유한국』은 대한민국임시정부 주파리위원부 통신국에서 불어로 발행한 월간잡지였다. 1920년 4월호부터 1921년 5월호까지 총 13호가 발행되었는데, 4·5호와 11·12·13호는 합집이어서 간행된 책수는 모두 10책이었다. 한국독립운동과 관련된 활동과 일본제국주의의 침략·박해 등 극동 상황을 소개한 잡지로, 상당 부분이 유럽과 미주의 신문·잡지 기사를 발췌한 것이었다. 매호 1,000부씩 간행하여, 유럽과 미주를 중심으로 세계 요처에 배포한 것으로 알려져 있다.

V. 대한 적십자사(K.R.C.)

대한적십자사는 일본인의 모욕적인 지배가 시작되기 훨씬 전에 이미 설립되고 조직되었다.

설립 초 몇 해 동안 회원이 된 회원이 수천 명에 이르렀다.

대한제국이 파괴되고 1910년 일본에 병합되었을 때 대한적십자사는 국가가 당한 운명을 따라야 했다. 어쩔 수 없이 대한적십자사는 일본적십자사에 융합되어야 했고, 혹 더 정확히는 일본적십자사에 혼합(왜냐하면 한국인들은 일본인들과 융합하지 않는다!)되었다.

두 적십자사의 혼합 이후 일본인들은 한국인 회원들을 강제로 등록시키고 협박으로 여러 가지 일에 종사할 것을 강요했다; 먼저 9000만엔 이상으로 미국 달러화로는 400만 달러에 이르는 돈이 20만 한국인 회원에 의해 일본적십자사에 기금으로 납부되었다.

그러나 이 금액의 단 한 푼도 고통 속에 빠져 있는 한국인들을 위해 구조하는데 사용되지 않았다.

1919년 4월, 일본인들이 저지른 제암리(提岩里) 학살 때 서울 주재 미국적십자사는 자발적으로 즉시 원조를 제공했다 ; 그러나 일본 당국은 일본적십자사가 원조를 준비하고 제공할 것이라는 구실로 이에 필요한 허가를 해주지 않았다 ; 그러나 사실상 그것 또한 증명된 바와 같이 일본적십자사는 어떤 구조도 제공하지 않았다! 일본적십자사가 한국 내 일본의 야만스러운 행정의 장치중 하나일 뿐이라는 슬프게도 확실한 증거다!

서울 거주 미국인들이 일본적십자사가 자신들의 약속에도 불구하고 이 불쌍한 죽어가는 한국인들을 돕기 위해 아무런 조치도 하지 않은 것을 알게 되었을 때 그들은 일본인들의 금지령에도 불구하고 황폐화된 지방으로 도움을 주기 위해 직접 갔다. 그들이 식량, 의복, 돈과 치료를 제공했다. 이 사실은 자유를 회복하고자 한 죄를 지었을 뿐인 우리 불쌍한 동포들이 받은 유일한 도움이다!

한국에서 역사학자와 언론인들이 행한 조사들을 토대로 한 믿을 만한 보고서에 따르면 일본 군대와 헌병들이 1919년 3월 평화시위를 야만스러운 탄압으로 죽고, 다치고, 투옥된 한국인이 10만 명 이상에 달했다.

사망자 7645명, 부상자 4만 5562명, 투옥자 4만 9811명이다.

한국의 자유를 위한 순교자 유족들은 현재 심각하고 손쓸 수 없는 상황에 처해있다.

시내와 교외에서 일본 군대와 헌병대의 횃불로 가옥 724호, 교회 59채, 학교 3곳이 전소되었다.

이 숫자에 부분적으로 파괴된 가옥과 교회와 학교는 포함되지 않았다.

우리 불쌍한 조국은 두 가지가 휩쓸고 있다 : 기근과 콜레라.

수년 내 볼 수 없었던 가장 끔찍한 기근 한국 대부분의 지역에서 가혹해지고 있다. 한국인의 85%가 농업에 종사하는데 올해의 수확은 각 도당 4백만 가까이 거주하는 세 도에서 수확이 전혀 없었고, 7백만에 달하는 다섯 도에서는 심은 양보다 적은 수확을 거두었다. 우리 동포 3백만 이상이 기아에 처해있다고 할 수 있다. 즉각적 구호가 필요하다!

콜레라도 발생했다. 감염된 2만 5천명 이상 중 이미 9000명이 어떤 구조도 받지 못하고 사망했다! 긴급한 구조도 필요한데 그렇지 않으면 나라도 민족도 완전히 황폐화될 것이다!

일본인들은 자신들이 저지른 학살에다가 기근과 콜레라가 한국을 뒤덮은 것에 대해 만족해 보인다. 일본인들은 한국인(2000만)이 사라져야 마땅하기 때문에 이러한 재난을 극복하기 위해 아무 것도 혹은 거의 아무 것도 하지 않는다. 그들이 감히 "이 재난은 일본의 지배를 거부한 죄로 하늘이 내리는 벌"이라고 한다.

일본인들의 이러한 나태와 범죄적 비활동 앞에서 한국인들은 스스로 살아남기 위해 적십자 지사들을 재편했다. 그들이 대한적십자사를 복원시킨 것이다. 의사·간호사들이 남모르게 비밀리에 지방을 돌며 우리 동포들에게 절대적으로 필요한 도움을 준다.

외국 즉 하와이·중국·러시아·미국에 있는 한국인 단체들은 즉시 조국에 구호품을 모아 보냈다. 그러자 그때부터 우리 적십자사는 차례차례로 계속 재편된다. 구제부(救濟部)가 구성되고 적십자병도 창설되었고, 남녀 구성원들이 훈련받는다. 대한적십자사는 돈과 구호물자들을 모아 나누어준다.

대한적십자사 본부는 현재 상해(중국)에 있으며 지난해인 1919년 예산이 150만 달러에 달했다. 재미 한인들이(그들은 2000명도 안 되는) 5만 달러 이상이나 기부하기도 했다.

3. 대한적십자회비 모금: 인도주의

1) 중국, 러시아 조선인 구제금 모금: 인도주의의 승리를 위하여

『대한민국임시정부자료집 31권 관련단체 Ⅰ, Ⅳ. 대한적십자회』, <대한적십자회 청연서 신문 게재에 관한 보고>에서 중국 蘇州지역의 대한적십자회비에 대한 언급을 살펴볼 수 있다.

제목   42) 대한적십자회 청연서 신문 게재에 관한 보고
문서번호   公信 제37호
발신일   1922년 4월 8일
발신자   소주일본영사관
수신자   일본외무대신

公信 제37호

소주일본영사관
일본외무대신

1922년 4월 8일

외무대신께 올립니다. 이달 7일 이곳에서 발행된 『蘇州商報』에 별지의 내용과 같이 조선에 대한제국의 학정을 고발하고 도탄에 빠져 신

음하는 조선인을 구제한다는 명분으로 구제금 모금을 호소하는 독자 투고문이 게재되었습니다. 참고하시도록 기사 원문과 번역문을 보냅니다. 주중본국공사관, 주상해총영사, 조선총독부 경무국장에게도 동일한 내용의 서한을 발송하였음을 아울러 보고 드립니다.

본신 사본 송부처

재중국공사, 재상해총영사, 조선총독 경무국장

[별지 1]
제목   대한적십자회 청연서

한국인민은 오천년 유구한 역사를 자랑하는 민족이다. 그러나 불행하게도 강권의 침략을 당하여 노예와 같은 고통에 신음한지 어언 10여년이 지났다. 우리 민족은 근년에는 평화를 갈구하는 세계조류와 민족자결주의에 힘입어 맨손으로 들고 일어나 조국을 되찾기 위한 위대한 운동을 전개하였다.

우리는 무저항주의를 표방하며 질서정연하게 문명적인 시위운동을 전개하고자 하였으나, 적 일본은 잔학한 폭력적 수단으로 우리민족을 대하였다. 총칼을 앞세운 잔혹한 탄압, 가혹한 형벌이 이어져 차마 눈 뜨고 볼 수 없는 참상이 연출되었다. 3년 사이에 독립운동에 몸 바치다 비명에 죽은 동포가 수십만에 이르렀다. 원혼이 하늘에 가득하고, 흘린 피가 땅을 적시는 참극이 이어졌다. 세계 어느 나라에서도 볼 수 없었던 참혹한 상황에 양심 있는 사람이라면 모두 비분함과 통탄을 금치 못하였다.

일본제국주의의 잔혹한 탄압으로 부모를 잃은 어린이, 남편을 잃은 부녀자들은 살길을 찾아 줄지어 중국과 러시아로 유랑의 길을 떠나지 않을 수 없었다. 그러나 유랑길을 떠난 이들의 앞길도 결코 순탄하지 못하였다. 남의 나라 땅에까지 마수를 뻗친 일본제국주의자들은 남녀노소를 가리지 않고 이역에 터전을 잡은 우리 동포들을 학살하였다.

적들의 총칼에 거의 3만 명에 이르는 동포가 목숨을 잃었다. 동포의 주택은 물론이고 학숙과 교당이 파괴되었으며, 양식과 가구가 모두 잿더미로 변하고 말았다. 다행히 목숨을 건진 동포들은 사방으로 흩어져 또다시 정처 없는 유랑길에 나서지 않을 수 없었다. 엄동설한에 추위를 이길 변변한 의복도 없이 굶주림에 허덕이는 그들의 처참한 모습을 어찌 필설로 표현할 수 있겠는가! 러시아 경내로 이주한 동포들의 삶이라고 크게 다를 바 없었다. 연해주를 덮친 흉년으로 굶어죽는 동포들이 부지기수였다.

한민족 멸종을 궁극적 목적으로 한 일본제국주의는 마적들에게 무기와 자금을 지원하여 우리 동포들의 촌락을 약탈하고 학살하도록 부추기는 만행도 서슴지 않았다. 의지할 곳 하나 없는 동포들은 운명을 하늘에 맡기고 지금도 지옥과 같은 하루하루를 보내고 있다. 어려움에 처한 이들에게 구원의 손길을 내미는 것은 인간의 도리이다. 어려움에 처해있는 한교를 돕는 것이 어찌 한국 인민만의 책임이라 할 수 있겠는가!

본 적십자회는 성립 이래로 각계의 적극적인 후원과 찬조에 힘입어 어려움에 처한 한교 구제에 최선의 노력을 기울였다. 그러나 역량이 부족하여 도움의 손길을 바라는 모든 이들에게 적시에 도움을 줄 수 없음에 안타까움을 금할 수 없었다. 이제 부끄러움을 감추며 사방의 뜻 있는 인사들에게 자비를 베풀도록 도움을 청하는 바이다. 한 끼 식사를 아껴 도움을 줄 때 한 사람의 생명을 구할 수 있으며, 이로써 한국민족의 생명력이 면면히 이어져 조국광복과 자립을 위한 기회를 얻을 수 있을 것이다. 이는 우리 동포들의 행복이자 인도주의의 승리를 약속하는 성스러운 행위가 될 것이다.

[별지 2]
제목   대한적십자회 募捐主意書

　가만히 생각하건대, 우리나라 인민은 5천 년 역사의 舊族으로서 불행히 강권자의 毒噬를 만나 노예의 고통을 받은 지 10여 년이다. 근래 세계 평화의 흐름에 부응한 민족자결주의에 의거하여 群相이 단결하여 맨손으로 분투하고 墜日을 虞淵에 끌어 宗社를 旣傾에 회복하려고 呼號운동, 독립을 기도하여 순전히 무저항주의를 취하여 질서 정숙, 거동 문명을 하였다. 그런데 저 일인은 곧 잔학 폭력으로써 이에 대비하여 창으로 베어죽이고 가혹한 형벌을 내려 참혹한 형상이 눈을 뜨고 볼 수 없었다. 이에 3년간 독립운동으로 인해 비명에 죽은 자 수십만이며 슬픈 영혼이 하늘에 사무치고 원통한 피가 땅에 두루 미쳤다. 이는 세계 각국에서 아직 있지 않은 바이니 조금이라도 인심이 있는 자는 이로써 비분통탄하지 않을 수 없다. 화를 입은 자식은 고향을 떠나 피난하여 중국과 러시아 령 간에 僑居하는 자가 입은 피해가 더욱 처참하고 凶鋒에 죽은 남녀가 거의 3만 명에 달하였고 우리 동포의 주택, 學塾, 敎堂, 양식, 기구가 전부 一炬에 부쳐졌다. 다행히 禍網에서 벗어나 달아나 사방에 포복하여 嚴寒 荒林 중에 방황하여 허기를 채울 양식이 없고 추위를 막을 옷이 없어서 처참 신산한 형상은 붓으로 다 쓸 수 없다.(이하 생략)

　대한민국 4년(1922)

대한적십자회장	孫貞道
부회장	安定根
이사장	吳永善
재무원	李裕弼
서 기	李潤昺
감 사	玉成彬, 李鐸, 宋秉祚
상무원	南亨祐 · 金勉植 · 金秉祚 · 趙尙燮 · 申昌熙 · 金九梁 · 金澈 · 李圭洪 · 金仁全 · 申

鉉彰 · 金弘敍 · 車利錫 · 韓鎭敎 · 金鐘商 ·
金明濬 · 鄭泰熙 · 鮮于勳 · 康景善

한편, 『대한민국임시정부자료집 31권 관련단체 Ⅰ Ⅳ. 대한적십자
회』, <대한적십자회 請捐書(安東, 奉天 警務署長 報)>에서는 만주지
역에서의 적십자회비 모금에 대하여 살펴볼 수 있다.

4. 대한적십자사 소장 주요 자료들

지금까지 독립전쟁시기 대한적십자의 독립운동과 인도주의 활동에
대한 일부 연구주제들에 대하여 살펴보았다. 이 밖에도 대한적십자사
의 국내 및 해외에서의 여러 활동 등이 더 있음은 주지의 사실이다. 앞
으로 보다 많은 주제들이 발굴 연구되기를 기대한다.

마지막 장에서는 현재 대한적십자사에서 소장하고 있는 자료들에
대하여 알아보고자 한다. 그동안 이들 자료에 대한 검토가 한번도 없었
기 때문이다. 대한적십자사에서는 대한적십자사 및 일본적십자사 조
선지부에 관한 여러 자료들을 소장하고 있다. 특히 일본적십자사 조선
지부에 대한 이해는 식민지하 대한적십자회, 아울러 해방 후 대한적십
자사의 성립과 활동을 이해하는데 하는데 큰 도움을 줄 수 있을 것으로
보인다. 주요한 것들을 중심으로 살펴보면 다음과 같다.

1) 대한적십자회 회규(대한민국 원년 10월 일) 총 14면

大韓赤十字會會規

대한적십자회 회규

대한적십자회 회규 목록

인가장

제1장 총칙

제2장 회원

제3장 직원급기직무

제4장 의회

제5장 지회

부칙

인가장

내무부 제62호

대한적십자회 발기인 대표 이희경

대한민국원년 8월 15일부신청 대한적십자회설립건의 인가함

대한민국원년 8월 29일 내무총장 안창호(인)

2) Korean Red Cross, Mercy Humanity(총 10면 표지 뒷면 포함)

<u>A Plea From The Land of Sorrow-Korea</u>, American Division.San Francisco.

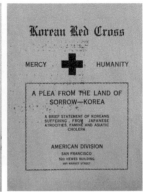

한국인들의 호소

기근과 질병(콜레라) 등과 일본의 학정에서 고생하는 한국인들에 대한 간단한 서술
제암리 등 사진 2장과 상해 적십자간호부 양성 사진 1장 포함.

3) 일본적십자사 조선본부 관련 자료

일제시대 일본적십자사 조선본부의 조직과 활동 등을 살펴볼 수 있는 것들이다. 1938년과 1939년 것만이 남아 있다.

1) 일본적십자 경성위원부, 『사원명부』(부 사무급회계보고, 1938년 11월 2일 1회사원 총회).

이 자료의 목차는 다음과 같다.

사원명부

황국신민서사

목차

令旨 寫

奉答文 寫

御下賜金 寫

德川社長 謹話

사무보고

회계보고

分區別送納金成績表

직원명부

분구 사원명부

위원부 및 분구 전직원명부

2) 소화4년(1939년) 사무개요(적십자)

소화4년 사무개요 일본적십자사 조선본부

사무개요

3) 조선총독부의 일본적십자사 조선본부 통제 – 영화관련

조선영화인협회는 1939년 8월 16일에 결성되었다. 표면적으로 조선
영화인들의 자발적인 조직으로 선전되었으나, 실제로는 '영화를 통한
내선일체 구현'이 목표인 관제 단체의 성격이 강했다. 특히 1940년 1월
에 조선영화령이 공포된 후에는 조선영화협회가 영화인에 대한 기능
심사위원회를 설치함으로써 영화인 통제에 앞장섰다. 영화인기능심사
위원회는 검열 업무를 담당하는 조선총독부 경무국 도서과장이 위원
장을 맡았다. 1942년에 좀 더 조직적인 영화계 통제를 위해 조선영화제
작주식회사가 설립되면서 강제로 해산되었다.[16]

아래의 두 자료는 크게 1940년 1월 조선영화령 발표 이전과 이후로
나누어 볼 수 있다.

---

16) 이준식, 「일제 파시즘기 영화정책과 영화계의 동향」, 『한국민족운동사연구』, 37,
2003, 11~19쪽.

(1) 영화관계서류(일본적십자사 조선본부, 1934년 12월~1939년 12월)

영화관계서류(1934~1939)

(2) 映畫向上會關係綴(1941년, 선전계 보관)

영화향상회 관계서류(1941)

1941년 1월 9일 각 영화항상회원에게, 영화협회설립에 관한 건
(조선영화설립의 취지, 영화협회 결성에 관한 要綱 등 실려 있음)

(3) 映畵宣傳關係綴(1941년 선전계 보관)

1941년 1월 10일자로 국민총력조선연맹 사무국 총장이 일본적십자사 조선본부장에게 보낸 서류

1941년 2월 17일 기안, 동년 2월 18일 시행, 영화기술강습회 출석의 건

1941년 2월 13일 조선총독관방문서과장이 일본적십자사 조선본부장에게 보낸 영화기술강습회개최에 관한 건

영화선전관계철(1941)

1941년 2월 20일 기안, 2월 20일 시행, 영화 <백의의 천사> 관람의 건

초대권: 장소 경성극장, 영화: 백의의 천사, 기간: 1941년 2월 22일부터 28일. 7일간. 일본적십자사와 篤志간화부인회 조선본부.

백의의 천사 초대권

2

조선적십자회의 성립과 활동:
『로동신문』을 중심으로

1. 머리말

1945년 8·15 광복 후 한국의 적십자사 재건운동은 1947년 3월 15일 조선적십자사로 일단 결실을 보았다. 그 후 1948년 대한민국 정부수립이 이루어짐에 따라 1949년 4월 30일 공포 시행된 법률 제25호 「대한적십자사 조직법」에 의해 10월 27일 대한적십자사가 재조직되었다.

한편 북한에서는 1946년 10월 18일 김일성의 발기에 의해 평양에서 북조선적십자사가 결성되었고, 1948년 정권 수립과 함께 '조선적십자회'로 개명되었다. 그리고 1956년 5월 11일 국제적십자사연맹에 가입하였다. 아울러 1949년 10월 30일 조선적십자종합병원은 중앙종합병원으로 평양시 동대원구역 대신동에서 발족하였다.

지금까지 학계에서는 북한적십자사에 중점을 둔 검토는 이루어지지 않았다. 다만 북한의 방역과 의료와 관련하여 연구가 진행되었다.[1] 이

---

1) 엄주현,『북조선 보건의료 체계 구축사 1(1945-1970)』, 선인, 2021.
　김진혁, 「북한의 위생방역제도 구축과 인민의식의 형성(1945~1950)」, 『한국사연구』 167, 2014.

에 본고에서는 해방 이후부터 한국전쟁 발발 이전까지의 북한적십자
사의 성립과 활동에 대하여 로동신문을 중심으로 살펴보고자 한다. 자
료의 제한 때문이기도 하나, 로동신문의 경우 북한적십자사 성립과 활
동에 대한 풍부한 기사와 더불어 소련적십자사에 대한 내용도 있어 북
한적십자사를 보다 입체적으로 검토하는 데 도움을 줄 수 있을 것으로
보이기 때문이다. 아울러 북한 내부 자료로 국립중앙도서관에서 제공
하는 북한노획문서들을 활용하였다.

결국 이 작업은 북한적십자사를 보다 잘 이해하기 위한 기초적인 작
업이라고 할 수 있을 것이다. 나아가 앞으로 진행될 한국전쟁기 북한적
십자사의 활동, 1959년부터 시작되는 재일교포의 북송문제, 1970년대
남북적십자회담을 밝히기 위한 전 단계라고 할 수 있을 것이다.

2. 조선적십자회의 성립

북한의 북조선적십자사의 성립에 대하여는 『로동신문』 1946년 10
월 26일자 <북조선적십자사 조직의 결정서>에 잘 나타나 있다.

북조선림시인민위원회 결정 제100호 북조선적십자사 조직에 관하여

북조선림시인민위원회는 김일성대학 리성숙박사의 북조선적십자사
조직에 관한 보고를 듣고 그 조직 창립의 필요성을 인식하는 동시에 다

_____, 「재북(在北)의사의 식민지·해방 기억과 정체성 재편(1945~1950)―평양
의학대학, 함흥의과대학, 청진의과대학 자서전을 중심으로」, 『역사문제연구』34,
2015.

음과 같이 결정한다.

1. 1946년 5월 25일 북조선보건련맹 창립총회 석상에서 만장일치로 결정된 좌기 북조선적십자사 창립위원을 승인한다. 장기려, 리상빈, 허신, 김승엽, 한도준, 임구형, 김상민, 최창석, 리성숙
2. 북조선적십자사 창립 중앙위원장으로 리성숙, 부위원장으로 리상빈, 최창석 제씨를 지명한다.
3. 조직사업에 대한 원조로써 북조선림시인민위원회는 금십만원을 북조선적십자사 중앙위원회에 지급한다.
4. 도 시 군 인민위원회는 각 그 도 시 군 적십자사 조직에 대하여 재정적, 물질적, 기타 제반 원조를 주기를 지시한다.
5. 과거 일본적십자사에 소속되어있던 일체 사업기관을 북조선적십자사에 위임 인계케 한다.
6. 북조선적십자사에서 조직 기획하는 사업단체에 대하여는 면세한다.
7. 북조선 각 정당, 사회단체는 북조선적십자사 조직 및 그 사업에 대하여 적극 원조하기를 요청한다.

1946년 10월 18일
북조선림시인민위원회
위원장 김일성
서기장 강량욱

위의 기사에 따르면, 북조선적십자사는 1946년 10월 18일 조직되었다. 아울러 창립 중앙위원장으로 김일성대학 리성숙, 부위원장으로 리상빈, 최창석 등이 지명되었고, 창립위원으로 장기려, 리상빈, 허신, 김승엽, 한도준, 임구형, 김상민, 최창석, 리성숙 등이 승인되었다.

그 중 행적을 알 수 있는 인물로는 최창석, 허신, 한도준, 김상민, 리성숙, 장기려 등을 들 수 있다. 대체로 당시 북한지역의 대표적인 의료인들이었던 것으로 판단된다.

창립 부위원장인 최창석(崔昌石, 1916. 10. 11.~1998. 6. 9)은 1946
년 11월 17일 김일성대학 의학부 부장 겸 병원장이었던 최응석의 동생
이다.2) 그는 평양부 류정(현재 평양시 중구역 류성동)의 빈농가정에서
출생하였다. 1929년부터 1940년까지 평양 광성중학교를 거쳐 평양의
학전문학교를 졸업하였다. 그 후 평양의학전문학교 부속병원 의과부
수로 일하다가 1941년부터 1945년까지 외국에서 고학으로 외과학을
전공하였다. 광복 후 1945년 9월부터 1947년 5월까지 평안남도 인민정
치위원회 보건부장으로 일하였다. 1947년 1948년까지 북조선인민위
원회 보건국 의무부장, 1948년 9월부터 1950년 6월까지 보건성 의무국
장으로 일하였다. 6·25전쟁시기 조선인민군 전선사령부 군의국 외과
군의장으로 일하다가 다른 나라에 가서 공부하였다. 1954년 4월부터
1966년 10월까지 보건성 부상, 상으로, 1966년 10월부터 1990년 6월
까지 함흥의학대학병원 원장을 거쳐 황해남도 인민병원 원장으로, 그
후 말년까지 보건경영학연구소 연구사로 일하였다. 50여년간 보건부
문의 중요한 직책에서 당의 예방의학적 방침을 관철하며 인민보건사
업과 의학과학기술을 세계적 수준으로 올려 세우는 사업에 변함없는
한생을 바쳤다. 1962년부터 1966년까지 조선로동당 중앙위원회 후보
위원이였으며 최고인민회의 제3기 대의원이였다. 그는『보건조직학』
(1958)을 비롯한 수십 건의 저서와 론문을 남겼으며 수많은 학위학직
소유자들과 보건조직일군들을 양성하였다. 국기훈장 제1급을 비롯한
많은 훈장과 메달을 수훈하였다. 묘는 애국렬사릉에 있다.3)

---

2) 신영전, 김진혁, 「최응석의 생애: 해방직후 보건의료체계 구상과 역할을 중심으로」,
  『의사학』제23권 3호, 2014년 12월. 대한의사학회.
3) 최창석 [崔昌石] (조선향토대백과, 2008., 평화문제연구소)

허신, 한도준, 김상민, 리성숙은 평양의과대학 교직원이다. 국사편찬위원회에 이력서가 당시 교직원들과4) 함께 보관되어 있다. 그 중 김상민은 세브란스 1931년 졸업생으로 1945년 10월 평양의과대학 생화학교수로 임명되었다. 1946년 5월 교수직을 사임하고 평양기독병원 원장으로 임명되었다가 11월 사임하였다. 1947년 가족과 함께 월남하여 동년 6월 4일부터 세브란스 의과대학 생화학교실의 교수로 활동하였다.5)

장기려(張起呂, 1911~1995)는 의료활동과 사회봉사활동을 펼친 의사로, "한국의 슈바이처"로 널리 알려진 인물로 1911년 평안북도 용천에서 장윤섭과 최윤경의 장남으로 태어났다. 그는 1918년 4월 부친이 설립한 의성학교에 입학했고 개성의 감리교 학교인 송도고등보통학교를 거쳐 1928년 경성의학전문학교에 진학했다. 경성의전 졸업 후 그는 1932부터 38년까지 백인제 교수가 이끄는 경성의전 외과의 조수로 근무했고, 이후 강사로 1940년까지 재직했다. 1937년 후복막봉과직염으로 패혈증을 일으켜 사망한 유상규의 시체를 해부한 일이 계기가 되어, 장기려는 패혈증을 일으켜 사망한 7가지 사례를 더 연구하여 <일본외과학회지>에 "후복막봉과직염(後腹膜蜂窠織炎)"을 게재했다. 그는

4) 정두현이력서. 리상룡이력서. 배영기이력서. 윤기념이력서. 리성숙이력서. 리창진이력서. 최응석이력서. 박동열이력서. 허신이력서. 안경림이력서. 리시채이력서. 리창근이력서. 김인석이력서. 선우구서이력서. 배만규이력서. 김린수이력서. 김태하이력서. 최달형이력서. 김정규이력서. 계원규이력서. 한도준이력서. 리동성이력서. 황히현이력서. 박학봉이력서. 최도명이력서. 안면식이력서. 임녹재이력서. 리춘히이력서. 리상옥이력서. 박기호이력서. 전동훈이력서. 김덕윤이력서. 최덕륜이력서. 리익환이력서. 김현세이력서. 현병근이력서. 한정호이력서. 리동준이력서. 김명준이력서. 김봉건이력서. 최창수이력서. 홍병두이력서. 박남업이력서. 송명도이력서. 임성재이력서. 강원욱이력서

5) 박형우, 『시련과 고난을 딛고 선, 세브란스 의과대학(1945-1957)』, 선인, 2021, 96쪽.

1940년 9월 20일 "충수염 및 충수염성 복막염의 세균학적 연구"로 일본 나고야제국대학에서 의학박사 학위를 받았다.

장기려는 박사학위 취득 후 세브란스의전 이용설의 추천을 받아 평양연합기독병원 외과로 부임하였다가 곧 외과 과장직을 맡았다. 그는 1942년 4월에 일본외과학회에 "근염의 조직학적 소견"이란 논문을 발표했고, 1943년에는 간암환자에 대한 설상절제수술에 성공해 그 결과를 <조선의학회잡지>에 실었다.

해방 이후 징기려는 평남건국준비위원회 위생과장을 맡았으며, 평남제1인민병원(도립평양의원)의 원장 겸 외과 과장으로 부임했다. 1947년에는 김일성종합대학 의학부 외과학 강좌장을 맡는 한편 북한당국으로부터 모범일꾼상을 수여받았다.

1948년 여름 장기려는 북한에서 주는 의학박사 학위를 받았다. 그는 1949년 3회에 걸쳐 <인민보건>에 "아.베.비위네브스키교수의 「노보카인불로카—트」와 유성방부제의 상응증 및 사용법에 관한 이론 및 실증"을 실었다. 한편, 그는 1949년 북조선보건련맹 제5차 중앙대회에서 최응석과 함께 위원으로 선출되기도 했다.

장기려는 1950년 12월 4일 차남 장가용과 함께 월남하여 부산 제3육군병원에 머물며 진료했다. 이듬해에는 목사 한상동, 전영창 등과 함께 부산 영도에서 무료 구호병원인 복음진료소를 열었다. 이때 서울대 의대 교수로 부산에 와 있던 전종휘 박사가 진료를 도왔다. 1952년 4월부터 부산에 있던 서울대 의대에 외래교수를 맡았으며, 이후 서울대 의대 외과교수로 부임하여 복음병원진료와 강의를 병행했다.[6]

---

6) 한국과학문명학연구소, 과학인물아카이즈, <장기려>

1946년 10월 18일 평양에서 의사들을 중심으로 결성된 북조선적십자사는 1948년 9월 9일 북한정권의 수립과 함께 '조선적십자회'로 개명되었다.

3. 조선적십자회의 조직과정

북조선적십자사 창립 1주년과 3주년의 기사들을 통하여 적십자조직 상황의 일단을 밝혀볼 수 있을 것 같다. 우선, <북조선적십자사 창립 1주년(로동신문 1947. 10. 22.)>을 보면 다음과 같다.

북조선적십자사 창립 1주년 기념 대회
작년 10월 18일 북조선림시인민위원회 결정서 제100호에 의하여 창립된 이래 13만 사원을 묶어세워 인민의 참다운 복리 증진을 위하여 복무하고 있는 북조선적십자사는 지난 18일로 창립 1주년을 기념하게 되었다. 기념식은 지난 18일 오후 4시 평양특별시 모란봉극장 구락부 특별실에서 북조선인민위원회 리동영 보건국장을 비롯한 각 국장 및 각 정당 사회단체 대표 다수 참석 밑에 성대히 거행되었다.
먼저 북조선적십자사 최창석 부총제로부터 과거 1년간의 업적을 보고한 후 리동영 보건국장을 비롯하여 북조선민전 중앙위원회 최영 서기장 등의 국제적십자사와 밀접하게 연계하여 더욱 충실하게 복무하기를 바란다는 요지의 축사가 있었고 끝으로 다음과 같은 요지의 김일성 위원장께 보내는 메시지를 통과하고 의의 깊은 기념식의 막을 내리었다.

김일성 위원장에게 드리는 메시지 (요지)
우리 민족의 영명한 령도자 김일성 위원장이시여!
오늘 북조선적십자 전 사원 일동은 무한한 감격으로 북조선적십자사 창립 1주년을 맞이하면서 전 조선 인민의 행복과 자유발전을 위하여 주야 진력하여주시는 당신 앞에 충심으로 뜨거운 감사의 뜻을 올리나이다.

존경하는 김일성 위원장이시여!

작년 10월 18일 북조선림시인민위원회 결정서 제100호로 창립된 본사는 당신의 적절한 지도와 쏘련적십자사의 열성적 방조 밑에 인민을 위한 제반 보민사업과 조국의 민주주의 발전 및 국제적십자사 사업 발전을 위하여 투쟁하여 왔습니다. 그러기 때문에 인민들에게 찬양을 받으며 **북조선 전역에서 솔선하여 가입한 사원이 13만여 명에 달하여 현재 급격히 증가되고 있습니다. 이렇게 획기적으로 발전된 본사는 그 사명을 수행하고야 말리라는 불덩어리 같은 투지로써 무의 농촌 리에서 산간벽지에 이르기까지 무료순회진료사업과 방역사업, 모범위생시설 지도사업들을 하여 왔습니다. 특히 38선 부근에서 남조선 민족반역자 반동분자들에게 참혹한 박해를 당하고 북조선으로 넘어온 참으로 억울한 형편에 처하여 있던 동포들을 계속 진료하고 있습니다.**

영명하신 위원장이시여!

전 북조선 인민은 과거 일제 시대의 비문화적이고 비위생적이던 가정생활을 급격히 향상 정돈하여 인민의 체위를 증진시키고 각종 전염병은 희귀하리만큼 격멸되어 진실로 행복스러운 생활을 향유하게 되었습니다.

오늘 창립 1주년을 맞이하면서 저희들은 1947년도 인민경제계획을 초과달성하기에 지장이 없도록 질병박멸사업과 위생사업에 로력하여 조선 인민의 최대의 숙망인 조선민주주의인민공화국 수립이 달성될 때까지 분골쇄신 분투 로력할 것을 당신 앞에 13만 사원을 대표하여 굳게 굳게 맹세하며 끝으로 당신의 항상 건강하심을 축복하나이다.

1947년 10월 18일

북조선적십자사 창립 1주년 기념대회

위의 기사에 따르면, 적십자사의 1년 동안의 사원은 13만명이고, 적십자 부총재는 최창석이다.

1949년까지의 조직상은 로동신문 1949년 10월 19일자 <북조선적십자사 창립 3주년을 기념>에서 짐작해 볼 수 있다.

북조선적십자사는 조국의 평화적 통일 독립을 쟁취하기 위한 전 인민적 투쟁이 치렬한 장엄한 국내 환경 속에서 10월 18일 창립 3주년을 맞이하였다.

오늘 북조선적십자사는 자기의 대렬 내에 110여 만명의 사원을 집결시키었으며, 도·시·군·면·리 학교 직장 등에 1만 6,000여 개의 지부조직을 가지는 대중적 단체로써 급속히 장성되었다. 공화국의 보건정책을 받들어 조국보위를 위한 위생 방호 및 인민들의 건강 증진을 위하여 앞으로 더욱 자기의 대렬을 강화할 것을 맹세하고 있는 전체 사원들은 18일 창립 3주년 기념일을 각처에서 기념하였다.

평양에서는 이날 7시 모란봉극장에서 성대한 기념 보고대회를 진행하였는데 대회에서 **북조선적십자사 총재 리동영**씨는 북조선적십자사 창립 3주년을 맞으며 이미 거둔 빛나는 업적과 앞으로 과업에 대하여 보고하였다.

위의 기록을 통해 보면, 1949년 현재 사원은 110여만명이며, 도, 시, 군, 면리, 학교, 직장 등에 1만 6,000여개의 지부조직을 갖고 있음을 알 수 있다. 아울러 당시 북조선적십자사 총재가 리동영임도 파악할 수 있다.[7] 리동영은 1947년 10월 현재 북조선인민위원회 보건국장이었다. 이를 통해보면 처음에 의료인을 중심으로 조직된 북조선적십자사가 점차 정부조직의 유관단체로 변화되어감을 짐작해 볼 수 있다.

---

7) 리동영은 1949년까지도 적십자사 총재로 활동한 것으로 보인다. 로동신문에 적십자 총재로서 그의 활동등이 보도되고 있다. 이를 보면 다음과 같다. <적십자사 총재 리동영씨 모스끄바 도착>(1949년 11월 10일) <방쏘조선적십자 대표를 쏘련 보건성 부상 환영초대>(1949년 11월 30일) <적삽자사 위원장 리동영씨 귀국> (1949년 12월 24일).

한편 적십자의 지부의 경우, 홍남지부가 1947년 1월 28일에 처음으로 조직되었다. 이는 다음의 기사를 통하여 파악해 볼 수 있다.

북조선적십자사 홍남지부 결성(로동신문 1947. 2. 7)

민주 새 조선 건설도상에 있어서 산업 부흥의 중심지이며, 공업 발전의 심장지인 공도 홍남의 보건시설을 확대 강화시키기 위하여 **홍남시 보건과에서는 지난 28일 오후 1시부터 시내 중앙인민학교 강당에서 각 정당 사회단체 대표자 30여 명 참석하에 북조선적십자사 홍남지부를 결성하고**서 보건과의 약계장 최봉상씨로부터 북조선적십자사 결성에 대한 상세한 경과 보고와 아울러 취지 설명이 있었는데 이에 호응하여 여러 군중으로 하여금 우리 사회문화 향상에 있어서 최대의 추진력이 되는 의료기관을 하루속히 촉진시켜야 될 것을 맹세하고 오후 3시 폐회하였다.

이어 1947년 2월 10일에 평양특별시 지부가 조직되었다. 위원장 리동영, 부위원장 손창숙, 부위원장 박근모 등이었다.

북조선적십자 평양지부 조직(로동신문 1947. 2. 15)

북조선적십자사는 그간 지방지부의 조직에 힘쓰고 있던 바 지난 10일에는 평양특별시지부의 조직을 보게 되었는데 지부위원을 다음과 같이 선출하고
1. 북조선적십자사 규약에 의한 사업부서를 2월 15일까지 결정할 것.
2. 각 정당 사회단체와 긴밀한 협력 밑에 4월 말일까지 특별사원 1천명과 정사원 2만명을 획득할 것 등을 결정하였다.
위원장 리동영
부위원장 손창숙
부위원장 박근모

서기장 오중근 외 위원 7명

위의 기록에 언급되고 있는 위원장 리동영은 1949년 북한적십자사 총재가 되는 인물이다. 평양지부의 중요성의 일단을 엿볼 수 있는 대목이다. 이어 로동신문 1949년 2월 17일자 <북조선적십자사 중앙위원회의>의 다음 기사는 자강도지부 설립을 보여주고 있다.

> 북조선적십자사에서는 14일부터 2일간에 걸쳐 제13차 중앙위원회를 열고, 인민경제 2개년 계획을 승리적으로 수행할 구체적 과업과 도시 구 구역 인민위원회 대의원 선거사업을 협조할 데 대한 문제를 토의 결정하였다.
> 동 결정에 의하면, 자위적 구급망으로서 생산직장에 위생 방호대를 학교 농촌 어촌 산촌에는 위생초소를 2/4분기 전으로 광범위 설치하기로 되었다.
> 지방 주권기관 선거에 있어서 동사는 전 사원을 총동원하여 선거의 승리쟁취에 전력을 다할 것을 결정하고 이를 위한 각급 위원회를 2월 25일 이내로 개최할 것을 결정하였다.
> **그리고 동 회의에서는 북조선 적십자사 자강도지부를 설립할 것을 결정하였다.**

이처럼 북한적십자사 지부는 함경도를 시작으로 평안도, 압록강 중류의 자강도 등 북한지역 전역으로 확대되어 갔다.

4. 조선적십자회의 조직 확대와 강화

조선적십자회는 성립과 함께 조직확대와 강화를 위해서 우선적으로 노력하였다. 이를 위해 우선 조선적십자회 초급단체 지도기관 선거에 진력하였다. 이는 로동신문 1950년 3월 7일자, <조선적십자회 명의의 사설발표>에서 동년 3월 11일부터 5월 초순에 걸쳐 실시되는 선거사업을 적극 협조할 것을 당부하고 있음을 살펴볼 수 있다.

<사설 조선적십자회 각급 지도기관 선거사업을 협조하자>

조선적십자회에서는 오는 3월 11일부터 5월 초순에 걸쳐 각급 지도기관 선거사업을 실시하게 되었다.

주지하는 바와 같이 조선적십자회는 자본주의 제 국가의 적십자회와는 근본적으로 다른 인민적 성격을 가지고 1946년 10월 18일 북조선림시인민위원회 제100호 결정으로써 창립되었다.

자본주의 제 국가의 적십자회는 기만적인 부르죠아 박애주의와 인도주의로 가장하고 반동지배층과 제국주의 군대에 충실히 복무하면서 침략전쟁을 방조하기 위한 전시사업에만 치중하고 평시사업을 극히 국한된 범위에서 그나마 인민의 리익을 위한 것이 아니라 자선사업의 간판 밑에 반동화한 자기 본질을 음폐하며, 반동지배층에 대한 인민들의 반항과 투쟁을 마비시키려는 수단으로 리용되고 있다.

그러나 해방 후 인민주권의 수립과 제반 민주개혁의 실시로 인민민주제도가 확립된 공화국 북반부에 새로이 창립된 조선적십자회는 고상한 인민민주주의적 도덕성과 국제주의사상에 기초하여 전시구호사업보다 **평시적인 보건문화사업에 중점을 두고 국가보건정책을 적극 협조 실천하며, 대중적 위생훈련사업과 중등 및 초등 보건간부양성사업과 군중보건문화사업을 광범히 전개하고 각종 재난시의 구제 및 구호 사업을 조직 실시하는 것을 자기의 기본 목적으로 하여 오직 조국과 인민을 위하여 충실히 복무하고 있다.**

그렇기 때문에 조선적십자회는 창립 첫날부터 전체 인민들의 열렬한 지지와 찬동을 받아 창립 후 불과 3년 유여밖에 안 되는 짧은 기간에 146만여 명의 회원과 2만 4백여 개소의 각급 조직을 포용한 대중적 사회단체로 장성 발전되었으며, 또한 이와 같은 군중적인 기초 위에서 각종 보건문화사업을 광범히 조직 실시하여 거대한 성과를 거두고 있다.

조선적십자회는 현재 북반부 각지에 치료기관 약국 등 비롯한 160여 개소의 보건문화시설을 설치 운영하고 있으며, 간호원 위생방호원 위생훈련원들을 이미 3만여 명 양성하였다.

또 390여 개소의 위생초소를 생산직장 농촌 학교 등에 설치 운영하고 있으며, 일상적으로 방역협조사업과 위생선전사업을 광범히 전개하는 동시에 무료 진료 결핵 및 마라리아 퇴치, 농촌 계절 탁아소사업 등을 광범히 조직 실천하는 한편, 양육원을 설치하여 고아들을 수용하고 있으며, 소위 국방군의 불법 침공으로 인하여 피해를 입은 38접경지대의 주민들에 대한 구호사업을 실시하여 그들에게 많은 방조를 주고 있다.

그리하여 오늘 조선적십자회는 조국의 통일 독립과 민주화를 위한 투쟁과 함께 공화국 북반부의 보건문화기지를 튼튼히 구축하며, 인민들의 보건문화생활을 향상시키기 위한 사업에 있어서 커다란 업적을 쌓아놓았으며 인민들 속에서 그의 신망이 날로 높아가고 있다. 그러나 이와 같은 업적과 성과들은 적십자사업의 기초를 닦아놓은데 불과하며, 앞으로의 더 높은 발전을 위한 첫걸음을 내여디딘데 불과한 것이다.

오늘 우리 인민들은 적십자사업에 대하여 더 많은 것을 요구하고 있으며 또 기대하고 있다.

더우기 조국의 평화적 통일 방책의 실현을 위한 거족적인 투쟁에 있어서 북반부의 민주기지를 일층 공고 발전시키며, 전쟁 도발자를 반대하고 평화를 옹호하는 투쟁과 평화적 조국 통일을 위한 투쟁을 밀접히 결부시켜 조국전선 주위에 전체 군중들을 일층 더 광범히 집결케 하며, 그들의 투쟁력량을 고도로 발휘시키기 위한 과업이 어느 때보다도 중대하게 제기되어 있으며, 또한 북반부 인민들의 물질문화생활의 향상과 함께 그들의 보건문화생활에 대한 높아가는 요구를 충족시키기 위한 과업이 나서고 있었다.

그러므로 조선적십자회는 앞으로 광범한 군중을 조직 발동하여 인민경제계획 달성을 더욱 성과적으로 비롯한 각종 보건문화사업 협조 보장하기 위한 방향에서 치료예방사업을 기한 전에 초과 완수할 뿐 아니라 일층 질적으로 제고시켜야 할 것이다.

또한 대중적 위생훈련사업 중등 및 초등 보건간부양성사업 기타 군중보건문화사업에 더 많은 관심을 돌리여 이를 광범히 조직 실시하는 동시에 특히 생산직장 내의 적십자 사업을 더욱 강화하며, 농촌에 대하여 깊은 관심을 돌려 농민들의 경제적 여유력을 보건문화사업 발전에로 유도하도록 하여야 할 것이다.

조선적십자회 앞에 제기되어 있는 이와 같은 중대한 과업들을 성과 있게 실천하기 위하여서는 무엇보다도 각급 지도기관의 지도적 역할을 일층 제고시키며, 조직 대렬을 더욱 확대 강화하여야할 필요성이 나서고 있다. 이러한 필요성에서 창립된 후 처음으로 실시하게 되는 조선적십자회 각급 지도기관 선거사업은 적십자회 자체에 있어서뿐만 아니라 사회적으로도 또한 커다란 의의를 갖는 것이다. 그러므로 우리 당단체에서는 적십자회 각급 지도기관 선거사업을 높은 정치적 수준에서 승리적으로 완수하도록 적극 협조하여야 할 것이다.

그러기 위하여 각급 당단체에서는 적십자회의 총회 또는 대표자회의 및 지도기관 선거사업에 회원인 전체 당원들은 물론 광범한 회원대중이 열성적으로 참가하도록 협조하며, 지도기관 사업 결산을 옳게 조직하고 대중적 토의를 활발히 전개하여 사업상 부족점과 오유들을 개선시키는 방향에서 검토 비판하며, 조선적십회의 사상적 기초와 민주적 성격 및 사업 내용들을 군중 속에 깊이 침투시켜 진정한 민주주의 원칙에 의하여 열성 있고 유능한 일군들을 적십자회 지도기관 성원으로 선발 등용함으로써 각급 지도기관을 실질적으로 강화하도록 협조할 것이다.

또한 각급 당단체에 있어서는 적십자회 사업 결산에 있어서 2개년 인민경제계획에서 적십자회에 맡겨진 각종 보건문화사업을 기한 전에 초과 완수하기 위한 과업들을 자기 사업 실정에 비추어 구체적으로 광범히 토의하도록 적극 추동하며 협조할 것이다.

각급 당단체에서는 전체 적십자 지도기관 선거사업을 통하여 전체 적십자 회원들이 국제주의사상과 애국주의사상으로 일층 굳게 무장하고 쏘련을 비롯한 민주주의 제 국가의 적십자회들과 세계 각국 적십자회 내부의 진보적 회원들과의 국제적 친선 단결을 더욱 강화하며, 전쟁

도발자들을 반대하고 평화를 옹호하며 민족적 독립을 위한 투쟁에 일층 광범한 군중들을 인입하도록 추동할 것이다.

이리함으로써 각급 당단체와 전체 당원들은 조선적십자회 각급 지도기관 선거사업을 승리적으로 보장케 하여 조선적십자회사업의 급진적 발전과 그 조직의 확대 강화에 커다란 전변을 가져오도록 적극 협조하여야 할 것이다.

위 사설에서는, 자본주의와 북한에서의 적십자의 내용과 성격을 각각 규정하고 있다. 아울러 북한적십자사의 조직변화와 활동상을 구체적으로 언급하고 있다. 끝으로 적십자사의 조직의 확대, 강화의 필요성을 강조하고 있다.

이어 로동신문에서는 각 지역에서의 선거준비, 사업 등에 대하여도 지속적으로 보도하고 있다. 이를 보면 다음과 같다.

로동신문 1950년 2월 15일자 <적십자사 지도기관 선거 준비사업 활발히 진행>에서는 적십자사 각급 지도기관 선거 준비사업을 소개하였다.

조선민주주의인민공화국 적십자사 중앙위원회에서는 2월부터 5월에 걸쳐 광범히 진행될 적십자사 각급 지도기관 선거를 성과 있게 보장키 위하여 제반 준비사업을 활발히 전개하고 있다.

조선적십자사의 금번 각급 지도기관 선거는 현재의 지도기관 성원들을 민주건설사업에서 검열되고 훈련된 우수한 열성사원들로 개선 등용함으로써 1946년 10월 18일 창립 이래 거둔 성과와 각급 지도기관을 일층 공고히 함에 있다. **조선민주주의인민공화국 적십자사는 현재 1,462,886명의 사원과 도·시·군·면·리 직장 학교 등에 19,687개의 각급 위원회를 가지고 있다.**

조국의 평화적 통일방책의 실현을 위한 거족적 투쟁과업이 어느 때보다도 중요하게 제기되고 있는 현 단계에 있어서 인민보건 향상을 위한 자기 사업조직의 일층 강화를 위하여 **조선민주주의인민공화국 적십자사는 지난 12월에 제19차 중앙위원회를 소집하고 금년 2월부터 5월까지에 각급 지도기관 선거사업을 진행할 것을 결정하고 중앙선거지도위원회를 조직하였던 것이다.**

이리하여 중앙선거지도위원회는 지난 2월 9일 평양특별시 적십자사위원회를 비롯하여 각 도 적십자사위원회에 1명씩 선거지도원을 파견하여 각급 선거지도위원회를 조직함과 동시에 도 이하 각급 지도기관 선거지도원들에게 선거 진행에 관한 지도서를 강습주어 이들을 통하여 각 시 · 군 사원들에게 선거에 대한 제반 해설선전사업을 광범히 전개시키고 있다.

아울러 로동신문 1950년 4월 5일자 <조선적십자회 면지도기관 선거사업 진행>에서는 조선적십자회 면지도기관 선거를 위한 면대표회 진행을 보도하고 있다.

조선적십자회 각급 지도기관 선거는 전체 회원들과 인민들의 열성적 참가로써 성과 있게 진행되고 있다.
이미 지난 3월 11일부터 개시된 초급단체 선거는 동 26일로서 완료하고, 4월 1일부터는 면지도기관 선거를 위한 면대표회들이 진행되고 있다. 금번 시행된 초급단체 선거를 통하여 적십자회의 하부조직은 일층 확대 강화되었다.
평양시 및 황해 평북 평남 함북 자강도에서의 선거 결과를 보면 선거기간 중에 초급단체 1,510개가 증가하였으며, 회원은 178,160여 명이 증가하였다. 그리고 초급단체 총회들에서는 58,660여 명의 초급단체 위원들을 선거하였으며, 면대표회에 파견할 대표자 15,273명을 선출하였다.
이리하여 4월 1일부터는 면대표회가 활발히 진행되고 있는바 4월 2일에 열린 강동군 승호리 세멘트공장 공장위원회는 150여 명의 대표와 다수 방청자들이 참가하여 사업 보고 및 토론들이 전개되었으며, 위원

과 군대표회에 파견할 대표를 선거하였다. 이 회의에서는 과거의 지도
기관사업을 비판하고 생산책임량을 보건면으로 보장하기 위하여 공장
내의 훈련위생반사업을 강화하여 위생초소를 증가시키며, 종업원들의
건강 증진에 일상적으로 관심을 돌릴 것을 열렬히 토의하였다.

그리고 강서군 강서면에서 지난 2일에 열린 면대표회에서는 앞으로
면지도기관의 역할을 일층 제고시키기 위하여 각 초급단체 실정을 정
확히 료해할 것이 강조되었다.

로동신문 1950년 4월 23일자 <조선적십자회 평양시 지도기관 선거>
에서는 조선적십자회 평양시 대표회를 개최하였음을 보도하고 있다.

**4월 19일 오전 10시 30분부터 평양시립극장에서 적십자회 평양시
대표회가 개최되었다. 대표회는 대표 90여 명과 방청자 400여 명의 참
석 하에 성대히 진행되었다.**

이 대표회에서 적십자회 시위원장 하두영씨가 사업 결산 보고를 진
술하였는바 그의 보고에 의하면 평양시위원회 산하 회원 수는 1947년
보다 30배 이상으로 장성되었으며, 무료순회 진료사업과 특히 작년에
는 류행성 뇌염 방역에 적극 참가하여 그의 퇴치에 많은 공헌을 쌓았으
며, 적십자회의 중요한 사업인 대중위생훈련에서도 큰 성과를 거두어
작년 한해에 훈련 준 인원수만 하여도 근 5천명에 달하고 있다.

이 보고에 뒤이어 평양화학공장 박충석씨를 비롯하여 여러 대표들의
열렬한 토론이 전개되었는바 그들은 한결같이 보고를 지지하고 적십자
회사업을 더욱 강화시킬데 대한 구체적 방책들을 제기하면서 앞으로
이를 위하여 더욱 열성적으로 싸울 것을 맹세하였다. **결산 보고에 대한
결정서에는 특히 쏘련적십자회의 경험을 더욱 빨리 섭취함으로써 시위
원회사업을 더 한층 급속히 발전시킬 것과 평화옹호투쟁에 적극 참가
할 것이 강조되었다.**

마지막으로 지도기관과 중앙대회에 파견할 대표 선거에 들어가 하두
영 안제원씨를 비롯한 27명의 위원과 9명의 후보위원 및 3명의 검사위
원 그리고 10명의 대표를 만장일치로 선출하였다. 선거가 끝난 직후 새

로 선거 받은 위원들로써 제1차 위원회가 개최되어 하두영씨를 위원장
으로 안제원씨를 부위원장으로 각각 선거하였다.

로동신문 1950년 4월 27일자 <적십자회 평남도 지도기관을 선거>
에서는 조선적십자회 평안남도 대표회를 개최하였음을 보도하고 있다.

　　　조선민주주의인민공화국 적십자회 평안남도 대표회는 지난 23일 오
　　전 10시부터 평양시 모란봉극장에서 열리였다.
　　　대표회에는 대표지 87명과 방청자 230여 명이 참가하였다. 회의에
　　서 적십자회 평안남도위원회 위원장 최동우씨는 창립 이후의 사업 결
　　산 보고를 진술하였다.
　　　뒤이어 대표들의 토론이 전개되었는바 토론자들은 초급단체 사업
　　을 일층 강화하며 녀성 회원들을 더욱 광범히 망라하며 위생초소를
　　더욱 광범히 조직하여 보건문화사업을 대중적 운동으로 전개하여 2개
　　년 인민경제계획 기한 전 초과 완수를 보건면으로 튼튼히 보장하자고
　　하였다.
　　　토론자들은 또한 쏘련적십자회와 적반월사사업 경험을 더욱 널리 섭
　　취하여 조국의 보건문화 발전과 인민들의 건강 증진을 위해 헌신 복무
　　하며 김일성 수상 주위에 철석같이 뭉치여 평화 옹호와 평화적 조국 통
　　일의 길로 힘차게 매진할 것을 결의하였다.
　　　다음 지도기관 선거와 중앙대회에 파견할 대표 선거에 들어가 대표
　　자들의 만장일치로 위원 29명, 후보위원 9명, 검사위원 3명과 대표 23
　　명을 선출하였다.
　　　폐회 후 이여 제1차 위원회를 소집하였는바 위원장에 김수덕씨, 부
　　위원장에 최중석씨가 각각 피선되었다.

로동신문 1950년 5월 4일자 <조선적십자회 각 도 지도기관 선거>
에서는, 조선적십자회 각급 지도기관 선거진행을 소개하였다.

조선민주주의인민공화국 적십자회 각급 지도기관 선거는 전체 회원들과 인민들의 열성적 참가로 성과 있게 진행되고 있다.

이미 초급단체 지도기관 선거를 비롯하여 각 시·군·구역·면 지도기관 선거를 완료하고 지난 4월 19일에는 평양특별시, 23일에는 평남도·평북도·황해도·함남도·함북도, 23~4일에는 강원도, 25일에는 자강도에서 각각 지도기관 선거를 위한 대표회들이 성대히 개최되었다.

이 회의들에는 많은 대표들과 방청자들의 참가 밑에 열리였는바 대표들은 사업 보고를 청취하고 적십자회 사업 발전을 위하여 열렬한 토론들을 전개하였다. 그들은 토론에서 인민보건문화의 보다 높은 발전을 위하여 각 초급단체 사업을 일층 강화하며 인민들과의 련계를 긴밀히 하며 녀성 회원들을 증가시킬 것을 강조하였다.

그리고 생산직장 내의 위생초소의 역할을 일층 높이며, 위생초소들을 광범히 조직할 것과 위생훈련반 사업을 더욱 활발히 추진시킴으로써 생산을 보건면으로 튼튼히 보장하자고 하였다. 또한 위생방역사업 협조를 강화하며 선진 쏘련적십자회와 적반월사사업 경험을 더 광범히 섭취하자고 하였다.

회의들에서는 지도기관으로 29명의 위원과 9명의 후보위원 및 3명의 검사위원들을 각각 선거하였으며, 5월 7, 8일에 개최되는 중앙대회에 파견할 대표로 평양특별시 10명, 평남도 23명, 평북도 21명, 황해도 26명, 함남도 27명, 함북도 17명, 강원도 15명, 자강도 7명을 각각 선거하였다.

회의들에서는 전 세계 근로인민의 위대한 수령이시며 스승이시며 조선 인민의 친근한 벗이며 해방자인 쓰딸린 대원수와, 조선 인민의 경애하는 수령이시며 민족적 영웅이신 공화국 내각 수상 김일성장군에게 드리는 메세지와 쏘련적십자사 및 적반월사에 보내는 메세지를 채택하였다.

로동신문 1950년 5월 10일자 <조선적십자회 지도기관선거 완료>에서는 조선적십자회 제4차 중앙대회를 개최하였음을 보도하고 있다.

5월 7일~8일의 량일에 걸쳐 평양시 모란봉극장에서 조선민주주의인민공화국 적십자회 제4차 중앙대회가 진행되었다.

이 대회에는 동 회 170여 만 회원을 대표하여 북반부 각지의 직장 농촌 어촌 등에서 146명의 대표가 참집하였다.

대회는 7일 오전 10시 홍명희 부수상, 리병남 보건상, 리극로 무임소상, 조국전선 의장단 류영준씨, 우리 당 간부부장 진반수동지를 비롯한 각 정당 사회단체 지도자들과 쏘련적십자회 평양병원 원장 로쩨브쓰끼씨 등 다수 래빈들과 6백여 방청자의 참석 리에 성대히 개최되었다.

개회 벽두에 대표들의 긴급동의로 만장 우뢰와 같은 환호 속에 쓰딸린 대원수와 김일성 수상을 대회의 명예주석단으로 추대하였다.

정부 대표 홍명희 부수상, 리병남 보건상, 조국전선 의장단 대표 류영준씨의 축사가 있은 후 적십자회 리동영 위원장으로부터 동 회 중앙위원회 사업 결산 보고가 진술되었다.

보고자는 조선적십자회가 조국전선의 일원으로서 조국의 평화적 통일을 위한 투쟁과 세계평화옹호운동에 적극 참가하며, 이 투쟁 과정에서 비상히 단련되고 강화되어 금일에 와서는 제3차 대회 당시보다 3배 이상에 해당하는 172만여 명의 회원을 자기 주위에 결속시킨 대중적 사회단체로 장성되었다고 지적하였다.

보고자는 계속 보건문화사업에서의 빛나는 성과들에 대하여 말하였다. 보고에 의하면 적십자회는 산하에 근 2백개소에 달하는 치료기관 또는 보건문화시설을 운영하여 일상적으로 인민보건 향상에 기여하였을 뿐더러 특히 최근 2년간에 1천 1백여 회에 걸친 농촌 순회 진료사업과 농촌 계절 탁아소 사업 등을 통하여 농촌 보건문화수준 향상 협조에서 높은 성과를 거두었다.

보고에 계속하여 토론이 전개되었다. 토론에 참가한 20명의 대표는 중앙위원회 사업의 업적을 찬양하고 이미 쟁취한 성과를 계속 발전시켜 인민경제건설을 보건면에서 더욱 튼튼히 보장할데 대한 자기들의 결의를 피력하였다.

첫날 회의는 사업 결산 보고에 대한 결정서를 채택하고 폐회하였다.

대회 제2일 오전 회의에서는 규약 수정에 대한 문제와 재정 경리 결산에 대한 문제를 토의하고 각각 해당한 결정서를 채택하였다.

제2일 오후 회의에는 최고인민회의 허헌 의장이 림석하여 대회는 엄숙한 분위기 속에서 지도기관 선거가 진행되었다. 전체 대표들의 높은 정치적 열성 속에서 선거를 진행한 결과 중앙위원회 39명과 후보위원 13명 및 검사위원 5명이 각각 만장일치로 피선되었다.

지도기관 선거 직후 잠시 휴회를 선언하고 제1차 중앙위원회가 개최되어 위원장과 부위원장 및 11명의 상무위원을 선거하였다.

위원장에는 리동영씨, 부위원장에는 리동화, 보건성 부상 김세광씨가 각각 피선되었다.

대회는 다시 속개되어 제1차 중앙위원회의 결정 내용이 소개되었다. 대회는 끝으로 쓰딸린 대원수와 김일성 수상과 쏘련적십자회 및 적반월회련맹에 보내는 메세지를 각각 우렁찬 박수 속에 채택하고 폐회하였다.

위의 기록을 통하여 1950년 조선적십자회 제4차 중앙대회 개최를 통하여 사업결산보고와 더불어 지도부의 설정이 새롭게 이루어졌음을 알 수 있다. 위원장은 리동영, 부위원장은 리동화, 김세광 등이었다.

만경대리 조직을 방문한 국제적십자회원들

5. 조선적십자회의 활동

북한적십자의 활동은 의료기술자의 양성, 인민의 복리와 보건생활을 위한 활동, 농촌계절탁아소와 공장위장초소활동, 무료진료순회활동, 위생방호원양성소 등으로 나누어 볼 수 있다.

1) 의료기술자양성

로동신문 1947년 6월 20일자 <의료기술자양성>에서 이를 짐작해 볼 수 있다.

> 북조선적십자사는 6월 7일 오전 10시부터 김일성대학 의학부 강당에서 제3차 중앙위원회를 개최하고 오는 6월 20일부터 6월 30일까지를 선전주간으로 정하고 **방역사업과 결부시켜 널리 적십자사의 취지를 선전할 것과 모범목욕탕 리발소 약국을 각 도와 특별시에 각각 1개소 리상을 7월 15일까지 완비할 것을 결정하고 또 하기방역사업에 적극 참가시키기 위하여 단기방역원 강습을 할 것과 간호원 소독원 기타 의료기술자 양성을 7월 1일부터 개시할 것을 결정하였다.** 다음으로 규약의 일부와 직제 정원을 개정할 것을 토의 결정하였다.

라고 있듯이, 북조선적십자사 제3차 중앙위원회 개최에서 방역사업과 결부시켜 널리 적십자사의 취지를 선전할 것과 모범목욕탕 리발소 약국을 각 도와 특별시에 각각 1개소 리상을 7월 15일까지 완비할 것을 결정하고 또 하기방역사업에 적극 참가시키기 위하여 단기방역원 강습을 할 것과 간호원 소독원 기타 의료기술자 양성을 7월 1일부터 개시할 것을 결정하였다.

위의 기사에서 흥미로운 것은 모범목욕탕, 이발소, 약국 등의 설치이다. 아울러 간호원, 소독원, 기타 의료기술자 양성 등이다. 이러한 부분들은 다른 의료인력 양성기관들과 관련하여 좀더 검토할 필요가 있을 것 같다.

2) 인민의 복리와 보건생활을 위한 활동.

1948년 5월에 있었던 북조선적십자사 제3차 중앙대회에서는 부총재 방우용(1947년에는 최창석)의 보고를 통하여 당시까지의 활동상황을 구체적으로 짐작해 볼 수 있어 흥미롭다. 로동신문 1948년 5월 18일자 <인민보건생활의 향상을 위해 투쟁>을 보면 다음과 같다.

북조선적십자사 제3차 중앙대회는 5월 15일 모란봉극장에서 개최되었다. 부총재 방우용씨의 총결보고에서는 북조선적십자사가 1946년 10월 18일 창립된 후 오늘까지 인민의 복리와 보건생활 향상을 위하여 투쟁하여온 가지가지의 업적에 대하여 특히 지적되었다.

즉 적십자사는 병원 진료소 간이진료소 산원 및 약국 등의 치료기관을 52개소 설치하여 인민의 건강 증진과 질병의 치료를 위하여 모범적으로 복무하여왔다. 특히 함경남도 단천 종합진료소는 그 시설과 운영상에 있어 타의 모범이 되어 있다. 구료사업에 있어서는 각 지방으로 순회치료 및 방역사업으로서 68,493명을 무료로 치료하였다.

다음 보건문화시설에 있어 리발소, 목욕장, 세탁소, 고아원 등을 68개소 설치하였고 농촌의 부락에까지 '적십자모범보건문화건설'운동을 적극적으로 전개하여 보건문화시설을 보편화시키는데 갖은 로력을 다하고 있다.

또한 보고에서는 적십자사의 앞에 나서는 당면과업으로 조직사업 강화와 각 도 지부에 각각 방역대를 조직할 것과 무료순회진료사업을 과

감히 전개할 것과 간호원의 양성에 힘쓸 것 등이 지적되었다.

방우용씨의 보고에 의하여 로동자 농민 녀성 대표를 비롯하여 많은 대표들의 렬렬한 토론이 전개되었다. 대회는 보고와 토론에 의한 결정서를 채택하고 규약 수정안에 대한 문제 또는 위원 개선에 대한 결정서를 통과시켰다. 본 대회는 쓰딸린 대원수와 김일성장군에게 보내는 메시지를 채택하였다.

라고 하며, 다음과 같이 활동사항을 언급하고 있다.

1. 적십자사는 병원 진료소, 간이진료소 산원 및 약국 등의 치료기관을 52개소 설치하여 인민의 건강 증진과 질병의 치료를 위하여 모범적으로 복무하여왔다. 특히 함경남도 단천 종합진료소는 그 시설과 운영상에 있어 타의 모범이 되어 있다. 구료사업에 있어서는 각 지방으로 순회치료 및 방역사업으로서 68,493명을 무료로 치료하였다.

2. 다음 보건문화시설에 있어 리발소, 목욕장, 세탁소, 고아원 등을 68개소 설치하였고 농촌의 부락에까지 '적십자모범보건문화건설' 운동을 적극적으로 전개하여 보건문화시설을 보편화시키는데 갖은 로력을 다하고 있다.

3. 또한 보고에서는 적십자사의 앞에 나서는 당면과업으로 조직사업 강화와 각 도 지부에 각각 방역대를 조직할 것과 무료순회진료사업을 과감히 전개할 것과 간호원의 양성에 힘쓸 것 등이 지적되었다.

한편 적십자에서는 1949년 조선적십자회에서는 『구급훈련독본』 등을 간행하여 보건생활에 기여하고자 하였다. 이 책은 모두 334쪽으로 이루어져 있다. 목차를 보면, 제1학과, 인체에 대한 기본지식, 제2학과 부상에 대한 구급처치, 제3학과 일반간호법, 제4학과 부상자운반법, 제5과 공습시의 위생방호대사업, 제6학과 전염병 및 그의 투쟁, 제7학과 구급상비약에 대한 해설, ALC 부록(1. 위생방호대규정, 2. 위생초소규정) 등으로 되어 있다.8)

구급훈련독본

3) 농촌계절탁아소와 공장위생초소

1949년 7월 경우, 북한적십자사는 구성원이 100만여명이며, 지부조직은 1만4,000여개임을 다음의 기록을 통해 짐작해 볼 수 있다. 아울러 특히 여기서 주목되는 것은 농촌계절탁아소와 공장위생초소 등에 대한 언급이다.

로동신문 1949년 7월 15일자. <인민보건의 발전상을 과시, 북조선적십자사에서>에서는 즉, 북조선적십자사의 8·15해방 4주년 기념 경축사업 준비를 다음과 같이 소개하고 있다.

> <u>100만여 명의 사원과 1만 4,000여 개의 광범한 지부조직을 가지고 있는 북조선적십자사에서</u>는 해방 후 인민의 위생 및 보건생활수준 제고를 위한 자기 사업의 발전을 시위하는 호화 다채로운 8·15해방 4주년 기념 경축사업 준비를 진행시키고 있다.

---

8)『구급훈련 독본』, 조선적십자사 편, 1949.
National Archives and Records Administration 1949 문서군명 : RG 242 National Archives Collection of Foreign Records Seized 시리즈명 : Captured Korean Documents, Doc No. SA 2009 I

중앙본부에서는 8월 12일부터 평양시 선교리에서 개관되는 종합전람회 교육문화관 보건실에 자기의 출품을 전시하게 된다. 여기에는 **농촌 계절탁아소와 공장 위생초소의 모형을 설치하게 되는바 이미 그 설계를 끝마치고 제작에 착수하고 있다. 특히 위생초소사업은 인민적 보건문화향상사업이 새로운 발전을 가져올 중요한 사업으로 전람회에 설치되는 공장 위생초소의 모형과 그 사업 소개는 관중들에게 이에 대한 새로운 인식을 주게 될 것이다.**

이밖에 **북조선적십자사의 창립 이후 오늘에 이르는 발전상과 쏘련적십자사로부터의 적극적인 원조에 대한 각종 도표들을 작성 준비하고 있다. 여기에는 전 세계에서 가장 선진적이며, 인민적 적십자사사업을 전개하고 있는 쏘련적십자사와의 긴밀한 련계와 특히 공화국 북반부에서 조선 인민을 위한 치료사업과 일반 보건문화향상사업에 우의적 방조를 주고 있는 쏘련적십자사 파견원들의 우리 적십자사업에 대한 협조 성과들을 소개하게 될 것이다.**

그리고 각 도 지부에서도 중앙과 관련하여 각 도 소재지에서 개관되는 종합전람회에 자기의 출품을 준비하고 있다.

농촌계절탁아소

위의 기사에서 언급하고 있는 것 중 가장 주요한 것은 탁아소와 공장위생초소에 관한 것이다. 신문에서는 다음과 같이 언급하고 있다.

농촌 계절탁아소와 공장 위생초소의 모형을 설치하게 되는바 이미 그 설계를 끝마치고 제작에 착수하고 있다. 특히 위생초소사업은 인민적 보건문화향상사업이 새로운 발전을 가져올 중요한 사업으로 전람회에 설치되는 공장 위생초소의 모형과 그 사업 소개는 관중들에게 이에 대한 새로운 인식을 주게 될 것이다.

한편 적십자사에서는 『농촌계절탁아소 사업요강 및 육아법』을 간행하기도 하였다.9)

4) 무료순회진료사업

북한적십자사의 중요 활동 가운데 주목되는 것은 무료순회진료사업이다. 다음의 기사들을 보도록 하자.

(1) 로동신문 1948년 11월 16일자 <북조선적십자사 무료 진료 순회>
인민보건을 위하여 부단히 로력하는 북조선적십자사에서는 11월 10일부터 20일 간 북조선 전 지역 내 500여 개소의 직장과 농촌을 순회하면서 무료진료사업을 개시하였다.

동한기를 앞두고 지방을 순회하면서 무료 진료를 실시하며, 위생사상을 보급시키는 일방, 방역위생에 관한 해설사업을 겸하여 진행하고 있는바 이에 동원되는 의사 간호원 등 보건일군의 연 인원수는 3,000명에 달할 것이다.

(2) 민주조선 1949년 7월 17일자 <적십자사 무의촌 진료대 활약, 자강도 벽지 농민들 대환영>
자강도 내 각지에서는 적십자사 무의촌 진료대가 도민들의 대환영을 받으면서 활발히 활동하고 있다.

2개년 인민경제계획의 승리적 달성을 인민보건으로 보장하여 비교적 국가의료기관의 혜택을 적게 입어온 산간벽지 농민들의 건강을 도모하기 위하여 적십자사 도위원회에 의하여 조직된 14대(1대에 의사 1명, 간호원 1명, 책임자 1명)의 진료대는 6월 25일부터 무의촌 진료사업에 착수하였다. 그들은 무의촌 중 심지어 림시진료소를 설치하고 1

---

9) 『농촌 계절탁아소 사업 요강 및 육아법』, 조선적십자회 중앙위원회 보건지도부.
National Archives and Records Administration 미국립문서기록관리청

개 장소에서 4일간씩 진료사업을 계속하며 중병환자는 직접 찾아가서 치료하여주고 있어 인민들의 대환영 속에 많은 한 성과를 거두고 있다.

희천군 동면에 파견된 진료대는 6월 25일부터 동 28일까지의 4일간에 걸쳐 환자를 치료하였으며 강계군 곡하면에 파견된 진료대원들은 7월 1일부터 4일간에 걸쳐 환자에게 따뜻한 손길을 뻗쳤다. 또 전천군 립관면과 농림면에 파견된 진료대원들은 진료사업을 실시하였다. 진료대들은 온갖 친절을 다하여 그들을 치료하여주고 있다.

진료대원들의 이와 같은 따뜻한 혜택에 대하여 치료받은 농민들의 감격과 감사는 고도에 달하여 이곳저곳에서 감사문이 답지하고 있다.

희천군 동면 어혀천동 리웅련 농민은 40여 일간 가품증에 걸려 있었으나 농번기이므로 병원에 가지 못하다가 마침 진료대의 래진에 의하여 완치된 자기의 넘는 기쁨과 감사를 이기지 못하여 "해방 전에야 이런 일이야 꿈에나 생각할수 있습니까. 이것은 오로지 우리나라에 인민 정권이 수립되고 우리 민족의 영명한 지도자이신 공화국 내각 수상 김일성장군의 옳바른 시책으로써 이루어진 것입니다"라고 하였다.

아울러 로동신문 1947년 8월 3일자 <농촌순회진료반, 태운 대형자동차는 달린다>에서도 농촌순회진료반이 각지를 순회하며 인민들을 치료하고 있음을 보여주고 있다.

5) 위생방호원 양성소 설치

적십자사에서는 1949년 남포시지부에서 위생방호원 양성소를 열기도 하였다. 로동신문 1949년. 7월 10일자. <위생방호원 양성소 설치>를 보기로 하자.

6월 30일 북조선적십자사 남포시지부에서는 남포제련소에 신설되는

위생방호원 양성소 개강식을 거행하였다. 이 위생방호원 양성사업은
위생방호원을 지망하는 종업원들에게 매일 2시간 정도로 약 50일간에
걸쳐 기본적인 의학상식과 구급처치 기술 등을 습득케 하여 공장 위생
방호사업에 복무할 수 있는 위생방호원을 양성하는 것이다.

이 위생방호원들은 자기 직장 또는 집단주택지에 위생초소를 설치하
고 자기 구역내의 종업원 또는 주민들의 위생사상을 제고시키며, 그 구
역담당 치료기관의 지도 밑에 의료사업을 집행하는 것이다.

그리하여 그들은 일상적으로는 자기 직장의 위생전위부대로서의 역할
을 놀며, 특별한 경우에는 대중적인 보건간부의 역할을 담당하게 된다.

위의 기록에 따르면, 위생방호원들의 역
할은 "자기 직장 또는 집단주택지에 위생초
소를 설치하고 자기 구역내의 종업원 또는
주민들의 위생사상을 제고시키며, 그 구역
담당 치료기관의 지도 밑에 의료사업을 집
행하는 것이다."라고 되어 있다.

북한적십자사는 1950년 『위생방호독본』
을 간행, 보급하였다. 이 책은 제1과 인체의
구조, 제2과 부상에 대한 초보적 의료처지,

위생방호독본

제3과 환자간호법, 제4과 전염병 등으로 이루어져 있다. 아울러 책자에
는 다음과 같은 구호가 적혀 있다.

조국의 위생방호에 적극 참가하자!
각 직장 학교 농촌들에 위생방호대와 위생초소를 광범위 조직하자!10)

---

10)『위생방호독본』, 조선적십자회 편, 1950.
　　National Archives and Records Administration 1950 문서군명 : RG 242 National

6) 사업의 적극적 진행 – 평북 선천군 제일병원 사례

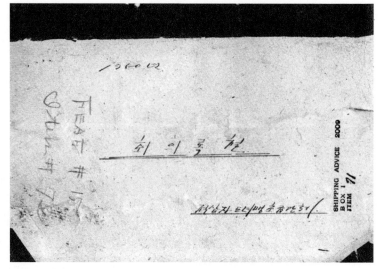

회의록 – 적십자 도여맹초급단체

해방후 북한지역에서는 적십자사업이 활발히 진행되고 있었다. 북한노획문서인 평북 선천군 제일병원자료는 1948년 상황을 보여주고 있다. 그 일부를 보면 다음과 같다.

<극비>
북조선민주청년동맹
선천군 위원장 앞

선천 적십자병원 초급단체

<회의록>

제22차 북조선민주청년동맹 선천 제일병원 초급단체총회

1. 연월일: 1948년 9월 24일 오후 7시
2. 장소: 북조선적십자사 선천병원
3. 출석자 68명, 결석자 무고 3명, 병 1명 출장 1명.
4. 방증검열결과: 전원지참
5. 개회사 박용근
6. 회순통과 백남걸
7. 회의집행부 선거: 복안통과
   의장 백남걸, 집행부 김용경, 김옥숙, 박용근, 홍숙녀, 탁화식, 김
   덕필 서기 김희선, 오정한
8. 결정서 초안 작성위원회선거: 복안통과, 황욱 오장한 김희선
9. 사업결산보고
10. 질문: 보고 중 행방불명자의 남녀구별, 물자잘약의 숫자, 예방사
    업제빙공사 동원된 숫자
    답: 17명. 남조선 도주자 남자 2명, 여자 15명 제방공사 동원에
    1947년도 2회에 걸쳐 34명, 1948년 5회에 걸쳐 연인원수 54
    명, 물자절약 숫자는 확실히 모름
11. 토론: 황욱 동무, 우리가 이러한 성스러운 자리에서 자유롭게 회
    의를 하게 되며(이하 생략),[11]

위의 기록은 선천 적십자병원 초급단체가 북조선민주청년동맹 선천
군위원장 앞으로 보낸 회의록이다. 회의록은 연월일. 장소, 출석자, 방
증검열결과 등 다양한 항목으로 나누어져 이를 상세히 기록하고 있다.

---

11) 『1년간 사업총화보고(북조 민청 선천군 신부면 위원회), 초급단체 공작요강(민
청), 북조선민주청년동맹 평안북도 선천군 적십자병원 초급단체 회의록』, 책임자
백남걸. National Archives and Records Administration 미국 국립문서기록관리청
1948 문서군명 : RG 242 National Archives Collection of Foreign Records Seized 시
리즈명 : Korean-Language Publications and Records Captured in Pyongyang [SA
2005] [1946－1950]; 1/1952－1/1958

즉, 북한에서는 1948년 당시에도 초급단체차원에서도 적십자활동을 적극적으로 전개하고 있음을 짐작해 볼 수 있다.

7) 보건문화사업의 강화

한편 민주조선 1950년 1월 24일자는 1949년 상황을 총괄적으로 보여주고 있다. 아울러 민주조선 1950년 5월 7일자는 보건문화사업의 강화를 깅조하고 있다.

우선 민주조선 1950년 1월 24일자를 보면 1940년대 후반 적십자 상황을 짐작해 볼 수 있다.

<인민보건사업에 크게 기여>
조선적십자사 중앙위원회는 지난 20일 오전 10시부터 본사 회의실에서 제20차 중앙위원회 확대회의를 소집하였다.
회의에는 중앙위원을 비롯하여 각 도 간부 및 각 시·군 위원장 등 200여 명이 참석하였다.
회의에서는 '1949년도 사업 총화와 기구 및 정원 일부 개편에 대하여' '운라구제약품 총화' '년간 민주경쟁운동 총화' 등을 취급하였다.
먼저 위원장 리동영씨로부터 1949년도 사업 총화 보고가 있었는데 그 사업 성과를 본다면 사원 장성에 있어서 1948년 말에 83만 4,609명이었던 것이 1949년 말에는 146만 2,886명으로 장성되었다. 본사 제약소에서는 102.6%, 약품 공급은 155.5%로 계획을 초과 달성하였다. 군중 문화보건사업의 발전을 위하여 1,795명의 위생방호원을 양성하였고, 2,041개의 청년훈련반에서 3만 1,503명이 훈련받았으며, 위생선전사업의 방조를 위하여 본사의 의사 펠셀 간호원 등 연 2만 1,765명이 동원되어 2만 3,404회의 위생좌담회에 107만 9,346명이 참가를 보게 되었다.

계속하여 보고자는 지난해의 사업 과정에서 나타난 부분적인 결점을 심각히 분석비판하면서 1950년도의 중심과업을 구체적으로 제기하였다. 즉 금년부터 군중 보건문화사업의 비중을 더욱 높이며 각급 지도기관 강화를 위하여 오는 2월부터 실시되는 각급 지도기관 선거사업을 적극 보장함과 동시에 초급단체 사업을 일층 강화 발전시켜야 할 것이다. 또한 각종 보건문화사업을 적극 협조하며 본사의 사업을 질적으로 강화하기 위하여 각급 간부들의 정치사상리론수준 제고와 실무교양을 위한 단기강습을 광범히 실시할 것을 강조하였다.

위의 기사를 통하여 1940년대 후반 상황을 다음과 같이 정리해 볼 수 있다.

1) 사업 성과를 본다면 사원 장성에 있어서 1948년 말에 83만 4,609명이었던 것이 1949년 말에는 146만 2,886명으로 장성되었다.

2) 본사 제약소에서는 102.6%, 약품 공급은 155.5%로 계획을 초과 달성하였다.

3) 군중 문화보건사업의 발전을 위하여 1,795명의 위생방호원을 양성하였고, 2,041개의 청년훈련반에서 3만 1,503명이 훈련받았으며, 위생선전사업의 방조를 위하여 본사의 의사, 펠셀 간호원 등 연 2만 1,765명이 동원되어 2만 3,404회의 위생좌담회에 107만 9,346명이 참가를 보게 되었다.

다음으로 민주조선 1950년 5월 7일자 <조선적십자회 보건문화사업 강화 사설>에서는 다음과 같이 조선적십자회 보건문화사업 강화를 주장한 사설을 발표하였다. 특히 이 중 주목되는 것은 여성의 적극적 참여를 강조하고 있는 점이다.

<사설 적십자 사업의 일층 강화를 위하여>

조선적십자회는 전체 회원과 인민들의 열렬한 참가와 지지 밑에 지방 각급 지도관 선거사업을 성과 있게 완수하고 **5월 7, 8 량일에 걸쳐 제4차 중앙대회를 가지게 되었다.**

조선적십자회는 창립 첫날부터 자본주의국가들의 적십자사들과는 근본적으로 성격을 달리하는 인민적 적십자단체로 출발하였다.

주지하는 바와 같이 자본주의국가들의 적십자사들은 허위적이며 부패한 부르죠아 박애주의로 분식하고 제국주의 침략군대에 복무하는 것을 유일한 자기의 임무로 하고 있다. 그러기 때문에 그들의 적십자 단체들은 반동 지배층의 침략전쟁을 방조하기 위한 전시 구호사업에만 치중하고 인민의 리익을 위한 평시 사업은 전혀 념두에 두지 않고 있으며 소위 자선사업의 간판을 내세우는 경우가 있다하더라도 그는 인민의 리익을 위해서가 아니라 반동화한 자기의 본질을 엄폐하기 위한 기만적 행위에 불과한 것이다.

그러나 해방 후 인민주권 수립과 제반 민주개혁의 실시로 인민민주제도가 확립된 공화국 **북반부에 새로이 창립된 조선적십자회는 인민민주주의적 도덕성과 국제주의사상으로 일관한 애국사상을 기초로 하여 전쟁을 반대하고 평화를 고수하는 립장에서 평화적인 보건문화사업을 중점을 두고 오직 조국과 인민을 위하여 충실히 복무하며 나아가서는 세계의 평화와 안전에 적극 기여하는 것을 자기의 기본 사명으로 하고 있다.**

조선적십자회는 이와 같은 철저한 민주 성격과 고상한 사명으로부터 출발하여 국가 보건정책을 받들고 치료예방사업과 함께 대중적 위생훈련사업과 각종 보건문화사업을 인민대중 속에 광범히 조직 실시하며 구호 및 구제 사업들을 조직적으로 수행함으로써 조국의 통일 독립과 민주화를 위한 투쟁에서 공화국의 보건기지를 튼튼히 구축하며 전체 인민들의 보건문화생활 향상을 위한 사업에 적극 이바지하고 있다. 그렇기 때문에 **오늘 조선적십자회는 인민들의 절대적인 지지와 열렬한 참가 밑에서 창립된 지 불과 3년여에 170여 만명의 회원과 2만 1,000 여의 초급단체를 가진 대중적 사회단체로 장성 강화되고 있다.** 조선적십자회는 이러한 조직 장성과 사업상 발전들을 쟁취함으로써 장래 발전의 기초적 계단을 튼튼히 닦아놓았다.

오늘 전체 인민들이 조국의 평화적 통일 독립과 부강 발전을 위한 투쟁에 총궐기하고 또한 북반부 인민들의 일반적 물질문화생활의 급진적 향상과 아울러 보건문화적 요구도 더욱 증대되고 있는 이때 적십자회가 조국과 인민 앞에 지닌 책무는 실로 중대한바 있다.

그러므로 적십자회는 금번 열리는 제4차 중앙대회를 계기로 하여 자기 사업을 조국과 인민이 요구하는 수준에로 일층 강화 발전시켜야 할 것이다. 대중적 보건문화사업을 인민들의 실생활 속에 더욱 깊이 침투시킴으로써 평화와 조국통일의 위업 달성을 위하여 총궐기한 인민들의 건강과 투지를 보위하며 2개년 인민경제계획에서 협조 보장하는 사업에 총 력량을 기울여야 할 임무가 부과되어 있는 것이다.

조선적십자회는 이와 같은 국가적 인민적 과업을 완수하기 위하여 앞으로 자기의 조직 대렬을 일층 확대 강화할 것인바 근로인민층에서 특히 녀성들을 조직 대렬 내에 광범히 인입하는 일은 실로 적십자 사업이 실제적 역할을 높이는데 큰 의의를 갖는다.

이렇게 함으로써 보건문화운동이 근로인민들의 매개 가정으로부터 시작하여 전체 인민들의 실생활과 더욱 밀접히 결부될 것이며 따라서 아직 부분적으로 남아있는 치료 **예방상 미신행위를 근본적으로 퇴치하고 과학적 위생지식을 빠짐없이 보급시키는 사업에 또한 많은 성과를 가져올 수 있을 것이다.**

또한 대중적 위생훈련사업을 녀성을 중심으로 한 근로청년 중에 더욱 광범히 조직 실시하여 그들로 하여금 적십자 일반사업과 국가 방역 협조사업에 실지 행동부대적 역할을 놀게 할 것이며 특히 생산직장 농촌 학교들에 위생초소를 더 많이 설치하여 일상적으로 간이처치와 위생환경개선운동 및 위생선전사업들을 실시케 하여 애국적 증산운동에 총궐기한 근로인민들의 건강 증진을 협조 보장하며 위생사상의 제고와 위생훈련을 제고함으로써 조국의 위생 방호를 더욱 튼튼히 할 것이다.

다음으로 적십자 사업의 일층 강화를 위하여는 각급 지도기관들의 지도적 역할을 높이는 것이 또한 가장 기본적인 중요한 일의 하나이다. 금번 지도기관 선거의 의의가 여기에 있었던 것은 다시 말할 필요도 없다. 그러므로 새로 선거된 지도기관 성 원들은 사업의 주인이 되여 지도기관의 지도적 역할을 높이기 위한 부단한 연구와 창발적 실천이 있어야 하며 언제나 조국과 인민의 요청에 민첩하며 과감하며 자기의 초소에서 충실히 복무하는 것을 초대의 영예로 아는 적십자 일군으로서의 긍지를 가져야 할 것이다.

그리고 또한 사업을 집행함에 있어서 낡은 사업방식을 버려야 할 것이다. 날로 향상 발전되는 사회적 정치적 환경 속에서 사업을 새롭게 조직할줄 알아야 하며 고립적이며 수공업적인 사업작풍을 버리고 자기 사업에 군중을 조직 동원하며 보건행정기관을 비롯하여 관계단체들과의 밀접한 련계 위에서 광범한 인민들의 참가하는 사회적 사업으로 활발히 진행하도록 해야 할 것이다.

여기에 있어서 특히 각급 인민위원회 보건행정일군들은 적십자회 사업에 대한 인식과 관심을 보다 더욱 높여야 할 것이다. 그러기 위하여는 적십자회 사업 내용을 알기 위하여 련계 위에서 협력과 방조를 주는 일에 많은 관심을 돌려야 할 것이다. 대중적 보건문화사회단체인 적십자회 사업이 인민들 속에서 발전 강화되면 될수록 공화국 보건정책이 인민 속에 더 철저히 보급 실천될 것은 두말할 것 없다. 오늘 적십자 사업의 발전을 위하여 관계 기관 및 단체들이 긴밀한 련계와 협조를 줌으로써 사회적 관심을 높이게 하는 일은 곧 인민들의 보건문화생활 향상을 촉진시키는 것으로 되는 것이다.

새로 선거된 적십자회 지도기관들과 전체 회원들은 이상과 같은 사업 발전을 위한 제반 대책과 과업들을 더욱 성과 있게 수행하며 앞날의 발전을 보장하면서 자기의 근본 사명을 다하기 위하여는 선진 쏘련적십자회의 사업경험을 더 많이 섭취하며 쏘련적십자회를 비롯한 제 민주 적십자회들과의 친선을 강화하며 련계를 긴밀히 하여야 할 것이다.

그리하여 오늘 조선적십자회는 평화와 조국의 통일 독립을 위한 투쟁 대렬에서 조국과 인민이 부과한 임무를 높은 성과로써 실행하며 더욱 힘차게 전진하자!

6. 소련적십자사와의 관계

북한적십자사의 성립과 활동에 있어서 가장 큰 영향을 끼친 것은 소련적십자사이다. 그러므로 앞서 살펴본, <북조선적십자사의 8 · 15해방 4주년 기념 경축사업 준비(로동신문 1949. 7. 15.)>에서도 다음과 같이 언급하고 있다.

> 북조선적십자사의 창립 이후 오늘에 이르는 발전상과 쏘련적십자사로부터의 적극적인 원조에 대한 각종 도표들을 작성 준비하고 있다. 여기에는 전 세계에서 가장 선진적이며, 인민적 적십자사사업을 전개하고 있는 쏘련적십자사와의 긴밀한 련계와 특히 공화국 북반부에서 조선 인민을 위한 치료사업과 일반 보건문화향상사업에 우의적 방조를 주고 있는 쏘련적십자사 파견원들의 우리 적십자사업에 대한 협조 성과들을 소개하게 될 것이다.

즉 북한에서는 "조선 인민을 위한 치료사업과 일반 보건문화향상사업에 우의적 방조를 주고 있는 쏘련적십자사 파견원"이라고 하고 있는 것이다.[12]

아울러 로동신문 1947년 6월 28일자에서는 북조선에 파견된 소련적십자원의 활동을 다음과 같이 소개하고 있다.

> <모쓰크바 21일 따스발 북조선통신> 보건국의 초청을 받고 북조선에 와서 활발한 쏘베트 적십자원 일행의 활동에 관한 보고서가 당지에 도착하였다. 6개월간에 있어서 동일행은 58개 소도시, 77개 소지방과

---

12) 소련의 북한 지원과 관련하여서는 다음의 기사도 참조된다. 쏘련의 거대한 형제적 원조로 민주보건사업은 발전되었다(민주청년 1948년 10월 15일)

211개소의 농촌의 위생시설 상태를 시찰하여 16만명에게 천연두 장질부사 발진티부스 등 전염병 예방주사를 실행하였다. 그리고 아동보건에 있어서 지방 보건당국을 방조하였다.

소련적십자는 해방 후 처음으로 1946년 11월 21일에 적십자병원을 함경도 함흥시 독립리에 개원하였다. <소련적십자병원 함흥에 개원 (로동신문 1946. 12. 18)>에서 이에 대하여 상세히 살펴볼 수 있다.

전쟁 직후 조선적십자종합병원이 완공된 모습(1956)

<쏘련적십자병원 함흥에 개원>
전 세계약소민족의 진정한 해방자인 붉은군대는 여러가지로 우리 민주과업 실시에 후의와 원조를 주고 있는 오늘날 또 금번 의료단을 북조선에 파견하여 보건사업으로 원조하고 있다.

함흥시내 독립리에 쏘련적십자병원이라는 아직 '뺑기' 냄새가 풍기는 간판을 걸은 건물이 바로 이것이다. 지난날 이 병원을 방문하여 내용을 알아보았다.

이 병원은 쏘련적십자사의 방조로서 11월 21일 개원하였는데 과목은 외·내·안·산부인, 피부, 이비인후, 소아·치·성·병, 렌트겐의 각 과를 두고 의사는 10명 중 박사 4명이고 간호부는 전부 조선 녀성들이고 원장은 '싸칼레까' 소좌가 단임하였는데 이 병원의 특징은 조선인민에 한하여만 입원을 허하고 환자에게는 식사 속옷(내의) 등을 대여하고 환자들의 영양을 위하여서는 축돈까지 하고 의료비 기타를 합하여 1일에 15원이라는 영가이며 약국에는 약이 완비하였고 혈액병균 배설물 기타 일체의 과학적 검사를 실시하기 위한 설비도 완비되어있다. 그리고 끝으로 이 병원은 1년에 60명씩 간호부를 양성하여 사회로 보낼 의무도 부하하고 있다.

라고 하여, 병원의 규모와 내용, 간호부 양성 등 활동 등에 대하여도 상세히 보도하고 있다. 아울러 로동신문에서는 1947년 6월 초순에 개원한 평양 소련 적십자병원의 치료사례를 선전하는 내용도 알리고 있다. 즉, 평양 소련적십자병원의 치료사례를 선전하였다.로동신문 1948년 8월 22일자 <쏘련 의학기술과 그 친절에 인민들 경탄하고 감사한다>를 보면, 다음과 같다.

1947년 6월 초순에 쏘련적십자병원이 평양에 개원된 이래, 얼마 아니 가서 이곳 인민들 속에는 새로운 의학기술에 대한 경탄과 쏘련 의사의 특별한 친절에 대한 찬양이 자자하게 퍼지게 되었다.

빈사의 경지에서 헤매던 환자들 평생을 고질로 알고 살아온 반신불수 불구자, 특히 과거 의료의 혜택을 못 받던 환자들이 이곳 **선진의학의 전당 쏘련적십자병원**으로 밀려들게 되었다. 여기에서는 죽음으로부터 생명을 구하였으며, 평생의 병신으로부터 완전한 새 사람이 된 실례들을 많이 볼수 있다.

최린주양은 어릴 때 화상으로 인하여 다리가 구부러져 불구자로 불행하게 지내왔다. 해방 전 도립병원, 소위 일본인 외과 박사는 그의 다리를 고치지 못했을 뿐 아니라 평생 고치지 못할 것으로 판정하여 불행한 이 소녀에게 절망을 주었다. 쏘련적십자병원 외과 과장 마썹쓰키씨에게 부축을 받고 넓은 정원을 걷고 있는 최린주양은 이렇게 말한다.

"나는 여덟살 때 병신이 되어 평남 강서에서 암담한 세월을 보내고 있었습니다. 평양곡산공장에 다니는 우리 오빠는 왜놈의 박사는 못 고치었지만 쏘련 의사들은 넉넉히 고칠수 있다고 하면서 이 병원으로 다려다주었습니다. 3개월 만에 나는 이렇게 다리를 완전히 고치게 되었습니다. 모두 이 마썹쓰키 아저씨의 덕택입니다. 쏘련군의 혜택입니다. 쏘련 의사·간호원들은 우리 아버지 어머니처럼 친절히 하여주고 있습니다. 나는 너무나 고마워서 때때로 눈물을 지었습니다. 나는 이전 왜놈 때 도립병원에서 일본 의사에게 천대만 받고 다리를 못 고친 일이 생각납니다. 쏘련 사람들은 참말 민족의 차별이 없고 우리와 같은 인민들에게 매우 친절한 것을 절실히 느끼고 있습니다. 나는 평생을 두고 잊지 못할 이 은혜를 우리나라를 위해 몸 바쳐 싸움으로써 보답하겠습니다."

정원에는 깨끗한 위생복을 차려입은 환자들이 쏘련 간호원들의 부축을 받으면서 거닐고 있다. 이 가운데는 심장병으로 전신이 퉁퉁 부어 빈사의 지경에 있던 로동자 김익두씨가 거의 회복된 몸에 일광을 쏘이고 있으며, 중국 부인 최채선씨가 다년간 고생하던 습다리를 완전히 고치어 경쾌한 발걸음을 옮기고 있다. 이들은 내과 과장 엘리세이 에브씨에게와 해방의 은인 쏘련군에게 무한한 감사를 드리고 있다.

이 병원은 효능이 우수한 쏘련 약품들과 전기치료장치, 라지음선치료장치 등 기타 우수한 의료기구들을 설비하여놓고 조선 인민들에게 헌신적인 치료사업을 하고 있다. 이 병원에서는 금년도에만도 3만 5,000명의 조선인 환자들을 취급하였다.

넓은 현관 앞에는 련달아 환자들이 밀려들고 있다. 1일 평균 200, 300명의 외래 환자들이 치료를 받고 있다. 현재 이 병원 안에는 110명의 입원자들이 치료를 받고 있는데 퇴원자들로부터는 매일같이 감사장이 답지되고 있다.

라고 하여, 소련적십자병원을 "선진의학의 전당"으로 인식하고, "쏘련 의사·간호원들은 우리 아버지 어머니처럼 친절히 하여주고 있습니다. 나는 너무나 고마워서 때때로 눈물을 지었습니다"라고 하여 "쏘련군의 혜택입니다"를 강조하고 있다.

한편 소련군은 1949년 11월 12일 북한에서 철수할 때, 소련적십자병 원들 15개소를 북한에 모두 무상으로 양도하였다. 로동신문 1949년 11 월. 19일자 <쏘련적십자사 병원 15개소 공화국 정부에 무상으로 양 도>는 이를 잘 보여주고 있다.

> 우리 조선을 일제의 악독한 기반에서 해방시켰을 뿐만 아니라 해방 후 정치 경제 문화 각 방면에서 실로 거대한 우익적 원조를 준 위대한 쏘련은 1946년부터 북반부 각 중요 도시들과 농촌지대에 쏘련적십자 사병원을 설치하고 조선 인민들의 건강 보호에 막대한 공헌을 하여 왔 으며 저명한 보건활동가들을 조선에 주재시켜 허다한 의료과학상 방조 를 주었던 것이다.
> 그런데 지난 12일에 쏘련적십자사는 북반부에 설치하였던 15개소의 쏘련적십자사 병원의 의료시설을 조선민주주의인민공화국 정부에 무상 으로 양도하였다.
> 쏘련적십자사병원 양도에 관한 조인식은 11월 12일 오전 10시부터 공화국 정부 보건성에서 진행되었다. 조선 측을 대표하여 보건성 부상 리동화씨, 쏘련 측을 대표하여 **쏘련적십자사 대표 아. 드. 아니시모브 씨가 각각 조인하였다.**
> 조인식 끝에 리동화씨는 조선민주주의인민공화국의 명의로써 보내 는 감사장을 쏘련적십자사 아니시므브씨에게 전달하였다.

한편 소련적십자사 평양병원의 확장 이전과 의료 환경 개선을 소개하였다. 로동신문 1950년 2월 12일자 <쏘련적십자사 평양병원 의료시설을 일층 확장>를 보면 다음과 같다.

우리의 보건문화를 발전시킴에 적극적인 방조를 주고 있는 **쏘련적십자사 평양병원은 자기 사업의 확장을 위하여 제반 의료시설을 일층 확장하고 전 평양의학대학병원 원사로 이전하였다.**

불치의 난병을 완치하는 것으로 유명하여졌으며, 조선 의학계의 발전에 막대한 기여를 하고 있는 **쏘련적십자사 평양병원은 1947년 2월부터 조선인 환자들을 접수 치료하여 1949년 12월 말까지 근 3년 동안에 실로 235,000여 명의 외래환자와 4,700여 명의 입원환자를 선진적 쏘련 의료기술로써 치료하였다.**

이 과정에서 특히 내과의사 악셀리로드씨는 륵막염 환자를 치료하는데 습성 환자에게는 '쓰레찌크주사법'을 적용하였으며, 건성 환자에게는 '크왈쯔 제아뜨리미야 전기료법'을 적용함으로써 환자를 100%로 완치시켰으며, 외과의사 보빈씨는 720여 회에 걸친 외과수술을 하였는데 특히 맹장수술에서 커다란 업적을 남기였다.

또한 산부인과 미드레르씨는 산부인환자 진단에 있어서 민속하고 정확한 진단으로서 우수한 성과를 거두고 있으며, 소아과 의사 모로죠아씨는 백일해 홍역 등 전염성 질환에 대하여 특별히 렌트겐투시를 적용하여 정확한 진단을 보장하였다.

이상과 같은 커다란 업적을 쌓고 있는 쏘련적십자사 평양병원에 대한 인민들의 신망은 날로 커가고 있으며 이 병원의 시설 확장에 대한 인민들의 기대는 실로 큰바 있다.

새로 이전한 쏘련적십자사 평양병원은 외과 내과 부인과 산과 피부성병과 이비인후과 안과 소아과 신경과 치과 등 10과의 전문캐비넷트와 모성상담실 구강시험실 물리치료실 병리시험실 액쓰광선 투시실 등 5개의 특수캐비넷트에 소속된 19개의 치료실을 가지고 있으며 외래환자와 입원환자에 따라 구분 사용하고 있는 5개의 대·소 수술실이 근대적 시설을 갖추고 있다. 뿐만 아니라 2백여 대의 벳드를 설치한 입원실과 욕실 약국을 가지고 있다.

특히 쏘련적십자사 평양병원에서는 입원환자들에게 그 질환과 병세에 따라 15종목의 환자 식사를 엄격히 구분 급여하고 있음과 동시에 원내 감염과 입원기간 단축을 위한 대책에 만전을 기하고 있다.

위의 기록에 따르면, 소련적십자사 평양병원은 1947년 2월부터 조선인 환자들을 접수 치료하여 1949년 12월 말까지 근 3년 동안에 실로 235,000여 명의 외래환자와 4,700여 명의 입원환자를 선진적 소련 의료기술로써 치료하였다. 이후 1950년 2월 소련적십자사 평양병원은 자기 사업의 확장을 위하여 제반 의료시설을 일층 확장하고 전 평양의학대학병원 원사로 이전하였다.

소련적십자의 북한에서의 활동은 평양 및 모스크바 발로, 여러 신문들의 보도도 있었다. 그 중 국립중앙도서관에 소장되어 있는 것으로는 다음을 들 수 있다.

蘇聯赤十字團, 北朝鮮서 活躍(모스크바 발). 第78號, 『서울夕刊』 1947년 6월 22일자.

쏘비에트 赤十字, 北朝鮮에 派遣. 第165號 『獨立新報』 1946년 10월 31일

쏘적십자, 병균박멸에 전력(모스크바발), 『공업신문』 1947년 6월 17일

衛生狀態調査, 北朝鮮서 쏘赤十字活躍(모스크바발), 『工業新聞』 1947년 6월 22일

蘇赤十字北朝鮮서 活躍(평양발). 第95號 『朝鮮中央日報』 1947년 7월 16일자

7. 맺음말

1945년 8월 15일 해방과 동시에 남과 북, 북과 남에서는 거의 동시에 적십자사가 재조직되었다. 대한민국에서는 1947년 3월 15일 조선적십자사가, 1949년 10월 27일에는 대한적십자사가, 북측에서는 1946년 10월 18일 북조선적십자사가, 그후 조선적십자회로 개명되어 발전하였다.

북측은 남측의 적십자활동을 "기만적인 부르죠아 박애주의와 인도주의로 가장하고 반동지배층과 제국주의 군대에 충실히 복무하면서 침략전쟁을 방조하기 위한 전시사업에만 치중하고 평시사업을 극히 국한된 범위에서 그나마 인민의 리익을 위한 것이 아니라 자선사업의 간판 밑에 반동화한 자기 본질을 음폐하며, 반동지배층에 대한 인민들의 반항과 투쟁을 마비시키려는 수단으로 리용되고 있다"라고 비난하였다. 한편 자신들의 적십자활동만이 정당하다고 인식하고 있다. 즉, 북측은 "대중적 위생훈련사업과 중등 및 초등 보건간부양성사업과 군중보건문화사업을 광범히 전개하고 각종 재난시의 구제 및 구호 사업을 조직 실시하는 것을"이라고 기본 목적을 밝히고 있다.

조선적십자회는 1946년 조직된 이후 1950년 한국전쟁이 발발되기 전까지 활발한 적십자활동을 전개하였다. 대표적인 것으로서 의료기술자 양성, 인민의 복리와 보건생활을 위한 활동, 농촌계절탁아소와 공장위생초소, 무료순회진료사업, 위생방호원 양성소 설치 등을 들 수 있다.

주요 간부는 의사 등 보건인력들이 중심적인 역할을 한 것으로 판단된다. 창립 부위원장인 최창석, 창립위원인 장기려, 허신, 한도준, 김상민, 리성숙 등이 모두 그러하다.

북한적십자의 조직과 활동, 병원의 설립, 운영, 의료환경개선 등에는 소련 적십자의 원조와 지원이 중요했던 것으로 보인다. 특히 1949년 소련적십자병원의 철수시 북한에 15개 적십자병원을 무상으로 양도하였다.

한국전쟁의 발발 이후 북한적십자사는 군인들의 치료와 세균전 대비에 전념하였다. 아울러 소련을 위시하여 불가리아, 헝가리, 동독 등 다양한 동유럽 나라들의 적십자와 유대관계를 확대해 나가게 된다.

4장

신화화한 기억을
넘어

1

신화화한 기억을 넘어:
김좌진과 독립전쟁

1. 머리말

　김좌진은 홍범도와 더불어 독립전쟁의 상징적 인물로 널리 알려져
있다. 특히 김좌진은 청산리 독립전쟁의 대표적 영웅으로 우리의 가슴
속에 새겨져 있다고 해도 과언이 아니다. 그러므로 김좌진에 대하여 학
계에서도 일찍부터 많은 관심을 기울여 왔다. 그럼에도 불구하고 정작
학술적인 연구는 심도 있게 이루어지지 못하였다는 것이 필자의 생각
이다.

　1980년대의 한국의 민주화운동과 민중 중심의 역사학에 대한 관심,
1992년 중국과의 국교수교 이후 연변지역과의 학술적 교류는 역사의
주체를 보다 다양하게 볼 수 있게 한 점, 그동안 등한시한 진보그룹에
대한 연구와 평가를 활성화시켜 주었다는 장점이 있다고 생각한다. 그
러나 일면, 보수주의적 관점을 무시, 왜곡, 저평가하는 듯한 느낌의 연
구 등도 있어 왔던 것 또한 사실이 아닌가 한다. 단적으로 말하면 김좌
진에 대한 평가 절하, 김좌진의 아들, 김두한을 둘러싼 친자논쟁 등이
그러한 한 사례라고 생각된다.

백야 김좌진 장군영정

그동안 김좌진에 대한 연구는 그의 죽음이 공산주의자에 의한 것이라고 하여 이념과 특히 반공주의적 관점에서 이루어진 측면이 있는 것은 분명한 사실이다. 그러므로 오늘날 연구는 시대적 흐름과 사상보다는 사료를 중심으로 객관적으로 이루어져야 한다고 판단된다. 아울러 과장된 부분은 있는 사실대로, 그동안 몰랐던 부분은 새로 밝혀진 자료들을 중심으로 검토가 이루어져야 할 것으로 사료된다.

본고에서는 이러한 문제의식을 가지고 김좌진에 대하여 새롭게 조망해 보고자 한다. 1910년 국망 이후 서울에서 안승구와의 군자금 모금에서의 김좌진의 역할을 우선 알아보고자 한다. 결론적으로 말하면 김좌진보다는 안승구가 주도적인 역할을 하였음을 밝혀보고자 한다. 또한 1930년 1월 24일 김좌진 사망 이후 사회장에서 낭독된 김좌진이력서를 통해, 김좌진의 생애와 가족들에 대하여 조사해 보고자 한다. 이 부분에서는 그동안 등한시한 김좌진의 아나키즘 활동과 김두한이 김좌진의 아들임을 분명히 살펴볼 수 있을 것 같다. 아울러 1930년 조선일보 김연파특파원이 7회에 걸쳐 연재한 <백야조문 가는 길>을 통해 북만주 영안현 산시참의 김좌진 순국 당시 상황과 분위기를 검토해 보고자 한다. 끝으로 평화와 반전의 메시지로 독립전쟁의 영웅 김좌진을 넘어 남겨진 가족의 슬픔과 아픔을 다루고자 한다.

2. 안승구에 의해 주도된 1910년대 군자금 모금활동

안승구, 김좌진 등의 투옥 사실과 관련하여 국가기록원에 소장되어 있는 고등법원(경성 공소원 형사부, 1911년 6월 7일) 형사재판 판결 원본철에[1] 의하면, 1910년 말, 1911년 초에 있었던 안승구의 군자금 모금 의거는 안승구, 김좌진 등 5명의 동지가 함께 추진한 것이다.

안승구

> 피고 金佐鎭은 명치42년(1909년) 음력 6월중에 西間島 移住를 계획하고, 먼저 피고 安承龜에게 이를 권유하고 다음에 피고 민병옥, 金燦洙, 朴鐘元, 趙亨元, 南廷冕, 李永烈 기타의 동지를 얻었다. 이에 김좌진, 안승구 등은 그 이주실행의 자금을 필요로 하여, 동 43년(1910년) 음력 10월중에 안승구, 이영렬, 조형원 등은 김좌진집에서 서로 만나, 동인과 함께 협의를 한 결과, 강도를 행하여 그 자금을 조달하는 것으로 결정하고 그후 안승구는 김찬수에게, 김찬수는 민병옥에게, 또 김좌진은 남정면, 박종원에게 위 강도를 행하기로 결정한 뜻을 알리고, 그 동의를 얻어 다음과 같은 죄를 범하였다.

위의 기록을 통해 보면, 1909년 음력 6월 중에, 김좌진이 서간도 이주를 계획하고, 먼저 안승구에게 권유한 것으로 되어 있다. 이어 안승구와 김좌진 등은 이주 실행의 자금을 필요로 하여, 1910년 음력 10월 중에 김좌진 집에서 자금 조달을 결정했다고 밝히고 있다. 그런데 군자

---

1) 명치 44년(1911) 6·7월 판결원본철 경성공소원형사과(국가기록원 소장)

금 마련 운동을 주도한 인물은 안승구가 아니었나 판단된다. 미주에서 간행된 신한민보 1911년 4월 5일자에서, <애국당이 도적으로 잡힘>이라는 제목하에,

> **안승구** 등 10인은 시세의 절박함을 분개하여 한번 창의기를 들고 반도의 풍운을 움직이고자 하다가 도적의 누명을 쓰고 원수의 손에 잡힌 바 되었으니, 그 내정은 자세히 알 수 없으나 일인신문에 게재된 바를 참고하여 보건대, 뜻을 정하고 북간도로 건너가 동지를 규합하여 활동을 시작코자 하나 운동비가 없음으로 2월 18일에 청석동 신대균의 집에 가서 900원을 간청하다가 필경 日순사에게 잡혀 연루자 18명이 취박되었으니 심히 불행한지라. 이제 그 성명과 신분을 빈등하건대 (중략) **두령 안승구는 36세인데 삼청동 사는 양반이라 하였더라.**

라고 하여 안승구를 두령으로 표현하고 있는 것이다. 안승구는 이 사건과 관련하여 징역 7년을 받음으로서[2] 동지들 가운데 민병옥과 함께 가장 큰 형량을 받고 있다. 또한 판결문의 내용을 보더라도 안승구가 중심 인물임을 짐작해 볼수 있다.

먼저 안승구는 김좌진, 민병옥, 조형원, 김찬수, 이영열 등과 함께 상의하여 군자금 모금을 추진하였다. 1910년 12월 14일 밤 안승구는 몽둥이를 가지고, 민병옥과 조형원은 쇠칼(牛刀)를 가지고 경성 서부 반석방 한림동에 거주하는 우성모의 집에 가서, 안승구·조형원은 문 앞에서 망을 보고, 민병옥과 이영렬·김찬수는 방안에 들어가 돈 4원과 은제 5작 2개, 은제 반지 15개, 은 귀고리 한 개를 빼앗았다.[3] 첫번째 거

---

2) 1914년 3월 19일. 假出獄이 許可되었다. [刑事控所事件簿 확인]

3) 판결문

사에는 김좌진은 직접 참여하지 않은 것 같다.

두 번째 의거는 안승구와 민병옥이 다시 상의하여 서간도지역 근거지 마련을 위한 군자금을 얻을 목적으로 시행하였다. 그들은 1910년 12월 17일 밤에 경성 북부 제동 남정철의 집에 들어가 남정철로부터 20원을 받았다.[4] 남정철의 집에서는 비교적 쉽게 거사가 성공한 셈이었다.

세 번째 의거는 안승구, 김좌진, 민병옥, 김찬수, 조형원, 남정면, 이영렬, 박종원 등이 김좌진의 종증조부인 김종근의 집에 들어간 사건이었다. 1911년 1월 어느 날 밤 민병옥 외 1명은 각각 쇠칼을 가지고, 김좌진은 다른 사람들을 데리고 경성 중부 한 동에 거주하고 있는 김종근의 집 근처에 이르렀다. 그러나 김종근은 큰 부호였기 때문에 집안에 사람들이 많아 계획을 추진하기가 용이하지 않았다.[5] 이에 김좌진 등은 재차 의논하고 민병옥 외 1명을 보내어 같은 달 어느 날 밤중에 김종근의 집을 털기로 하였다. 그러나 이날의 거사 역시 사람들이 많아 실패하고 말았다. 이에 김좌진은 민병옥, 김찬수, 남정면과 재차 상의하여 다른 집을 알아보기로 하였다. 그래서 택한 집이 경성 북부 소안동에 있는 오명환의 집이었다. 민병옥이 쇠칼을 들고 집 외문을 들어갔으나 이 역시 사람들이 많아 하는 수 없이 철수하였다.[6]

네 번째 의거는 안승구가 거주하는 경성 중부 청석동 신좌현의 집에 현금 900원이 있다는 소식을 듣고 이것을 빼앗고자 한 것이었다. 김찬수, 조형원, 남정면, 이영렬 등과 상의하여 1911년 2월 28일 밤에 신좌

---

4) 판결문
5) 판결문
6) 판결문

현의 집에 도착하여, 신좌현의 아버지인 신성균의 거실에 들어가 손을 묶었는데 이때 신좌현의 동생 신우현의 처가 구씨댁 뒷담을 뛰어넘어 피하는 바람에 모두 그들이 목적한 재물을 얻지 못하고 도망하였다.[7]

지금까지 살펴본 바와 같이 안승구는 김좌진 등 여러 동지들과 함께 중국 동북지역에서 항일독립운동의 근거지를 마련하기 위한 의거를 계속적으로 시도하였다. 일제가 한국을 강점한 직후인 1910년과 1911년, 안승구, 김좌진을 중심으로 한 혁명동지들은 국내에서의 독립운동은 불가능하다고 판단하고 해외인 서간도 지역에 독립운동기지를 마련하고자 하였다. 그러나 그들에게 제일 중요한 것은 군자금의 마련이었다. 이에 안승구, 김좌진 등은 서울의 부호집들을 택하여 군자금을 마련하고자 하였다. 그러나 그들 부호들이 이들을 대상으로 쉽게 군자금을 제공할 리가 없었다. 그러므로 그들은 하는 수 없이 강제적인 방법으로 군자금을 마련하고자 하였다. 하지만 그 역시 쉽지 않아 김좌진은 자신의 친척집까지 그 대상으로 삼게 되었다. 그러나 별반 성공을 거두지 못하고 불행하게도 경찰에 체포되어 결국 감옥생활을 하게 되었다.

---

7) 매일신보에 김좌진의 의거 관련기사가 다음 제목으로 보도되었다. 「명가후예와 강도」(1911년 3월 7일자), 「명가후손의 패행」(1911년 3월 9일자), 「강도압송, 북부경찰서에」(1911년 3월 16일자), 「양범선사」(1911년 3월 21일자), 「김좌진등의 개연기」(1911년 4월 15일자), 「칠명의 강도의 공판」(1911년 4월 22일자), 「김좌진의 불복」(1911년 4월 25일자), 「칠범의 제2회공판」(1911년 5월 4일자), 「삼범의 제2회공판」(1911년 5월 7일자), 「김좌진의 재산조사」91911년 5월 7일자), 「칠범의 제3회공판」(1911년 4월 15일 계해), 「각범의 선고」(1911년 5월 18일자)

3. 아나키스트 김좌진과 김두한: 〈고 김좌진선생이력〉

청산리항일대첩 기념비

김좌진장군 장례식

청산리전투의 영웅 김좌진이 1930년 1월 순국한 뒤, 같은 해 3월에
중동선 산시역에서 한족총연합회가 거행한 사회장에서 낭독되었던 약
력서가 독립기념관에 소장되어 있다. 그 내용을 살펴보면 다음과 같다.

ㅇ 표제 : '고김좌진선생약력(故金佐鎭先生略歷)'
ㅇ 호, 초호, 본관 이하 다음과 같은 내용으로 구성되어 있음
  - 1889년 충남 홍주 고남면 갈산리에서의 탄생에서부터 4~5세
    의 어린 시절 및 8세의 한문사숙 입학과 14~5세 시절의 병서
    와 무예를 즐겼음을 소개함
  - 18세 대한협회(大韓協會) 총무, 호명학교(湖明學校)의 설립
    및 교장, 19세에 황성신문사의 장, 20세 경성고아원 총무, 21
    세 기호학회(畿湖學會) 임원, 22세 북간도에 사관학교 설립
  - 30세 도만(渡滿)하여 길림성성(吉林省城)에서 동성(東省) 한
    족(韓族) 생계회 조직, 31세 북로군정서(北路軍政署) 총사령
    관, 사관학교 설립, 32세에 대한독립군을 조직할 시에 참모부
    장으로 피임. 33세에 노령 음마하(露領 飮馬河)에서 통군서
    (統軍署)를 조직하고 총사령관이 됨. 34세에 중령 수분(中領
    綏芬)과 북만(北滿)을 망라하야 대한독립군단을 조직 총사령
    관이 됨. 35세에 상해임시정부의 군무총장에 임하였으나 취임
    치 않음. 36세에 신민부(新民府)의 군사부 위원장이 되었음.
    37세 한국귀일당(韓國歸一黨)의 간부가 됨
  - 40세에 신민부 위원장, 길림에 혁신의회(革新議會)를 조직,
    한국유일독립당 재만책진회(在滿策進會)를 조직하고 정치부
    책임위원이 되었음. 41세에 한족총연합회의 주석이 되었다가
    음력 12월 25일 오후 2시에 중동선(中東線) 산시역(山市站)
    자택 앞에서 해를 당함. 악한은 고려공산청년 일원이며, 재중
    한인청년동맹원 박상실(朴相實, 一名 金信俊)임
  - 이하 김좌진의 면모와 위엄, 업적, 가세, 아버지와 어머니, 형
    과 남동생, 부인, 자녀에 대하여 기술함고 있음
ㅇ 제작년 : 1930년 3월

○ 앞부분의 덧댄 종이에 김좌진의 아들 김철한의 간략설명과 기증
  자임이 기술되어 있음

기증자는 김좌진과 그의 부인 나혜국 사이에 출생한 김철(극)한이라
고 적혀져 있다. 정식 제목은 <김좌진선생 약력>이라고 되어 있고, 제
일 첫머리에 <서기 1930년 1월 24일 저격당하시고 5일장으로 자택 후
정에 임시 모셨다가 1930녀 3월 사회장 거행 당시 낭독한 약사임. 기증
자 김철(극)한>이라고 적혀 있다.

첫머리에 낭독자, 마지막 부분에 작성자 부분이 의도적으로 잘려나
간 듯하나. 그 이유 및 시기에 대하여는 판단하기 어렵다. 다만 1930년
당시 상황이 일본의 감시와 탄압, 사회주의 세력과의 갈등 등이 있던
시기임을 고려해 볼 때, 이름을 남기지 않기 위해 의도적으로 잘라 없
앤 것이 아닌가 추정된다.

작성자의 이름은 밝혀져 있지 않으나 1930년 당시 김좌진이 아나키
즘 단체인 한족총연합회 소속이었다는 점, 약력내용 마지막 부분에 김
좌진이 아나키스트적 성향의 인물임을 언급하고 있는 점으로 미루어
보아, 당시 아나키스트로 현장에서 김좌진과 함께 활동한 이을규가 작
성하였을 가능성이 크다고 판단되나 추정이다.

김좌진의 일생을 출생부터 사망한 41세까지 나이별로 기록하고 있
고, 아울러 말미에 김좌진의 활동과 가족관계에 대하여 기록하고 있다.
그 중 특히 청산리전투관련 내용은 당시 독립운동가들의 청산리전투
에 대한 인식을 살펴볼 수 있는 귀한 자료라고 판단된다. 이를 보면 다
음과 같다.

三十一歲에 北路軍政署 總司令官이 되어 士官學校를 設立하고 士官 四百餘名과 步兵 一聯隊를 養成하였다가 翌年 九月에 西伯利亞에 出戰하였던 敵軍 數箇師團과 和龍 靑山里와 白雲坪과 二道溝 泉水坪 兩地 間에서 五日 間 絶粮하면서 壬辰 三百年 後 第一大戰爭을 하여 敵將 嘉納 聯隊長 以外 敵兵 數千을 殺戮하였는데 이때에 더욱이 先生의 神祕함에 놀라운 것은 作陣 方法과 用軍 進退에 精通함으로 敵兵끼리 相衝케 하여 七~八百의 殺傷을 現出한 것이다.

말미에 있는 김좌진에 대한 평가 내용에서는 청산리전투의 영웅 김좌진 부분은 없고, 한족총연합회를 조직한 것을 우리해방운동상에 처음 나타나는 조직이라고 언급하면서, 아나키스트로서의 김좌진을 높이 평가하고 있다. 이점은 일반적인 청산리전투의 영웅으로서의 김좌진에 대한 평가와는 다른 것이라고 할 수 있다.

　　嗚呼라. 四十一歲를 一期로 한 先生의 人格과 情神과 事業을 回歸한다면 長大한 體格과 晳白한 面貌와 發越한 言辭와 正大한 動止를 가지었으며, 對人接物에 春風和氣와 같은 神感이 있다가도 是非와 邪正을 分辨하는데에는 秋霜烈日과 같은 嚴威가 있었고, 精神이 澈底하며 思想이 深遠하여 <u>權力爭奪場의 中央集權의 組織을 否認하고 自由聯合的 地方 合意制를 創案하여 完全한 地方自治制로써 各 地方에 韓族農務協會를 組織하고 다시 이것을 基礎로 하여 總聯絡機關으로 韓族總聯合會를 組織하니 此는 我 朝鮮解放運動線上에 처음 나타나는 組織體裁이러라.</u>

뒷부분에는 한족농무협회 조직과 한족총연합회 조직에 대한 평가가 수록되어 있어, 김좌진 장군의 말년 행보를 추측할 수 있다.

　　自由聯合的 地方 合意制를 創案하여 完全한 地方自治制로써 各

地方에 韓族農務協會를 組織하고 다시 이것을 基礎로 하여 總聯絡機
關으로 韓族總聯合會를 組織하니 此는 我 朝鮮解放運動線上에 처음
나타나는 組織體裁이러라.

또한 약력의 말미에 가족관계를 언급하는 가운데, 김두한이 김좌진이 아들임을 분명히 밝히고 있는 점 또한 주목할 만한 내용이다.[8] 인터넷 등 SNS 등에서 김두한이 김좌진의 아들이 아니라는 내용들이 회자되고 있는 상황에서 이는 주목되는 부분이라고 할 수 있다.

"19세에 皇城新聞社 社長이 되었다"는 등 내용상의 오류 등 확인이 필요한 부분이 있지만, 저격자를 박상실로 기록하고 있으며, 가족 관계(부인과 자녀) 등의 사항이 기록된 활동 당시대의 사료라는 점에서, 김좌진의 역사를 보완하는 학술적 자료로 의미가 적지 않다고 보여진다.

김두한 1930년 3월 18일 조선일보

---

8) 중외일보 1930년 2월 18일자 <기미년에 군정사 창립, 군사운동의 기초, 기미년 만주로 망명한 동지와 악수, 놀라운 소식을 전하던 운동의 기초, 長逝한 김좌진 일생(4)>, 1930년 5월 20일자 <金佐鎭遺孤로 안동김씨 회합, 두한군을 위하여>, 매일신보 1930년 2월 13일자 <유족은 4명, 愛兒는 실종>, < 1925년 9월 15일자 <金佐鎭과 金桂月 八年만에 異域에 邂逅 오래동안 서로 그리우든 정랑정부가 서로. 맛낫다>에서도 김두한이 김좌진의 아들임을 확인할 수 있다. 매일신보 1925년 기사에서는 김두한이 8세라고 밝히고 있다.

佳人壯士의 月下廿夢
而今에는 水流雲空

◇白治金佐鎮氏와 그의 愛妻金桂月의 悲絶哀絶한 一生▷
故金佐鎮氏愛妻金桂月哀話

김좌진의 애첩 김계월 1930년 3월 17일 조선일보

한편 본 자료에서는 김좌진이 30세 도만(渡滿)하여 길림성성(吉林省城)에서 동성(東省) 한족(韓族) 생계회 조직하였다고 하고 있다. 이 부분은 그동안 알려지지 않은 부분인데 앞으로 보다 심층적인 연구가 필요하다고 보여진다. 김좌진의 동성한족생계회 참여에 대하여는 조선일보 김연파가지가 작성한 <백야 조문가는 길>에서도 짐작해 볼수 있다. 기사 내용을 인용하면 다음과 같다.

<3월 14일> 백야조문(白治吊問)가는 길에 (칠(七))
산시참(山市站)에서 특파원(特派員)
김(金) 연(然) 파(波)

박경천씨(朴畊天氏)와 동반(同伴)하야 여사(旅舍)에 도라온 즉 한족총연합회간부제씨(韓族總聯合會幹部諸氏)들이 내방(來訪)하얏음으로 조동인사(吊同人事)를 마친 (後)에 기자(記者)는 간부제씨(幹部諸氏)에게 금번 백야선생(今番白治先生)의 참변(慘變)의 감상(感想)을 물르니, 간부에 중동지(中同志)이며 수십여년간 사생(數十餘年間死生)을 가티 하엿다는 정윤씨(鄭潤氏)는 슬픈 밧츨 띄우고 입을 버리다

×『무오년(戊午年)에 길림(吉林)에서 동삼성한족생계회(東三省韓族生計會)를 조직(組織)할 시(時)에, 소위 연화(延和), 왕혼(汪琿), 사현(四縣)(북간도(北間島)대표(代表)로 갓슬제, 백야(白治)을 만나서 동지(同志)로 허심(許心)하는 동시(同時)에 귀일당(歸一黨)의 동지(同志)기 되엇고, 그 익년 기미운동시(翌年己未運動時)에 북간도(北

間島)에서 여러 동지(同志)와 가티 군정서(軍政署)를 조직(組織)하엿스며, 그후(其後)에 ○○○○군(軍) 신민부(新民府) 한족총연합회 등 기관(韓族總聯合會等機關)을 조직(組織)하야 가티 일한 것은 물론(勿論)이니 그는 나와 사생(死生)의 지기(知己)엿습니다. 그 탁월(卓越)한 경론(經論)과 비범(非凡)한 지약(智畧)에는 누구나 감복(感服)하엿습니다. 이제 이경우(境遇)를 당(當)하야 후사자(後死者)의 책임(責任)으로 여러 동지(同志)들은 분투(奮鬪)할 것 뿐입니다고 하며 최후(最後)로 백야(白冶)씨(氏)는 연세(年歲)도 동갑(同甲)이며 십년이상(十年以上)을 동고동락(同苦同樂)하엿다고 하면서 말을 끈친다.

故金佐鎭先生履歷

西紀 1929년 음 12월 25일 저격 당하시고 五日葬 으로 自宅 後庭에
임시 모셨다가 翌年 1930년 3월에 社會葬 擧行 當時 朗讀한 略史임

先生의 號는 白冶요, 初號는 靜遠이니 그 선조는 安東이러라.

紀元 4222년 陰 11월 24일에 忠南 洪州 高南面 葛山里에서 誕生하다.
四~五歲부터 氣宇가 雄衛하고 意志가 超凡하야 每日 洞中 兒孩들을 會
集하고 習陣作戰할 새 스스로 指揮者가 되어 進退左右에 嚴正自若함에
遠近이 稱嘆하더라.

八歲 時에 漢文私塾에 入學하여 十四~五歲가 될 時에는 恒常 말하기
를 男兒가 世上에 나서 凶凶히 陳腐한 書冊 밑에서 머리를 썩일 것이 아
니오. 威儀當當하게 駿馬를 타며 長劍을 들고 宇內에 橫行하는 것이 快
事라 하고 馳馬와 用劍을 즐기거늘 極度로 文弱에 陷한 李朝 五百年間
의 習慣으로 그 母親과 師長이 매양 挽執하나 夜間이면 家中 所畜馬를
타고 附近 山麓으로 疾風같이 몰아 다니면서 馬上에서 몸을 날려 馬蹄
下에 있는 草葉을 따며 小石을 쥐는 것으로 唯一한 壯快味를 感하니 그
勇力의 絶倫함을 알 것이며 兵書와 武藝를 즐기며 胸中에 품은 度略이
果然 特異하였더라.

十七歲 時에 家中에 大宴을 設하고 五十餘名의 奴漢을 解放하여 自由

生活하게 하였으며

十八歲에 大韓協會 總務에 任하고 同年에 湖明學校를 設立하고 校長이 되었으며

十九歲에 皇城新聞社 社長이 되었고

二十歲에 京城孤兒院 總務가 되었으며

二十一歲에 畿湖學會 任員이 되었으며

二十二歲에 京城에 怡昌洋行을 設하고 內外地의 連絡을 取하며 遠近 同志를 糾合하여 北島間에 士官學校를 設立하고 朝鮮獨立의 前事를 養成하였다가 敵의 鐵窓에서 三年 間을 呻吟하다.

三十歲에 渡滿하여 吉林省城에서 東省 韓族 生計會를 組織하고 大倧教를 信奉하여 倍達族의 精神을 鼓吹하였으며

三十一歲에 北路軍政署 總司令官이 되어 士官學校를 設立하고 士官 四百餘名과 步兵 一聯隊를 養成하였다가 翌年 九月에 西伯利亞에 出戰하였던 敵軍 數箇師團과 和龍 靑山里 白雲坪과 二道溝 泉水坪 兩地 間에서 五日 間 絶糧하면서 壬辰 三百年 後 第一大戰爭을 하여 敵將 嘉納 聯隊長 以外 敵兵 數千을 殺戮하였는데 이때에 더욱이 先生의 神祕함에 놀라운 것은 作陣 方法과 用軍 進退에 精通함으로 敵兵끼리 相衝케 하여 七~八百의 殺傷을 現出한 것이다.

三十一歲에 密山縣에서 西北兩軍署와 國民會, 義軍府, 光復團, 義民團, 光正團, 太極團, 野團等을 合하여 大韓獨立軍을 組織할 時에 參謀部長으로 被任되엿고

三十三歲에 露領飮馬河에서 統軍署를 組織하고 總司令官이 되었으며

三十四歲에 中領綏芬과 北滿을 網羅하야 大韓獨立軍團을 組織하고 總司令官이 되다.

三十五歲에 上海에 잇는 上海臨時政府의 軍務總長에 任하였으나 就任치 않았다

三十六歲에 北滿民众으로 組織된 新民府의 軍事部 委員長이 되었으며

三十七歲에 韓國歸一黨의 幹部가 되어 種族, 精神, 産業 三歸一의 主義를 世界에 宣傳할야 하였고

四十歲에 新民府 委員長이 되었으며, 同年에 新民府의 代表로 吉林에서 參議府와 合하야 革新議會를 조직하였고, 同時에 韓國唯一獨立黨도滿策進會를 組織하고 政治部 責任委員이 되었으며

四十一歲에 韓族總聯合會의 主席이 되었다가 陰 十二月二十五日 下午 二時에 中東線 山市站 自宅 前에서 遇害하니 그 惡漢은 高麗共産青年众의 一員이며, 在中 韓人青年同盟員 朴相實(一名 金信俊)이러다.

嗚呼라. 四十一歲를 一期로 한 先生의 人格과 情神과 事業을 回歸한다면 長大한 體格과 晢白한 面貌와 發越한 言辭와 正大한 動止를 가지었으며, 對人接物에 春風和氣와 같은 神感이 있다가도 是非와 邪正을 分辨하는데에는 秋霜烈日과 같은 嚴威가 있었고, 精神이 澈底하며 思想이 深遠하여 權力爭奪場의 中央集權的 組織을 否認하고 自由聯合的 地方 合意制를 創案하여 完全한 地方自治制로써 各 地方에 韓族農務協會를 組織하고 다시 이것을 基礎로 하여 總聯絡機關으로 韓族總聯合會를 組織하니 此는 我 朝鮮解放運動線上에 처음 나타나는 組織體裁이러라.

그 家勢는 富裕하든 累 巨萬의 私産을 公益事業에 先生의 손으로 耗盡하고, 現金 老母弱妻幼子가 北滿 荒野에서 飢寒에 울고 있다.

父 衡奎는 先生이 三歲 時에 二十九歲의 青年으로 別世하고 母는 韓山 李重珪이니 潤種의 女이며, 當年 六十七歲로 中東路 石頭河子에 寓

居하다. 兄 景鎭은 早卒하고, 弟는 東鎭이며, 夫人은 海州 吳淑根이며, 副室은 羅惠國이니 子 克漢과 女 石出을 生하고 夫人은 石漢을 生하였으며, 斗漢은 金海 金桂月의 所生이니 克漢보다 十二歲가 長하며, 侄은 弼漢, 文漢, 武漢이리라

紀元 四二六三년 三月, 日

4. 〈백야 조문가는 길〉로 본 현장: 영안현 산시

김좌진장군 순국보도(조선일보)

조선일보 김연파 기자의 7회에 걸친 르뽀는 김좌진장군의 순국 당시의 생생히 묘사해 주고 있으며 아울러 장춘, 하얼빈, 산시역 가는 길의 동정, 순국 후 당시의 산시지역의 분위기 등을 생동감 있게 전해주고 있다.

김좌진의 암살기사가 조선일보에 처음 실린 것은 1930년 2월 9일인데, 실제 암살 일자가 1930년 1월 24일인 점으로 보아 약 15일 늦게 보도되었다. 조선일보 1930년 2월 9일자 기사에는 「사실이 아닌 듯하다고」 게재되었는데, 그 내용을 보면 경기도 경찰부 경시 이원보가 하얼빈과 북만에 출장갔다 와서 경찰당국에 그렇게 보고했다고 한다.9)

그후 1930년 2월 13일자에 「신민부군사위원장 김좌진암살확실 지난 일월 이십팔일 오후 2시 중동선 모처에서 참사」라고 고쳐 쓰여졌다. 이 기사에는 암살일자가 사실과 달리 1월 28일로 기록되었다.

---

9) 「김좌진 피살설 선전, 경긔도 경찰부 리경시의 말로는 사실이 아닌듯하다고」 조선일보 1930년 2월 9일자

영안현 산시역

산시역전 앞

1930년 2월 14일자로부터 김좌진의 암살되었음을 확실한 것으로 판단하고, 계속 보도하면서 김좌진의 일대기를 연재하고 있다.[10] 2월 14일자(1회), 2월 15일자(2회), 2월 16일자(3회), 2월 17일자(4회), 2월 18일자(5회) 등 연속으로 게재하였던 것이다.[11] 그리고 조선일보에서는 하얼빈 특파원 김연파(김이삼)를 현지에 파견하여「백야 조문가는 길」을 1930년 3월 2일(1회), 3월 4일(2회), 3월 6일과 8일(3회), 3월 9일(4회), 3월 11일(5회), 3월 13일(6회), 3월 14일(7회) 등 7회에 걸쳐 보도하였다.[12]

그 중 1930년 3월 6일자 기사를 보면 당시 산시지역의 삼엄한 분위기를 파악하는 데 도움이 된다.

산시역이라고 써 걸은 조그만한 역이다. 전등이 잇기는 하나 컴컴하야 잘 보이지 않는다. 초행에다가 더욱 밤임으로 찾기가 곤란할 듯하야 동포들이 행여 잇는가? 사방을 살펴보니 관연 조선복 입은 동포가 보임으로 반기어 옴에 소식을 알고 그곳의 한인학교로 가러가게 되었는

---

10)「名門에 일흠높흔 安東金氏 自古로 風雲兒가 만히나, 大國建設 金覺均과 金玉均도 一門 四十二歲로 長逝한 金佐鎭 一生(一)」조선일보 1930년 2월 14일자

11)「三國誌의 次看下回를 自解 斷髮開化에 急先峰, 안저서 쒸어 오량대들보를 바닷고 天主教徒를 大喝後 奴隷解放, 逸話만흔 金佐鎭의 一生(二)」, 1930년 2월 15일자;「長銃든 十五强盗 한손에 묵거노코, 처가집 소를 공중에 높히메여처 一世를 흔동하든 靑年時代 여력, 逸話만흔 金佐鎭의 一生(三)」, 조선일보 2월 16일자;「警官의 包圍中에서 秘密名簿 불살르고 유유히 포승밧던 그의 침착한 행동 盧伯麟氏等과 軍事에 關한 硏究(사), 조선일보 1930년 2월 17일자;「廣漠한 滿洲벌판에서 腥風血雨를 무릅쓰고, 자기가 양성한 군대를 거느려 有名한 靑山里事件에는 一騎로 當千, 逸話만흔 金佐鎭의 一生(五)」, 조선일보 1930년 2월 18일자

12)「白冶弔問 가는 길에」7회에 걸쳐 연재하였음(1930년 3월 2일, 4일, 6일, 7일, 9일, 11일, 14일) 조선일보 특파원 金然波로 되어 있는데 본명은 金利三이다. 1회는 哈爾賓 特派員, 2회는 中東線車中, 3회도 중동선차중, 4회는 山市站에서, 5회도 산시참에서, 6회 산시참에서로 되어 있다.

데 지형도 잘 모르며 컴컴안데 딸아갓다. 얼마가더니 「이집이 학교이오」 하면서 들어가기를 권함으로 방으로 들어가니 가느를 석유불에 컴컴하야 잘 보이지 안는데 방내에는 오육인의 중국옷을 입은 청년이 안저 잇다. 그들에게 일일히 인사를 청한 후 이○○씨 소개하여준 전○○씨를 차즈니 씨는 마춤 출타하엿다. 명일에나 도라온다고 한다. 그네들은 깁은 의아심을 가지고 기자의 주소를 물으며 또는 양복을 입고간 기자가 더욱히 이상히 생각되는 모양이다. 공기를 잘 아는 기자는 본사에서 출장하라는 전령을 받고는 ○○씨가 소개한 편지도 내어주엇다. 한 청년이 그 소개편지를 가지고 나갓다 들어오드니 그는 어데 갓는대 내일 아침에나 돌아 온다고 한다. 여기에 첫번에는 그 불친절한 것이 내심에 불쾌함도 업지 안헛스나 우리의 현하환경과 사건의 발생지대가 지대인만치 계엄하는 것은 동정하고 수긍하엿다. 기자의 심리는 일각이라도 속히 조문도 하고 사건의 진상을 들어 보엿스면하는 조급한 생각으로 그 청년들에게 물으리 하엿스나 그 청년들은 명일에 책임자를 만나 말하라고 대답한다. 그러자 밤은 자정이 지내엇다. 그 학교에서 그대로 자게 되었다.[13]

라고 하였다.

위의 내용을 통하여 산시는 김좌진이 암살된 지역이였기 때문에 이곳에 알지 못하는 청년이 왔을 때에 사람들이 크게 경계하고 있었다는 것을 짐작할 수 있다. 그리고 정확히 알지 못하는 사람에게 사건의 진상을 함부로 말하지 않고 있음을 알 수 있다. 그 이튿날인 2월 17일 책임을 맡은 청년이 나타나서 기자와 문답을 하게 되었는데, 그는 기자에게 "대개 어떠한 사상 다시 말하면 어떠한 주의에 대하야 흥미를 가지고 잇습니까? 지금 뭇는 그 의미는 지금 나의 대답할 제조건이 보다 사회의 중대문제이며 또는 식자적 비평을 要요 점임으로 먼저 이것을 뭇

---

13) 「백야조문가는 길에 三」, 조선일보 1930년 3월 6일자

게 되는 것입니다. 이만 양해하고 대답해주시오 하고 묻는 기자는 대답하기가 좀 곤란함이 업지 안헛다"14) 라고 하고 있다.

현지의 책임을 맡은 청년은 김좌진의 암살문제를 묻는 기자에게 도리어 주의·사상문제를 묻고 있다. 이에 대하여 기자는 대답하기가 곤란했다고 한다. 당시 이 지역은 바로 주의와 사상이 생사문제와 직결되어 있었던 것이다. 기자 역시 이에 대답을 회피하였더니 기자를 의심하였다고 한다.

조선일본 특피원 김연파가 전○○씨가 소개해준 청년과 김좌진 장군이 암살된 현장을 답사하면서 대화한 내용을 소개하면 다음과 같다.

청년과 동반하야 남편으로 가게 되었다. 압흘보니 조선 사람사는 집이 듬은 듬은 잇다. 안내하는 청년이 손을 들어 가르키기를 저거 저집이 금성(金城)정미소인데 저 정미소 압헤서 백야가 암살을 당한 것이라고 한다. 기자는 그 현장을 어서가서 보앗스면하는 조급증이 나서 가는 거름이 아니가는가 하는 감이 업지만 엇다. 급심 그 현장인 정미소에 당착하야 보니 쓸쓸한 벌판이다. 백야가 구경하다가 참변을 당한 풍차가 아득 그대로 노혀 잇는데 백야가 참변을 당할 째에 뒤로 멧발자국 거러나오다가 무참히 절명을 한 것이라고 청년은 지점을 가르치며 설명하야 준다. 기자가 말을 들으며 그 진경을 머리에 보다가 이것이 조선 사람으로서야 할일이냐 하는 죄감이 나서 눈물이 아니 흘을 수 업섯다……. 안내하는 청년은 그 범행을 한 박상실이가 그 째에 남쪽편인 저 산 밋흐로 도주하였다고 하면서 참변시에 동정하든 안이근씨가 범인을 조차가는 동시에 이 참변의 급보를 접한 당지 중국육군 8,9명이 나아가 추격하얏스나 범인은 저압헤 잇는 산으로 넘어가서 산중에 잠적하야 버렷슴으로 얼마동안 수색하여 밀강으로 다라나는 것은 계속 추격하얏스나 마츰 날이 저물러서 잡지 못하고 말엇다 하나…"15)

---

14) 「백야조문가는 길에」 조선일보 1930년 3월 8일자

즉 김기자의 기사는 다른 어느 기록보다도 김좌진의 사망당시의 상황을 잘 기록하고 있다. 그리고 암살범이 박상실인 점, 사망 정미소이름이 금성정미소라는 사실 등을 알려주고 있다. 그러나 암살범인 박상실의 신분이라던가, 암살배경 등에 대하여는 언급하고 있지 못하다. 조선일보 기사 중 주요 내용을 적시하면 다음과 같다.

1. 조선일보 1930년 3월 9일자

백야조문(白冶吊問)가는길에(사(四))
산시참(山市站)에서 특파원(特派員)
김(金) 연(然) 파(波)

그는 나의 가진 사회사상(社會思想)의 경향여하(傾向如何)의 답(答)이 곳 씨(氏)로 하야금 완전(完全)한 대답(對答)을 하고 안하는 중대(重大)한 초점(焦點)인 까닭이엇다. 그럼으로 대답(對答)을 아니할 수도 업고, 기자(記者)가 잇는 지대(地帶)가 지대(地帶)이니만큼 자유(自由)롭지 못하기도 하며 나의 입장(立場)으로도 처음 대(對)한 씨(氏)가 어떤 주의(主義)를 가진 것을 알지 못함으로 그 태도(態度)를 선명(鮮明)히 하기가 곤란(困難)하엿다. 그래서 기자(記者)는 내지(內地)를 떠난지 십여년(十餘年)인 까닭에 내지(內地)의 근간 사정(近間事情)을 잘 알지 못하며 사상문제(思想問題)에 잇서서 기자(記者)가 잇는 지대(地帶)가 지대(地帶)인 관계(關係)로 잘알지 못한다고 하엿다. 씨(氏)는 기자(記者)의 대답(對答)에 다소 회의(多少懷疑)를 하면서도 아는 듯한 태도(態度)로

『그러면 좀 나의 말하는 중(中)에 엇던 점(點)은 곡해(曲解)하시기가 쉽게습니다. 그러나 생각 되는대로 대강(大綱) 말슴하지요』

15) 「백야조문가는 길에」 조선일보 1930년 3월 11일자

하며 말을시작(始作)한다

도도수백언(滔滔數百言)으로 북만운동(北滿運動)의 유래(由來)와 및 그 이면(裡面)의 암류(暗流)를 설명(說明)하고 백야(白冶)의 흉변(凶變)은『조선(朝鮮)○○단외(團外)에 대립(對立)되어 잇는 ○대방(對方)이 행(行)한○살(殺)이라고 생각합니다 하고 비정강개(悲情慷慨)의 말 그친다(담화(談話)의내용(內容)은별문(別文)으로──편자(編者))

『다시 더 물으실 말슴이업습니까』하고 친절(親切)히 뭇는다. 기자(記者)는 긴 시간(時間)을 씨(氏)에게 더빌리기가 미안(未安)한 중(中)에 이말하는 동안에 사람이 누차(累次)왓다가는 그저 도라가는 것을 보고 또 각처(各處)에서 온 서찰(書札)을 바더가지고 채펴보지도 못하고 잇슴을 보와 분망(紛忙)한 듯히 추만(推灣)되어 달은 말은 그만 뒤로 미루고『백야선생(白冶先生)의 가족형편(家族形便)을』간단히 물엇다. 씨(氏)는 비참(悲慘)한 유색(類色)을 띠우고

『백야형(白冶兄)의 가족(家族)말삼입니까?참 무어라 말삼할 수 업시 참담(慘憺)하게 되엇습니다. 백야형(白冶兄)의 자당(慈堂)은 그 부인(夫人)이 모시고 석두하자참(石頭河子站)에서 이십리가량(二十里假量)되는 팔리지(八里地)에 계신데, 백야형(白冶兄)의 자당(慈堂)께서 금년 육십팔세(今年六十八歲)의 고령 노인(高齡老人)으로 지금 이 사변후(事變後) 위석(委席)하야 누우섯는데 병환(病患)이 심상(尋常)치 안코, 그 부인(夫人)으로 말하면 거음 십일월(去陰十一月)에 여아(女兒)를 나으신 후 산후증(後産後症)이 미쾌(未快)한 중(中) 이번사변(番事變)을 당(當)하고 더욱 병환(病患)이 덧치어서 생활난흥부(生活難興否)는 차지(次之)하고 위선(爲先)의 병환(病患)들로 인(因)하야 참아볼 수가 없습니다』하고 기타 유족(其他遺族)과 그 친제 동진씨(親弟東鎭氏)는 지금 산시(山市)에 왓다고 한다.

기자(記者)는 그 계씨(季氏) 동진씨(東鎭氏)에게 소개(紹介)와 피

해당(被害當)하든 현장(現場)을 좀 보여줄 것과 사진사초빙(寫眞師招聘)할 것을 부탁(付托)한 즉, 씨(氏)는 분망(紛忙)한 태도(態度)로 엇던 청년(靑年) 한 분을 청(請)하야 안내(案內)하여 주기를 당부(當付)한다

2. 3월 11일자

백야조문(白冶弔問)가는 길에(五)
산시참(山市站)에서 특파원(特派員)
김(金) 연(然) 파(波)

전(全)○○씨(氏)가 소개(紹介)하야 주는 청년(靑年)과 동반(同伴)하야 남편(南便)으로 가게되얏다. 압홀보니 조선사람 사는집이 듬은듬은 잇다. 안내(案內)하는 청년(靑年)이 손을 들어 가르키기를 저긔 저집이 금성정미소(金城精米所)인데, 저 정미소문(精米所門) 압헤서 백야(白冶)가 참변(慘變)을 당한것이라고 한다. 기자(記者)는 그 현장(現場)을 어서가서 보앗스면 하는 조급증(燥急症)이 나서 가는 거름이 아니가는가 하는 감(感)이 업지 안엇다. 급기(及其) 그현장(現場)인 정미소(精米所)에 당착(當着)하야보니 쓸쓸한 벌판이다. 백야(白冶)가 구경하다가 참변을 당(當)한 풍차(風車)가 아즉 그대로 노혀잇는데 백야(白冶)가 참변(慘變)을 당(當)할 때에 뒤로 벳발자국 거러나오다가 비참(悲慘)히 절명(絕命)을 한 것이라고 청년(靑年)은 지점(地點)을 가르치며 설명(說明)하야 준다. 기자(記者) 이말을 들으며 그 진경(眞景)을 멀리에서 보다가 이것이 조선사람으로서야 할 일이냐 하는 비감(悲感)이 나서 눈물이 아니흘을 수 업섯다. 그 현장(現場)과 풍차(風車)를 보고 불스록에 백야선생(白冶先生)의 풍차(風車)가 연상(聯想)되어 가슴이 억색(抑塞)하는 것을 참지 못하얏다.

모든 것이 눈에 선히 보이는 듯 십다. 흔적이 남어마잇는 듯 하다. 안내(案內)하는 청년(靑年)은 그 범행(犯行)을 한 박상실(朴尙實)이가

그시(時)에 남편(南便)인 저산(山)밋흐로 도주하엿다고 하면서 참변시(慘變時)에 동정(同情)하든 안이근씨(安利根氏)가 범인(犯人)을 쪼차 가는 동시(同時)에 이 참변(慘變)의 급보(急報)를 접(接)한 당지 중국 육군 팔구명(當地中國陸軍八九名)이 연(連)하야 박격(迫擊)하얏스나 범인(犯人)은 저압헤 잇는 산(山)으로 넘어가서 산중(山中)에 잠적하 야 버렷슴으로 얼마동안 수색(搜索)하야 밀강(密江)로 도다라나논 것 은 계속 추격(繼續追擊)하얏스나 마츰날이 저무러서 잡지못하고 말엇 다한다. 압헤잇는 산(山)을 내여다보니 그 산(山)은 평평(平平)한 산 (山)인데 눈이 덥혓스며 거리(距離)는 한십리가량(十里假量)되어 보인 다 그산(山)을 볼 때에 더욱히 이상(異常)한 감(感)이 잇게된다

시간(時間)이 급(急)함으로 그 현장(現場)을 작별(作別)하고 회로 (回路)하게 되엿다. 기자(記者)는 도라오면서도 사진기계(寫眞機械)를 가지고 가지 못한 것이 유감(遺憾)이엇다

그곳에는 사진사(寫眞師)가 업슴으로 돈을 주어도 사진(寫眞)은 도 저히 박킬수 업섯다. 사진사(寫眞師)를 데려오랴면 벳백리(百里)를 차 로(車路)로 가서 데려온다고 함으로 부득이 사진(不得已寫眞)은 박이 지 못하게 되엿다.

기자(記者)는 도라오면서 안내(案內)하든 청년(靑年)에게 이곳에 사는 조선인(朝鮮人)이 멧호(戶)나 되느냐고 무른 즉 한 삼십호(三十 戶)가량 산다고한다. 또 재작년(再昨年)에는 한춘화(韓春化)가 중국인 경영(中國人經營) 인도전공사원(稻田公司員)에게 피살(被殺)을 당 (當)하야 一시(時)에 사회적(社會的)으로 언론(言論)이 이러낫스며 중 한인간(中韓人間)의 공기(空氣)가 험악(險惡)하여 겻다하면서 한씨 (韓氏)의 잇는 집을 가르켜주는데 기자(記者)는 그집을 볼 때에 더욱 히 여러 가지 비분(悲憤)한 감회(感懷)를 이기지 못하얏다.

5. 반전과 평화: 김좌진의 죽음과 가족의 애환

1930년 1월 살을 애는 찬바람이 불린 날, 북만주벌에서 항일영웅 김좌진 장군이 순국하였다. 당시 동아일보는 그의 죽음과 항일경력을 다음과 같이 보도하고 있다.

> 홍보를 확전하는 백야 김좌진 부음
> 북만 ○○운동자의 거두 42세를 일기로
>
> 신민부 수령으로, 남북만주에서 여러 가지 활동을 하고 있던, 백야 김좌진씨가 지난 1월 24일 오후 2시에 중동산선 산시역 부근 산중에서 김일성이라는 자에게 총살되었다는 풍설이 있다함은 기보한 바이어니와, 금 12일에 이르러 시내 각처에 씨의 서거가 확실한 것을 증명하는 부고가 배달되었다. 부고의 내용에 씨가 서거한 원인에 대하여는 일언반구가 없으므로, 일시 일본 신문이 선전한바와 같이 과연 그 반대편의 손에 사살이 되었는지, 혹은 그 이외의 복잡한 관계로 해를 입었는지는 아직 확실히 판명되지 아니하였으나, 씨가 전후 20년 동안이나, 남북만주로 돌아다니며, 혹은 ○○군을 양성하기 위하여 다수한 조선 청년들을 모아 실제 훈련을 하고, 혹은 2,000여명의 부하를 거느리고, 북간도 방면에 넘나들며, 혹은, 신민부를 조직하여 10년을 하루같이 활동하여 오는 것은 세상이 다 아는 바이어니와 만부부당 지용과 발산의 힘을 가지고, 때대 조선 사람에게 "조선이 가진 만주의 장사"라는 느낌을 주던 씨도 42세의 파란 많은 역사를 세상에 남기고, 눈 쌓인 만주 벌판에 최후에 피를 흘리고 말았다.(1930. 2. 13. 자 동아일보)

아울러 조선일보에서도 장군의 부음과 항일경력을 다음과 같이 대서특필하며 애도하고 있다.

신민부 군사위원장 김좌진 피살 확실
지난 1월 28일 오후 2시
중동선 모처에서 참사(慘事)
신민부 군사위원장 김좌진은 지난 1월 28일 오후 2시에 북간도 중
동선 모처에서 누구에게 인지 피살되었는데 향년이 42세이더라 (조선
일보 1930년 2월 13일자)

　　김좌진장군의 순국직후 언론보도를 통하여도 우리는 장군이 일제시
대 국내외의 항일독립운동을 이끈 대표적인 민족운동가임을 알 수 있
다. 그러나 사실 김좌진 장군에게서 잊고 있는 것이 있다. 그의 인간적
인 면모와 성격이 그 대표적인 것 중에 하나일 것이다. 당시 조선일보
는 그의 성격에 대하여 3·1운동에 참여하였을 뿐만 아니라 신간회에
서 서기장을 역임한 친구인 김항규와의 면담을 통하여 다음과 같이 보
도하고 있다.

　　<넓고 둥근 얼골에, 관후(寬厚)한 성격(性格)이고>
　- 담력도 사람에 뛰어났다 -
　◇ 그의 친우인 김항규(金恒奎)씨 談

　- 김좌진이 죽었다하니 실로 슬픈 일이외다. 그 사람은 충남 홍성
출생으로 어릴 때부터 담력과 재조가 출중하여서 한문사숙에 다닐 때
부터 영재라고 근촌에 이름이 자자하였으며, 성장한 뒤는 합병직후에
는 광복단사건에 관계하였다가 3년의 징역을 치르고, 그리고 곧 만주
로 들어가서 이때 1년 동안을 두고 가진 풍상을 겪어보듯 일이야 내가
말을 아니한 들 모르겠습니까 최근에는 신민부 수령으로 활약 중이란
말을 들었는데, 이번의 참변은 주의상 충돌과 희생이 된 것인지 또는
어떤 검은손이 움직여서 그러한 것인지, 자못 의심스럽습니다.
　　더욱 김좌진의 풍채는 과위하다 발만치 키가 6척을 넘고, 얼굴이 둥

굴고 넓고, 또 담력도 남보다 뛰어날뿐더러, 기운이 장사이였으며, 성격은 관후하고도 엄격하였습니다. 지금 고향에는 아무도 없겠고, 그의 아내와 어머니도 몇 해 전에 김좌진을 따라 북만주로 간 줄 압니다.(조선일보 1930년 2월 13일자)

김좌진은 기운이 장사이며, 키가 6척이 넘은 거구임에도 어질고 인자한 성품을 지녔던 것이다, 일면 그는 관후하면서도 엄격한 성격의 소유자였던 것이다.

한편 우리는 장군의 가족사 및 그에 따른 애환에 대하여도 잘 모르고 있다. 사실 당시 자료들 곳곳에는 그의 인간사의 편린들이 남아 있는데도 말이다.

<눈쌓인 만주벌판 애끊는 부녀별루(父女別漏)>
- 생이별은 필경 영이별이 되어 -

비명으로 횡사한 김좌진씨에게는 그의 애첩이었던 김계월(金桂月)의 품에는 두환(斗煥)이란 십 여세 된 소년이 있는데 방금 안성(安城) 지방에 있다하며 김계월은 원산(元山)에 가 모 요리집에 있다는데 그가 만주에 있을 때에 일본의 토벌대에게 쫓기어 만주를 버리고 시베리아로 떠날 때의 그의 애녀인 16세된 옥남(玉男)이가 아버지의 소매에 매어달려 흐느껴 울며, 아버지의 뒤를 쫓아가겠다고, 몸부림을 하던 것을 그는 어린 딸의 소매를 뿌리쳐 길에 쌓인 눈 위에 너머진 것을 내려다보고는 "아비가 성공을 하고 돌아온 뒤에는 좋은데 시집을 보네주마" 하는 한마디를 남기고는 홀홀히 떠나갔다는데 뒤에 옥남이는 아버지의 돌아오는 날만 손꼽아 기다리다가 거치른 만주 벌판에서 고혼이 되었다 한다.(조선일보 1930년 2월 13일자)

국내에서 애첩 김계월과의 사이에 김두한을 두었던 일, 청산리전투

후 사랑하는 딸 옥남이를 두고 떠나는 아비의 애절한 아픈 마음을 읽을 수 있다.

올해, 독립전쟁의 영웅 김좌진장군이 우리들의 마음속에 전쟁의 영웅으로서가 아니라 한 가족의 가장으로서 그리고 그 가족의 슬픔이 평화와 반전의 메시지로 새롭게 부활하기를 기대한다. 이와 관련하여 김좌진순국 당시의 집안 형편과 상황을 알아보면, 조선일보 1930년 2월 15일자의 다음의 기사가 참고된다.

노모(老母)와 유아(幼兒) 두고
적빈여세(赤貧如洗)한 가정(家庭)
◇이역방낭중(異域放浪中)에 저축(貯蓄)이 업서
장의(葬儀)도 곤란(困難)한 고김씨(故金氏)

고 백야 김좌진(白冶金佐鎭)씨에게는 칠십 로령의 편모가 잇고 슬하에는 아즉 십여세 먹은 딸이 만주(滿洲)에 남어 잇고 소실에게서 나은 십여세의 김두한이 지금 원산에 가서 잇다는데 그는 원래 여러 가지 일을 위하야 자긔 한 몸을 바치고 가명생활에는 극히 랭정하든터이라 가산이라고는 조금도 업고 글자 그대로 적빈여세(赤貧如洗)하야 뜻박게 불행을 당하여서도 장례준비에 곤난할 뿐아니라 압흐로 그의 유족들이 생활하여 나아갈 길이 막연하다는 바, 해내해외에서 그와 함께 고생을 난우어 오든 친지들은 물론이어니와 평소에 그를 사모하든 사람들은 그 정상에 동정하야 다만 얼마간이라도 부의금을 모집하야 보내는 중 이라더라

즉, 김좌진은 가난하여 장례비조차 없을 정도로 극빈하였던 것이다.

한편 조선일보 1930년 3월 18일자는 김좌진의 아들, 김두한을 살펴보는데 도움을 준다. 특히 김두한의 사진도 실려 있어 의미가 있는 기

사로 판단된다.

부친흉보(父親凶報)난 신문(新聞)들고(이(二))
<u>종야통곡(終夜痛哭)한 유자 두한(遺子斗漢)</u>

◇생활에 못견듸어 전전하는 김계월의신세◇
◇부친 긔품을 바더 씩씩히 자라는 그의아들◇
◇고 김좌진씨 애첩 김계월 애화(故金佐鎭氏愛妾金桂月哀話)

이리하야 애끗는 리별을 또한번 하지 안흘 수 업게 되엿스니 지금으
로부터 륙년전 다만 하나 박게 업는 어머니를 위하야 사랑하는 이를 리
별하고 다시금 고국의 땅을 밟게되자 김좌진씨는 아들의 장래를 위하
야 자유스런 넓은 북만에서 자유스럽게 긔품을 지도해 주리라는 생각
으로 아들 두한(斗漢)만을 남겨노코 나가라 하엿스나 두한의 외조모는
한사하고 거절하야 두한이 여섯 살적에 어머니를 조차 나온 것이다. 사
랑하는 애인과 귀애하든 자식을 리별하지 안□□업게 되엿스니 아모리
장부의 철석간장인들 엇지 비회가 업섯스랴. 눈물을 머금고 아들의 장
래만을 열백번 부탁하고 모자(母子)를 떠나보내게 되엿다 한다.
류년전 고국의땅을 밟은 그들은 경성(京城)에 도착하야 인사동(仁
寺洞) 일백칠십삼번지에 류숙하며 생활을 하여 나가기 위하야 계월이
가 다시 기생으로 나오려 하엿스나 김좌진씨의 낫을 본다거나 친척들
의 낫을 본를 엇찌 다시 기생으로 나오겟느냐는 친척들의 반대로 친척
으로부터 얼마식 보조해주는 돈으로 그날 그날의 생활을 니어 가며 두
한의 징래만 밋고 만단의 곤난을 부릅쓰고 교동 공립보통학교(校洞公
立普通學校)에 입학을 식히엇스나 갈수록 생활이 곤난하여질 뿐아니
라 빗만 늘어감으로 할수 업시 경성(京城)을 떠나 개성(開城)으로 기
생노릇을 하러나려 왓든 것이다.
그러나 나려와보니 모든 것이 뜻과가티 되지 안흠으로 또다시 사랑
하는 아들과 어머니를 리별하고 기생 두명을 다리고 함흥(咸興)방면으
로 료리영업을 하러갓스나 그곳조차 시원지안흠으로 또다시 홍원읍내

(洪原邑內)에서 료리점을 하여가며 얼마 수입되는 돈으로 어머니와 아들의 생활만은 보장하고 잇스나, 두한(斗漢)은 원래 지도자가 업슬 뿐만 안이라 넉넉지 못한 생활을 함으로 학교외(外)지 단니지 못하고 우유도일을 하고 잇스나 자긔 부진의 긔품을 타고난 관게인지 총명한 두뇌와 범연치 안이한 긔질의 소유자로 그는 동리 아희들과 작란할 때에도 전쟁(戰爭) 흉내만 내어 죽장(竹杖)으로 총과 칼을 만드러 가지고 자긔가 대장이 되어 아츰밥만 먹고나면 온 종일 동리 아희들을 모아가지고, 내(川)를 건너고 산을 넘어 뛰어도라 단니며 싸홈하기를 조와한다하야 동리에서 싸홈대장이라는 별명까지 드러 동리 계집애들은 두한이만 보면 무서워도망한다 하며, 동리사람를이 너의 아버지는 지금 어데 잇스며 무엇을 하느냐고 무르면, 우리 아버지는 멀고먼 청국에 잇는데 머리를 길게 길러드린 사회주의자(社會主義者)인데 나도 열네살만 되면 아버지를 따라가서 훌륭한 사람이 된다고호언을 하야 사람들을 웃킨다고 한다.

어린맘에도 아버지와 가튼 사람이 되겟다는 긔대와 희망이 컷섯 것만은 밋고 미덧는 자긔아버지가 엇더한 흉한에게 참살을 당하엿다는 신문을 어더본 그는 어린 가슴 속에도 원한에 타오르는 불길을 억제치 못하야 자긔 아버지가 참살을 당하엿다고 긔재된 신문을 들고 드러와 할머니 압헤 업듸어 밤새도록 울엇다한다. 어린 가슴 속에 사모친 원한은 옛원히 사러지지 안엇슬 것이며 타오르는 분로의 불길은 항상 긔회를 엿보고 잇슬 것이나 지도자와 공부를 못하는 그의 장래야말로 엇지나 전개될 것인가. 다만 삼척지하에 고요히 누어잇는 김좌진씨의 령혼이 잇다면 어린 가슴 속에 긔대와 희망이 사러지지 안토록 축수할것이다(개성)

◇사진은 유애 김두한
(개성특파원 최문우 긔(開城特派員崔文愚記))

조선일보 1930년 3월 17일자에서는 김두한의 어머니 김계월의 김좌진과의 만남과 생활, 이별 등에 대하여 상세히 보도하고 있다.

가인장사(佳人壯士)의 월하감몽(月下甘夢)

이금(而今)에는 수류운공(水流雲空)

◇김참판의 딸로서 화류게에 발을들여노하◇

◇일대풍운아 김좌진씨를 첫남편으로 마저◇

△고김좌진씨 애처 김계월 애화(故金佐鎭氏愛妻金桂月哀話)▽

뛰어난 호협심의 소유자요 일대의 풍운아(風雲兒)로 눈날리고 바람
거친 넓으나 넓은 북만(北滿)일대를 좁다하고 가진 풍상을 감수(甘受)
하여 가며 동분서주(東奔西奔)하면서 자긔의 뜻한바를 도달코저 만단
의 활약을 하고 잇단 신민부위원장(新民府委員長) 백야(白冶) 김좌진
(金佐鎭)(四二)씨가 씩씩한 기세(氣勢)가 한창 넘날릴 시절인 사십이
세를 일긔로 눈날리는 북만에서 원한에 사모친

◇선혈(鮮血)을 뿌리고 비상한 최후를 맛첫다는 부음(訃音)을 들은
지도 임의 달이 박귀엇스며 따라 당시에 수회를 두고 거듭 그의 만혼
일화를 만재하야 우리에게 남겨논 만혼 인상은 아직것 긔억에 남어 잇
슬 것이어니와 당시에 그가 김좌진(金佐鎭) 가장 사랑하던 애첩 김계
월(金桂月) 이육(二六)의 몸에서 출생한 두환(斗煥)(一二)이란 아들이
현재 홍성(洪城)에 잇느니 혹은 경성시외(京城市外)에 잇느니하야 그
확실한 소재처를 아지 못할 뿐안이라 애첩 김계월(金桂月)이가 원산
(元山)방면에서 요리업(料理業)을 한다고 보도되엇거니와 그는

◇모다 오보이엇스며 허설이엇고, 정작 김좌진(金佐鎭)씨의 아들 두
한(斗漢)(一二)이 잇는 곳은 아버지가 잇는 바람거친 그곳과는 정반대
로 고요한 조선의 넷도읍 (개성(開城)에 잇다. 그는 목하 개성서본정
(開城西本町) 이백오십사번지에서 자긔의 조모와 가치 쓸쓸한 그날 그
날을 소일하고 잇다. 일직이 당대에 풍운아인 백야 김좌진(金佐鎭)씨
를 맛나볼 긔회는 업섯지만 우연이도 그의 혈육인 (두한(斗漢)을 찻게
되는 무한한 호긔심을 가지고 비나리는 지난 십이일 두한(斗漢)이란
어리애를 서본명으로 찻게 되엇스나 아침밥을 먹고 나가아직도 도라오
지 안코 어둠컴컴한 방에 두한(斗漢)의 외조모만 병으로 누어잇섯슬
뿐이다. 조모에게 두한의

◇근황을 좀무러 보리라는 생각으로 염치 불고하고 뛰어 드러가서 김좌진(金佐鎭)씨와 김계월의 사랑의 시초부터 뭇게되엇다.

그러나 그는 뭇는 말에 대답은 하지 안코 김좌진씨에 참살당인 진부를 반문하자 사실이라는 말에 가장 락망한듯이 녯일을 추억하며 잠잠히 안저잇다가 긴 한숨을 쉬어가며 김좌진씨와 자긔 딸과 사랑에 싹을 맷든 시초부터 실마리를 풀기시작하였다

김좌진씨의 애첩 김계월(金桂月) 이육(二六)은 원래 김상회 김참판(金參判)이란 명문의 집 딸로 태어낫스나 변하는 시대에 부닥기어 기우러지는 가세는 것잡을 사이도 업시 파산(破産)에 이르게 되엇다. 할 수 업시 가정(家庭)에 희생이 되어 뜻하지 안흔 기생의 몸이되기로 결심하고

◇당시 경성에 잇는 다동권번(茶洞券番)에 기명(妓名)을 두게 되엇슬 때에는 아직도 순진무결한 동녀(童女))이엇다 한다. 계월 나히 십오 세 때에 우연한 긔회로 당시 시국에 대한 만강의 불평을 품고 홀연 고향을 떠나 중앙무대로 진출한 김좌진을 처음 맛나게 되엇스니 비롯오 첫 남편으로 머리를 언지어 준후 이래 삼년간이나 동거하엿스나 남다른 포부와 리상을 품고 잇는 풍운아로서 엇지 사랑의 품속에서만 소일을 하고 잇슬것이랴. 애지중지 하든 계월을 초개가티 차버리고 후일을 긔약한 후 홀연 북만(北滿)무대를 밟게 되엇스니 꿈에도 생각지 안튼 리별을 당한 계월은 모든 것 남편의 성공만 암축하고 잇섯스나

◇남달리 총애를 밧던 계월로서는 해가 밧귀일사로 일편 단심에 그리운 남편을 단념할 수는업섯다. 할수 업시 만단을 폐하고 사랑하는 남편을 찾지안을 수는 업섯던 것이다. 그리하야 어머니와 가티 사랑하는 이를 차저 멀리 북만을 향하야 떠나게 되엇다. 오래동안 그리던 남편을 차즌 계월은 해림(海林)부근에 잇는목단강(牧丹江)밋 일간 두옥에서 또다시 사랑의 복음 자리를 지어 이래 자미스러운 생활을 계속해 오던 중 호사다마(好事多魔)라. 우연이도 계월의 어머니가 수토불복으로 토혈(吐血)을 하게 되어 할 수 업시 어머니를 조차 귀국하지 안흐면 아니

되게 되엇다

한편 1932년 5월에 간행된『삼천리』의 <불상한 고아들>에서는 김좌진의 또 다른 부인 나혜국과 자녀들의 국내에서의 애처로운 삶을 보도하고 있다.

『삼천리』제4권 제5호(1932년 5월 1일) <불상한 孤兒들>
총사주면 원수갑허
故 金佐鎭 따님 恩愛

얼마전에 방문햇을 때 홍역으로 몹시 알튼 金佐鎭의 따님과 아드님의 병세 여하를 알고십허서 몹시 바람 부는 어느 날 운이동 21번지를 또다시 차젓다.
그럿케 어둠컴컴하든 방도 밝어젓스며 방안에 잇는 사람들의 얼골까지도 화긔가 떠도는 듯 십헛슴으로 두 어린애기 병세가 완쾌한 까닭이 안이라고 못할 것이겟지.
따님 – 은애(금년 7세)는 밧게 놀너 나가고 아드님 철한(금년 3세)이가 안저서 죽을 먹는다. 한편 쪽에 안저서 다듸미질을 하다가 기자의 침입으로 해서 끈치고 안젓는 분이 멧츨전에 장춘서 도라온 김씨 미망인의 동생이라고 한다.
「어린 애기들의 병이 나어서 깃브시겟슴니다.」
「아이구 요새는 먹든지 굶든지 사는 것 갓슴니다. 저번에 오섯을 때는 너무도 기가 막혀서 무슨 이약이를 엇더케 햇든지도 몰으겟더니만」하고 혜국녀사는 희색이 만면해서 말삼하신다.
밀창이 열니드니
「엄마 밥조-」하면서 원긔잇게 뛰여들어 오는 애기는 일전에 압흘 때 배 사달다고 울며 졸으든 은애엿다.
하로에 네번 다섯 번식 밥먹는 애가 어듸 잇느냐고 어머님께서 말삼하시는 것도 듯는지 마는지 그래도 작구만 먹겟다고 졸으니 정말 네 다섯번식 먹을 만한 밥이 잇섯든지 나는 의문을 가젓다. 정 - 졸나도 주지 안을 눈치를 알엇든지 한쪽 구석에 노혀 잇는 밥그릇을 제 손으로 들어다가 먹으려고 한다만 밥그릇에 밥은 한술까락 밧게 되지 안은 노 - 란 조밥이엿다.

동생 철이가 먹는 것은 쌀죽이다. 반찬도 업시 한술밧게 안되는 노 - 란 조밥을 먹겟다고 안젓는 누이가 가엽게 생각되엿든지

「이것 먹어 - 응 - 」하면서 누이압에 죽 그릇을 내여놋는다. 은애도 조밥보담 힌죽이 더 조흔 줄은 알엇슴으로 동생 철한이의 말대로 함께 먹으려고 달여들엇다.

「네가 한술깔 먹고 또 내가 한술깔 먹을테야.」

「응 그래!」

그래도 누이 노릇 하느라고 동생 입에 한술까락 떠너어주고 제가 떠먹는다. 공긔에 담은 소고기 반찬도 동생 입에만 너어주고 은애는 번번히 먹지 안코 몹시 찔긴 힘쭐만 뜨더서 먹는다. 그런데도 불고하고 철한이는 맘이 살작 도라섯든지 누이가 고기를 먹는다고 울엇슴으로 은애는 먹든 숫가락을 던지고 나안젓다. 긔자는 그들의 하는 태도가 몹시도 자미스럽게도 보혓스며 또 한쪽으로는 가엽시 보혓다.

은애는 가만 안젓다가 무엇을 생각햇든지.

「엄마 - ―아버지 사진을 저기다가 붓처조 - 」

「네가 아버지를 알기나 알면서 그러니?」하는 어머님의 말슴이 섭섭하게 들엿든지.

방 바닥에 딩굴면서 울다가

「사진틀에 끼여서 붓처 줄테니 울지 말어.」하고 달내는 어머님의 말삼에 울음을 끗친다.

긔자는 겨우 일곱살 되는 은애의 생각―아버지를 생각하는 맘이 간절함에 놀나지 안을 수 업는 동시에 측은한 늣김도 잇섯다.

「은애―아버지 보고 십흐니?」하고 긔자는 물엇다.

「참 보고 십허요.」

「아버지가 어듸 가섯지?」

「우리 아버지는 도라 가섯서요.」

「아버지가 엇더케 도라 가섯지?」

「…」

은애는 대답이 업스니 어머니가 대신으로 「다 알어요. 그러기 때문에 밤낫 총을 사달나고 졸는담니다.」하고 대답하신다.

「총을 해서는 무엇 할나구요?」

「저의 아버지 죽인 사람을 쏴 죽인다고 늘 말하기를 아버지 죽인 개(犬)를 죽인다지요.」

그리고 제만은 아버지를 퍽 생각하는 모양임니다. 누구집에 가서도 그 집 애들이 저의 아버지 무릅에 안져 잇는 것을 보고는 울고 야단이람니다. 산시(山市)에서 저의 아버지 장례식 때도 겨우 네살이엿는데 오리나 되는 장례식장으로 따러 갓담니다.

「갓다와서 무엇이라고 하지 안어요?」

「아버지를 웨 흙에다 파 뭇느냐고 하겟지요?」이럿케 긔자와 이약이하는 어머님의 말슴을 한참 듯고 잇더니 붓그러운 생각이 드러갓든지 어머님보고 이약이 하지 말나고 떼쓴다.

긔자는 또 다시 은애에게

「인제 크게 자라서 어룬 되면 무엇 할테냐?」

「총을 가지고 우리 아버지 죽인 「개」를 죽여요.」하고는 얼골을 붉힌다. 말하는 것이나 노는 태도로 보아서 녀성적 성격을 가졋다기 보담 어듸를 보든지 남성적이엿다. 자긔 어머님의 말슴을 듯건대

요새도 거리에서 애들이 총을 가진 것을 보고 작고 사달나고 졸은다구. 그리고는 나무 각으로 총갓치 만들어서는 그것을 가지고 총이라고 「땅땅땅」하면서 총을 놋는 체 한다니 긔이한 일이다.

「학교에 단이고 십지 안어?」하면서 머리를 쓰담으며 뭇는 긔자에게

「단이고 십허요.」하고 대답하는 양도 퍽 남성적이엿다.

혜국녀사는 또 다시 말삼을 계속 하신다.

「지금 학교에 간다고 야단이람니다. 이 압에 잇는 학교 마당에 아츰마다 가서 보고는 학교에 듸레 달나고 떼를 쓴다.」

누이가 고기 반찬을 먹엇다고 울든 철한이는 어머님의 젓꼭지를 물고 잠들엇슴으로 은애에게만 몃마듸 말을 물어보고 그 자리를 떠낫다.(3월 26일)

6. 맺음말

해방 이후부터 1970년대까지 김좌진은 주지하는 바와 같이 청산리 전투의 영웅으로 우리 모두에게 각인되어 왔다. 또한 1930년 1월 박상실이라는 공산주의자에게 암살당함으로써 반공교육이라는 시대적 요청에 적절한 영웅으로서 또한 언급되어 왔다. 그런데 1980년 한국의 민주화, 1992년 중국과의 국교수교 이후 김좌진은 오히려 평가절하된 측면이 있다. 청산리전투의 영웅은 김좌진뿐만 아니라 홍범도도 큰 역할을 하였다는 연구들, 반공교육으로 인하여 김좌진이 과대평가되었다는 한국 및 연변 측의 연구들이 이러한 평가들을 재촉했다. 사실 이러한 연구들은 일면 객관적인 측면도 있다. 그렇다고 하여 김좌진에 대한 객관적 입체적 연구를 등한시한다는 것은 있을 수 없는 일이 아닌가 한다.

본 연구는 김좌진을 보다 객관적으로 보고자 하는 의도에서 출발하였다. 김좌진이 1920년대 청산리전투의 영웅이었기에, 그의 이전 활동들도 과대평가된 경우가 있었음을 냉정하게 1910년대 안승구 군자금 모금운동을 통해 밝혀보고자 하였다. 아울러 비록 홍범도가 일정한 기여를 하였다고 하더라도 김좌진도 청산리전투의 영웅임을 재확인하고자 하였다. 또한 김좌진은 청산리전투이후에도 끊임 없이 항일투쟁과 더불어 대중적 지지를 얻기 위하여 항상 깨어 있는 지도자로서 활동하고자 하였음을 밝히고자 하였다. 그것은 김좌진이 무정부주의 사상을 수용하여 대중적 지지를 통해 항일무장투쟁을 지속적으로 전개한데서 짐작해 볼 수 있다. 한편 김좌진은 표면적으로는 공산주의자에게 암살당하였지만, 사실 하얼빈 일본총영사관의 역선전과 계략에 의해 피살

당하였다고 볼 수도 있다. 앞으로 이점은 좀더 연구를 통하여 밝혀져야
할 것이다.

김좌진연구는 앞으로 그의 항일투쟁과 더불어 남은 가족들의 아픔
과 상처 들에 대한 것들도 진행되어야 할 것이다. 김두환 경우 등 아직
도 유족들에게 상처를 주는 일들은 유감스러운 일이 아닌가 한다. 결
국 유가족들에 대한 연구는 반전과 평화의 관점에서 이루어져야 할 것
이다.

2

사료의 발굴과 탐구:
『독립신문』 5개호

1. 머리말

대한민국역사박물관(관장 남희숙)에서는 상해 대한민국임시정부에서 간행한 독립신문, 1924년(3개, 177－179호 10월 4일,11월 29일, 12월 13일), 1925년(180호, 1월 1일), 1926년(195호, 10월 23일)의 5개호를 국내외에서 유일하게 소장하고 있다. 그러므로 이를 토대로 2016년 4월『대한민국임시정부 독립신문』을 간행한 바 있다. 그럼에도 불구하고 그동안 학계의 주목을 거의 받지 못하였다. 그것은 역사적 의미의 소개 부족과 가독성 등의 문제가 주된 원인이 아닌가 판단된다.

새롭게 발굴된 독립신문에는 우리가 몰랐던 내용들이 다수 있어 독립운동사를 전체적으로 복원하는데 기여할 것으로 보인다. 특히 시기적으로는 1924년, 1925년, 1926년, 공간적으로는 상해를 비롯하여 만주지역 등 국내외의 독립운동이해에 큰 도움이 될 것이다, 아울러 만주지역 독립운동단체의 국내진공작전과 분열과 통합, 대한민국임시정부의 통합강조, 이승만 성토 등에 대한 심도 있는 내용들이 실려 있다. 또한 그동안 알려지지 않은 박은식, 홍진 등 임시정부의 대통령, 국무령

등의 글들도 실려 있어 이들의 사상과 노선을 이해하는데도 도움이 될 것이다. 잊혀진 독립운동가 채찬(백광운), 조맹선, 편강열, 김형모 등 다수의 여러 지사들의 독립운동이해의 단초들도 제공해주고 있다. 아울러 그동안 일본어로만 알려진 정의부 선언문 등도 한글본으로 파악할 수 있어 생동감을 더해주고 있다. 또한 만주벌의 독립영웅, 채찬(백광운)의 초상과 김형모의 사진도 있어 더욱 흥미를 자아낸다.

그러므로 이번에 소개하는 독립신문은 독자들께 신선함과 감동을 제공해 줄수 있을 것으로 기대된다. 새롭게 공개되는 사실들을 중심으로 소개하면 다음과 같다.

2. 새롭게 밝혀진 주요 내용

1) 신흥무관학교 출신, 채찬(백광운) 장군의 비극적 최후와 처음으로 소개되는 초상.

독립운동사를 연구하는 학자들도 1924년 9월 14일에 대한통의부 군인이 주만참의부 본부를 습격하여 참의부장 채찬이 희생당한 <남만참변>을 기억하는 경우가 별로 없을 정도로 이 참변은 그동안 알려지지 않은 사건이다. 그런데 독립신문 1924년 10월 4일자 1면에서는 거의 대부분의 지면을 할당하여 남만참변과 채찬, 그리고 채찬에 대한 추모에 대하여 다루고 있다. 참변의 비통함과 안타까움이 크기 때문일 것이다. 이역만리 만주에서 독립군끼리의 갈등과 대립, 희생은 단합과 단결의 중요성을 일깨워주는 교훈으로서 역사적 의미를 갖을 것이다.

아울러 신문에서는 채찬의 이력에 대하여도 상세히 소개하고 있어 잊혀진 독립영웅을 새롭게 부활시켜주고 있다. 채찬은 의병 출신으로 만주로 망명, 신흥무관학교 졸업하고, 그 뒤, 백서농장에서 활동하였으며, 3·1운동 이후에는 서로군정서, 대한통의부, 참의부 무장독립운동 단체 등에서 활동한 진정한 독립군이었다. 채찬에 대하여 독립신문에서도 다음과 같이 언급할 정도이다.

> 민국6년(1924) 8월에 주경왜총독재 등이 국경순회하는 기를 지하고 군인으로 하여금 재등실을 압록강 위원 연안에서 습격하야 세인의 이목을 경동케 하였으니 그 일평생에 한 사업은 국토광복으로 전업을 작하였으니 공적으로 말하여도 우리 독립당에 수령이 될만한 이오. 그 성심성력으로 보면 뉘가 감복지 아니할 이가 없으며 우군 수백명은 모두 다 그 성의에 감복되었더라.

특히 의병출신인 그가 신흥무관학교를 졸업했다는 점은 주목된다. 아울러 조국이 해방될 때까지 결혼을 미룬 점등은 우리의 마음을 뭉쿨하게 한다. 독립신문에 실려 있는 채찬의 이력을 국가보훈처 발행『독립유공자공훈록』의 내용을 함께 소개하여 독자들의 이해를 좀더 돕고자 한다.

(1)『독립신문』 1924년 10월 4일자 (제177호)

『독립신문』 제177호는 남만주에 있는 독립군 단체 사이의 갈등으로 인하여 희생된 채찬 (백광운)에 관한 애도 기사와 통의부에 대한 비난 기사가 주를 이루고 있다. 추도 기사를 통해 남만주에서 활약하던 채찬의 독립운동 약력을 확인할 수 있음과 동시에 독립운동가의 비참한 최후를 알수 있다. 당시 독립군들이 겪었던 내분과 그로 인한 희생을 단적으로 보여주는 사례라고 할 수 있다. 특히 그동안 알려지지 않은 채찬의 초상이 실려 있어 더욱 의미가 있다고 보여진다. 또한 채찬의 정확한 약력 또한 신선하다.

백광운(채찬) 선생의 약력

선생의 본성명은 채찬이오. 백광운은 그 변성명이라. 원적은 충북도 충주군 덕산면 성내동인으로 왜노가 을사보호를 늑체한 후 의병장 이강년씨와 공히 의병에 종사하다가 거금 십오년전 국호가 상실된 후 더욱 망국의 통한을 포하고 본적지를 이하여 보부상으로 가징하고 사방으로 동지를 규합하다가 거금 십사년전에 서간도로 망명도래하여 신흥군사학교를 졸업하고 동지 신용관외 오육인으로 통화현 합니하에 백서농장을 설하고 둔전제로 사오년간 군인을 양성하였으며 민국원년(1919) 삼월 일일 독립선언 후 서로군정서 일원이 되어 동지 신용관과 같이 군정서 사명을 대하고 압록강연변에 주둔하여 내외지를 연락하여 모험대를 조직하고 적의 행정기관 파괴로 종사하다가 민국2년(1920)에 서간도가 적의 대군에게 타격을 당한 후 군정서 본부는 길림으로 가고 각 동지는 사산된 후 동지 신용관과 김조하로 더불어 다시 우군을 모집하여 의용대를 조직하고 더욱 대규모로 내외지에 재한 적의 기관을 파괴할 새 민국2년 5월 20일에 동지 이창덕외 4인으로 강계 문옥동 삼강 적경찰서를 습격하였스며 동 7월 16일에 동지 이창덕으로 하여금 적창괴 후창군수 계응규를 사살하였으며 민국3년(1921) 1월 25일에 적경 칠십여명이 관전에 침입할새 우군 십여명으로 더불어 맹렬한 교전을 하여 적병을 격퇴하였으며 또 태평면 왜일단 지부를 토멸하였으며 동년 추동간에 관전, 집안, 통화, 임강, 유하현 등지에 산재한 왜민단과 보민회와 강립단 등 적의 조아를 숙청하고 의용결사대 수백명을 단결하고 중대장이 되어 사오년간 내지에 침입하여 적의 기관을 다수히 파괴하며 적의 조아를 제거하였으니, 그 중요한 자를 거하면 위원구읍 적경주재소를 습격한 것과 강계 어뇌면 적경주재소와 문옥면 적경주재소를 습격한 것 등이며, 민국사오년간 서간도 통일에 전력하다가 통의부 동족전쟁이 기함에 엄연한 중립으로 그 동족전쟁에 불참하였

고, 민국5년(1923) 겨울에 서간도 주둔군사5중대군인을 연합하여 임시
정부에 직할기관을 설하고 대한육군임시주만참의부장이 되었으며, 민
국6년(1924) 8월에 주경왜총독재 등이 국경순회한는 기를 지하고 군
인으로 하여금 재등실을 압록강 위원 연안에서 습격하야 세인의 이목
을 경동케 하였으니 그 일평생에 한 사업은 국토광복으로 전업을 작하
였으니 공적으로 말하여도 우리 독립당에 수령이 될만한 이오. 그 성심
성력으로 보면 뉘가 감복지 아니할 이가 없으며 우군 수백명은 모두 다
그 성의에 감복되었더라. 행년이 43세가 되도록 가실을 두지 아니하고
혹 친지가 취실을 권하면 국토광복한 후에 가정을 성하겠다 하며 당상
에 칠십노모가 계시고 장백(큰 형 - 필자) 일인이 있다하며 거금 4214
년 1월 3일에 본적지에서 출생하였더라.

(2) 채찬 (백광운)

충북 충주(忠州) 사람이다. 1905년 이강년(李康秊)을 따라 문경(聞慶)
에서 의병을 일으켜 일제와 무력투쟁을 전개하였다. 1910년 일제에 의
하여 한국이 강점당하자 남만지역으로 망명하여 신흥무관학교에서
군사학을 전공하였다. 졸업후에는 합니하(哈泥河) 산골에서 백서농장
(白西農庄)을 만들고 둔전제(屯田制)로 군인을 양성하였다.

1919년 3·1독립운동 이후에는 서로군정서(西路軍政署)에 참가하
여 모험대를 조직하고 국내에 진입하여 적기관을 파괴하고 적의 밀정
을 처단하는데 주력하였다. 1920년 본부가 길림(吉林)방면으로 이동
한 후에는 신용관(申容寬)·김소하 등과 함께 의용군을 조직하여 제1
중대장으로 활동하였다. 동년 5월에는 강계군 문옥면(江界郡文玉面)
주재소를 습격하였으며, 동년 7월에는 이덕창(李德昌)을 시켜 친일파
인 후창군수(厚昌郡守) 권응규(權應奎)를 사살하게 하였다.

1921년에는 관전현(寬甸縣)에서 공격해오는 일경을 격퇴하였을 뿐

만 아니라 관전·즙안(楫安)·통화(通化)·임강(臨江)·유하(柳河) 등 각 현에 있는 친일기관인 일민단(日民團)·보민회(保民會)·강립단(强立團) 수십개소를 습격하여 제거하였다. 또 의용단결사대 수백명을 조직하여 강계(江界) 어뢰면주재소를 공격하기도 하였다. 한편 1921년 에는 김승학(金承學) 등과 독립신문의 한문판을 발행하는 자금을 제공하였다.

또한 1922년에 대한통의부에 가담하여 제1중대장으로서 무장투쟁을 계속하였다. 그러나 전덕원(全德元) 등과 의견의 마찰로 통의부(統義府)가 분열되자 남만의용군 대표로서 상해임시정부에 파견되어 교섭한 결과 김승학(金承學)·이유필(李裕弼)·이종혁(李鍾赫)·차천리(車千里)·박응백(朴應白) 등과 함께 임시정부 직할의 주만참의부(參議府)를 설립하게 되었으며, 참의장(參議長) 겸 제1중대장으로 항일투쟁을 전개하였다. 1924년 5월에는 이의준(李義俊)·김창균(金昌均)에게 국경을 순시하던 재등실(齋藤實)총독을 저격하도록 지시하여 적의 간담을 서늘하게 하였다.

정부에서는 고인의 공훈을 기리기 위하여 1962년에 건국훈장 독립 장을 추서하였다.

− 출처, 국가보훈처 공훈전자사료관 독립유공자 공훈록

2) 1924년 대한민국임시정부의 어려움과 새로운 방향 모색.:강고한 최대기관인 대한민국임시정부의 필요성 강조(백암 박은식)

(1)『독립신문』1924년 11월 29일자 (제178호)

『독립신문』제178호는 임시정부 국무총리 겸 대통령 대리인 백암 박은식의 논설로 시작한다. 1919년 3·1만세 운동으로 세계 각국에 우리의 독립전쟁을 인식시켰는데 그 이후에는 오히려 동족 간의 시기가 발생하는 것을 안타까워 하며 국가 독립을 위한 대사업을 진행하는 데 우리는 강고한 최대 기관이 필요하다고 역설하고 있다. 일제강점기 대표적인 민족주의 역사학자이기도 한 박은식은 신문 첫머리에 <우리는 믿을 것이 있어야 하겠소>라는 글에서,

> 오늘날 우리 경우에 가장 필요한 것은 우리 전민족이 가히 믿을만한 것이 있어야 될지라. 무릇 인류의 사업은 믿는 생각으로써 원인이 되고 믿는 힘으로써 결과를 얻는 것이라. 만일 믿는 생각과 믿는 힘이 박약하게 되면 무슨 사업이든지 반도이폐가 되지 아니하면 용두사미가 되고마는 것인데 하물며 국가를 광복한다, 민족을 수제한다하는 대사업에 대중일치로 믿는 것이 없고야 무슨 희망이 있으리오.
> 그런즉 우리가 믿는 바에 무엇이 필요하뇨. 우리 사람 가운데 믿을 만한 인재가 있는 것이 좋거니와 그 이상에 필요한 것은 오직 웅후하고 강고한 최대 단체의 기관이 그것이라(중략).
> 양명이 재방한 제자를 고위하여 왈, 오배학자의 붕우를 구함도 마땅히 이와 같이 성력을 쓸 것이라 하였으니 이제 우리 사회에 누구든지 웅후하고 강고한 단체를 결합하여 오족전체의 확실히 믿을 만한 기관을 만들고자 하면 오직 성신과 근면과 관홍인 삼대미덕에 있다하노라.

라고 하고 있는 것이다.

또한 대한민국임시정부 기관지 역할을 하던 『독립신문』의 원활한 발행이 어렵다는 점에 대한 사실도 독립신문 1면에 서술되어 있다. 이는 대한민국임시정부 내부가 큰 어려움을 겪고 있음이 그 기관지 발행에도 영향을 끼치고 있음을 보여주는 부분이다.

지금까지 우리가 주목했던 대한민국임시정부의 모습은 조직 당시

독립전쟁을 준비하던 당시와 중경으로 이전하여 전쟁을 준비하던 모습 등 독립운동의 구심점 역할을 하던 당시이다. 그러나 대한민국임시정부가 독립운동 단체들로부터 신임을 잃고 새로운 방향성을 모색해 가던 이 당시의 기사들을 주목하여 고난을 어떻게 극복하려고 하였는가도 살펴봐야 할 것이다.

3) 독립신문의 쇄신 강조:공정한 언론기관으로의 발돋움

(1)『독립신문』1924년 12월 13일자 (제179호)

『독립신문』1924년 12월 13일자는 1924년의 독립운동을 회고하는 기사들이 주를 이룬다. 그 중에서도 주목할만한 점은 '獨報刷新의 所感'으로써 앞선 만주참변에 관한 독립신문의 기사가 편파적으로 작성되었음을 비판하며 앞으로 공정한 언론기관으로써 발돋움할 수 있도록 바란다는 내용을 담고 있다.

3. 그런데 일작년 내로 우리의 사정이 다단하고 주위가 복잡함에 따라 갈수록 독보의 영양이 부족하고 유지의 고난이 더욱 심하여 혹절혹천으로 창천당시에 주간이던 것이 점차 월간으로 변하여지고 우 그 월간도 정기에 출간이 불능하여 마침내 금년에는 태히 정간의 상태로 있어 금년발행 호수가 근히 기호에 불과하였으니 이 – 어찌 경영자의 책임이리요. 이 – 실로 오족이 독보의 대한 성의가 부족한 소치이며 또한 우리의 광복대업이 부진한 상태로 인한 까닭이로다. 명호라! 이 얼마나 통탄한 사인가.황우 천만의외에 거 10월 4일 본지 제 177호에 기재된 어폐있는 논설과 편중에 경한 기사 (예를 거하면 동호 제1면에 공분생의 논문「남만사변을 듣고」와 제4면에 「성토문을 발포」) 등을 보고 우리는 우히 경악을 마지 아니하였노라. 우리 광복운동의 지도자이요 독

립운동자의 공기인 독보로 어찌 공정한 언론을 실하며 어찌 우리 운동의 불리한 기사가 있으리요. 이에 오인은 본보의 운명을 의심하여 무한한 비관과 끝없는 절망뿐으로만 있었던바, 금자사원 제위의 뜨거운 지성과 용단한 노력으로 다시 쇄신의 신운명을 개척한다는 희보를 듣고 연하여 본지 제 178호로 독보의 신면목을 대할 때에 어찌 금석의 감이 불무하리요. 우리는 애심으로 감격하며 쌍수를 거하여 환영하노라.

4. 바라건댄 신임 당국자 씨는 철저한 정신으로 먼저 독보유지의 원만한 기초를 확립하며 본보발전책을 임니 광복각단체의 구하야서 우리 운동의 공기를 완성케 하도록 최선을 다하며 동시에 대중의 모든 여론을 환기하며 우리 운동의 정당한 언론을 공개하여 독보로 하야금 오족 부활의 공정한 언론기관의 현실케 하기를 절망하며 금후로 더욱 해내 해외 동포가 독보 보육의 대한 분단의무와 발전의 대한 연대책임을 절실히 이행하여 일치협력하기를 촉하고 아울러 독보의 무궁한 발전이 진진부이하기를 항축하노라.

(1924. 12. 3)

독립신문의 주간 겸 경리부장이 김희산에서 최광욱으로 변경된 것도 독립신문의 새로운 변화를 예고하는 지점으로 생각된다.

4) 1925년 1월 새해를 맞이한 임시정부의 각오

(1) 『독립신문』 1925년 1월 1일자 (제180호)

『독립신문』 제180호는 신년호로써 신년축사와 앞으로 바라는 독립운동의 방향에 대하여 여러 인사들의 논고가 실려 있다. 그 중에서도 주목할 만한 논설은 '新內閣出現에 대하여'라는 제목으로 쓰여진 것으로써 중요한 시기에 조직된 박은식 신 내각이 지금까지의 여러 대한민국임시정부의 문제점들을 잘 해결해 갈 수 있도록 희망하고 있다. 청년들로 구성된 박은식 내각은 대한민국임시정부의 새로운 활로를 보여줄 수 있을 것이라는 여러 인사들의 기대와 희망의 기사들이 수록되어 있어서 박은식 내각을 새롭게 살펴볼 수 있는 자료라고 할 수 있다.

5) 새롭게 밝혀진, 남만주의 대표적 독립운동단체 정의부의 한글 선언서와 선서문

독립신문에서 1925년 1월 1일자로 1920년대 중반 압록강변의 참의부, 북만주의 신민부와 더불어 만주지역의 대표적인 독립운동단체인 정의부의 성립에 대한 자세한 보도를 하고 있어 주목된다. 특히 정의부 선언서, 선서문 등의 원문은 처음 공개되는 것들이다. 다만 그동안 일본측 정보기록의 일본어 번역만이 알려져 있었다(大正13年 12月 30日, 不逞鮮人等ノ開催ノ全滿統一宣言書其ノ他ニ關スル件)

『동아일보』에서는 1924년 12월 25일자의 「전만동포통일회, 정의부를 새로히 조직」이란 기사를 통하여 정의부의 조직 사실과 새로 선임된 이청천, 이진산, 김이대, 현정경, 오동진, 윤덕보, 이탁 외 3인 등 10명의 집행위원을 소개하는 정도였다.

미국 샌프란시스코에서 간행된 『신한민보』 1925년 1월 22일자의 「만주에 정의부 조직」에,

남만 통신에 의하면 만주에 있는 고본계 대표 신형규, 군정서 대표 리진산 리광민, 민회 대표 박경조 김경달 홍거동, 길림주민회 대표 리창범, 대한통의부 대표 김동삼, 고유신, 민선 대표 김정제 맹철호 백남준 박석구, 대한광정단 대표 윤덕보 김호 민선대표 김관옹 정흠 방윤

풍, 로동친민회 대표 리춘화 최명수, 의성단 대표 승진, 변둔 자치구 대표 윤하진 등 제씨가 작년 11월 24일 〇〇에 회집하야 창립 총회를 열고 정의부를 조직하고 선언서와 선서문을 발포하였다난드ㅣ 작금 위시하야난 전만의 일반 활동을 통일적으로 할 계획이라 하엿더라

라고 하였지만, 선언문과 선서문을 싣고 있지는 않다.

(1) 『독립신문』 1925년 1월 1일자 (제180호)

전만통일회에서 정의부조직

남만통신에 의하면 전만통일회에서 지난 십일월 이십사일 〇〇에서 창립총회를 개하고 정의부를 조직하고 선언서와 선서문을 발포하였다는대 그 전문을 소개하건대 아래와 같다.

선언서

우리는 민중의사에 기인하여 재래의 대소 단체를 각자희생하고 일치한 정신과 엄정한 선서하에서 전만통일기관으로 정의부를 조직하여서 일반동포에게 선언하노라.

우리는 삼일운동부터 금일에 지하기까지 국토를 광복코자 기천백용사의 생명을 희생하며 기백만금의 재산을 모비하여 온갖 파괴 선전 경성 등 혁명사업의 성패가 다대하였도다. 그러나 종전 우리의 과정을 소구하면 혼란이었고 참담이었도다. 동서에서 색다른 기스발이 나붓기고 남북에서 음다른 종성이 들렸도다. 따라서 사상계는 분야되고 사회상은 암흑이었다. 배제충돌은 피차의 시비를 전도케하고 회의증악은 상호의 정의를 소격케 하였도다.

그리하여 인심은 환산하고 사업은 위미한지라. 차를 각오한 민중은 결하의 세로 전창후화하여 전만통일을 절규하게 되었도다. 어시에 주비회로 발기회 발기회로 통일회 이같이 근일년의 시일을 비하여 오랫

동안 동경하고 이상하든 정신기관이 이에 출현되니 비로소 참담의 비운이 권거하고 생명의 서광이 조래하도다.

금일 우리는 시국에 착안하고 실생활에 입각하여 인류평등의 정의를 천명하며 민족생영의 정신을 주창하고 광복사업에 근본문제의 경제기초를 공고키 위하여 산업진흥을 시도하며 민족발전에 유일요소인 지식정도를 향상키 위하여 교육보급을 실시하여 내로 동포의 요구에 응하고 외로 시대의 사조에 순하여 합일의 정신과 일치의 보조로 대동통일을 기도함과 동시에 오인의 최대목적인 광복사업을 극성하기로 서약하고 병히 차지를 일반형제자매에게 고하노라.

기원 4257년 11월 24일
전만통일회(대표씨명은 략)

선서문

오등은 민족의 사명을 수하고 시대의 요구에 응하여 통일적정신하에서 정의부를 조직하고 좌기공약을 따라 광복사업을 완성하기까지 노력하기로 자에 선서함.

공약
일、철저한 독립정신하에서 운동의 정궤를 완전히 정하기로 함.
일、주만전체오인의 의사를 기본으로 한 조직체의 그 행위는 오직 주만전체오인의 복리를 위하여 실지운동에 적합하도록 할뿐이오 기타 허위적 신성을 허치 아니하기로 함.
일、운동의 전선인물은 현시환경을 초탈하여 희생적 의무로 시국정돈의 책을 짓기로 함.
일、운동의 방침은 소극적극으로 병진하되 더욱 적극에 주중하여 충분한 실력을 양성하기로 함.

기원 4257년 11월 24일

고본계대표 신향규
군정서대표 이진산 이광민
민선대표 박정조 김경달 홍기룡
길림주민회대표 이창범
대한통의부대표 김동삼 고활신
민선대표 김정제 맹철호 백남준 박석구
대한광정단대표 윤덕보 김호
민선대표 김관용 정흠 방윤풍
노동친목회대표 이춘화 최명수
의성단대표 승진
잡윤자치구대표 윤하진

6) 민족의 단결, 통일전선을 주장하는 홍진(대한민국임시정부 국무령역임)의 논설

홍진은 법조인출신의 독립운동가이자, 대한민국임시정부의 국무령, 만주지역에서 조직된 한국독립당의 당수로서 활동한 대표적인 현장의 투사이자 이론가이다. 특히 그는 1920년대 중반 민족유일당 운동을 주창하여 독립운동계의 단합과 통합을 주장한 인물로 유명하다. 그럼에도 불구하고 그동안 그의 글들이 별로 남아 있지 않아 안타까웠다, 독립신문 1926년 10월 23일자가 새롭게 발굴됨으로서 홍진의 주장 내용과 그 실체가 보다 구체화될 수 있다는 측면에서 높이 평가된다.

대한민국임시정부는 1925년 3월 30일에 내각책임제 정부 형태인 국무령제 개헌안을 의결하여 임정의 재건을 모색하여 갔으나, 임시정부는 정상화되지 못하고 있었다. 이렇게 되자 임시의정원은 1926년 7월 홍진을 국무령에 추대하여 정국 수습과 정부 정상화의 책임을 맡겼다.

이에 따라 제4대 국무령에 취임한 홍진은, 최창식(崔昌植)·조소앙·김 응섭(金應燮)·조상섭(趙商燮) 등을 국무위원으로 선임하여 정부 조각 을 마치는 한편 9월 27일 정국의 정상화와 독립운동의 활성화를 위하 여 다음과 같은 <시정 방침 3대 강령>을 발표하였다.

> 시정 방침 3대 강령
> 1. 비타협적(非妥協的) 자주 독립운동을 진작한다.
> 2. 전민족(全民族) 대당체(大黨體)를 건립한다.
> 3. 각 피압박 민족과 대연맹을 체결하고, 기타 우의(友誼)의 국교 (國交)를 증진한다.

임정 수반으로 홍진이 천명한 이와 같은 시정 방침은 이후 독립운동 선상에서 금과옥조(金科玉條)처럼 여겨졌음은 물론 국내외에서 민족유 일당 건설운동을 촉발시켰다. 특히 자치파 등 기회주의를 배격한 전민 족 대당체 건립의 천명은, 국내에서 1927년 2월 민족주의자와 사회주 의자의 민족협동 전선체로 신간회(新幹會)를 탄생시킨 하나의 요인이 되었다.

그럼에도 불구하고 독립운동 단체 사이의 분규가 계속되자 1926년 12월 국무위원들과 함께 국무령을 사퇴한 홍진은 이후 각지에 산재한 민족의 혁명적 총역량을 하나로 뭉쳐 국내외에 유일한 대독당을 조직 하자는 분위기와 여론을 조성하는데 심혈을 기울였다.

(1)『독립신문』 1926년 10월 23일자 (제195호)

『독립신문』 제195호는 1926년 7월 대한민국임시정부 국무령에 취임한 홍진의 논설이 주를 이룬다. 홍진은 독립운동계의 '단결'을 강조하며 임시정부의 정국을 수습하고 정상화하려고 하였다. 1926년 9월 27일 <시정방침 3대강령>을 발표한 홍진은 '전민족 대당체'를 건립하도록 주장하며 독립운동 단체 사이의 유일당 운동을 전개했는데, 본 논설 역시 전민족의 단결을 주장하는 그의 논지를 확인시켜주는 기사이다. 대한민국임시정부의 숨은 주역인 홍진의 주의 주장내용과 그 실체를 살펴볼 수 있는 중요한 자료라고 할 수 있다. 이의 일단을 보면 다음과 같다.

각방 수령에게 보내 국무령의 서한

국무령 홍진씨는 통일문제를 위하여 각방 수령인물에게 좌와 같은 서간을 보냈다더라.
대국의 괴열이 극도에 이른 오늘에 진이 비재로써 정무의 중책을 담승케 됨은 실로 괴송한 바이나 사업의 중추는 오래 허현되고 석망의 현준은 부책을 주저함으로 우리의 국면이 아주 말할 수 없는 공황에 있음을 졉허하는 일단우곤에서 미처 고려할 여유도 없이 일신으로써 이 자리에 희생케 됨은 첫째로, 정국의 존재를 그 명의라도 보유할 것과 둘째로, 우리 운동을 근저부터 책진함에 한낫 장본이나 될까 함에 있나이다.
우리들이 독립운동이라는 대목표 위에서 이 정국을 운전할 필요가 있다하면 법규의 개정이나 인물의 체선이나 또 사소한 정감으로써 이 것을 기시하거나 적대하거나 심지어 당국자에 개인혹단파간 친소애증으로 일시일시정국에 대한 향배를 결정하여서 대국운용에 중대한 장해를 준다하면 건국대사를 경영하는 우리 민족에 크게 불상한 일이 올시다.
우리들은 우리의 환경 우리의 경험 또한 시대의 조류에서 아무리 생각하드래도 우리들의 가진 바 정신이나 역량을 있는대로 종합하여 전

민족의 조직체를 건립함이 우리의 남은 명생을 인도하는 유일의 문로 임으로 이것이 무론당국자의 정략이 될지며 또 각방동지의 고충과 전력이 모두 여기 있을 것임에 이것이 다만 현정부의 소장을 추단할 뿐아니라 우리 전운동의 사활이 더욱 동일의 경로에서 그 운명을 결정하게 된 것임으로 종모지모가 모두 과도의 과도에서 감인분투로써 운동의 기본을 확립함이 우리 동지들의 가장 고심고예할 바이올시다.(중략)

대저 우리 독립운동은 어느 치자계급의 정권이용을 주로 하는 정치투쟁이 아님으로 일시적 위호를 어둠에서 곧 전국을 통제할 그것이 아니고 민족전체의 부활을 주로 한 직접운동이 곧 군중의 위대한 사명임애 이러한 사명을 가진 군중결합이 일정한 주의정강에서 통일을 보지하며 사권을 집중함이 곧 당적 조직이 될 것이며 이같은 당적 행위가 곧 신국민의 무상한 권위를 행사케 됨으로 이에서 기생하는 정치적 위치는 그 결의에 복종자인 집행기관이 될 것이올시다.

우리보다 몇 백배이상에 능률과 실력을 가진 남의 실예를 보더라도 합하면 살고 헤지면 죽는 그 원리에서 혁명이니 독립이니 하는 모든 운동이 오직 당적 건설로서 유일의 기초를 삼나니 더구나 약소잔패의 우리 무리로 전체민족의 대공업을 계도함에는 당적 결합이 아니고 다시 무슨 방략을 몽상코자 할까 영린편우를 흘림없이 주어 모아 도을 마 못되는 우리 군중은 「붙어서 죽을지 언정 떨어져 살 수 없는 것」을 깊이 생각지 않으면 안될 것이올시다.(중략)

나는 말하겠소. 당신들리 독립운동자여든 반드시 운동의 전체사업을 위하여 생평의 심혈을 다할지니 하가에 구구한 시비를 일삼고자 하시오. 우리 군중의 당적기초가 성공되기 전에는 아무리 억새한 경우에 있을지라도 일절로 참고 삼키어 버리고 오직 우리들의 큰 결합을 도모할 것 뿐이요 참으로 무엇보다도 크고 급한 것이올시다. "임연선어부지퇴 이결강"이라는 고어와 같이 그물없는 고기 잡이니 실험이 많은 우리는 오늘이곳 우리의 결강기올시다.

그러나 우리의 당적조직은 한갓 비인 말이나 문자로만 성효가 없음에 지금으로부터 각방인사들에 개인이나 단체를 물론하고 이에 동감되시는 각각절한 의지를 피로하며 또한 이같은 성의로 남북각지에 호상방문하여 많은 의사도 소통하며 식견을 교환한 우에 적당한 정도와 시기를 따라 절실한 약속으로 발기회 혹 중견회에 형식이 집성됨에서 곧 주의정강이 산출될 것이며 이후의 순서는 자연 향우나 편피하지 않도록 총회가 창립되며 당무도 확장됨이 우리의 대업을 기성할만한 대공작을 개시함이올시다. 바라건대 동지중위들은 우리 정부의 진의와 혈성을 충분양해하신 우에 차기를 방과치 말으시고 일면으로 정국의 후순이 되며 일면으로 우리의 결합에 전구가 되어 우리 운동에 많은 기망을 저버리지 말으소서.

대한민국 8년(1926) 10월 일
임시정부에서 홍진

7) 잊혀진 독립운동가 김형모의 사진 첫 소개

(1) 『독립신문』 1924년 11월 29일자 (제178호)
고 김형모 장군

의용군 제2중대소대장 김형모씨는 지난 삼월에 위원군 동천왜주재소를 습격하다가 불행히 순국하시다.

2) 김형모

김형모는 1919년 3·1운동 이후 독립단에 가담하여 독립운동을 전개하였다. 그리고 1920년에는 만주 집안(輯安) 환인(桓仁) 등지로 출동하여 일제 친일단체인 보민회원(保民會員) 다수를 토벌하여 재만한인 사회에서 친일파를 제거하고자 하였다. 동년 가을에는 일경을 토벌하며 군자금 모집 활동을 하였다.

1920년 10월경 일제의 간도출병이 있어 일제가 재만 한인들을 무참히 살상하자 이에 분격하여 보다 활발한 대일투쟁을 전개하였다. 1921년 봄에는 부하 3명과 함께 평북 신의주(新義州)에 있는 일제의 은행을 습격할 계획으로 의주군(義州郡) 광성면(光城面)에 잠입하여 연락을 취하다가 발각되어 일경 30여 명의 포위 공격을 받았으나 격퇴하고 무사히 귀환하였다. 동년 가을에는 만주 환인현에서 보민회원을 토벌하고 지방 주민의 생활을 돌보아 주었다.

김형모는 1924년 3월 25일 참의부(參議府) 의용군 제2중대 소내장으로 부하 10여 명을 인솔하고 평북 위원군(渭原郡) 동천(東川)에 있는 일경 주재소를 습격하여 일경 1명을 사살하고, 당지를 수색하던 중 토혈(土穴)에 잠복해 있던 경찰과 순찰하던 일경 10명이 일시에 공격을 하여 부하들과 함께 교전하다가 전사 순국하였다.

정부에서는 고인의 공훈을 기리어 1995년에 건국훈장 애국장을 추서하였다.

— 출처 국가보훈처 공훈전자사료관 독립유공자 공훈록

8) 대한독립단 단장 조맹선의 추모시들 첫 발굴.

독립신문 1924년 10월 23일자에는 그동안 알려지지 않은 대한독립단 총단장이자 광복군사령장 조맹선(?~1922)을 추모하는 시 여러 편이 한문으로 실려 있다. 조맹선의 호는 원석(圓石)이고, 황해도 평산 출신이다. 1905년 을사조약이 체결되자 김동필(金東弼) 등과 같이 대한 13도유약소(大韓十三道儒約所)의 이름으로 5적을 참형에 처할 것을 상소했으나 뜻을 이루지 못하였다. 동지 박정빈(朴正彬) · 우병렬(禹炳烈)

·이진룡(李鎭龍)·박장호(朴長浩)·홍범도(洪範圖) 등과 함께 평산에서 의병을 일으켜 참모장으로 일본군과 싸웠다. 이어 경의선 계정(鷄井), 예성강 연안 일대에서 유격전을 전개하였다. 그러나 일제의 의병 토벌 작전으로 국내에서의 활동이 어렵게 되자 남만주로 망명, 홍범도·윤세복(尹世復)·차도선(車道善) 등과 포수단(砲手團)을 조직해 장백(長白)·무송(撫松)·임강현(臨江縣) 등지에서 항일투쟁을 전개하였다. 이를 기반으로 만주 지역에 흩어져 있는 동포를 규합해 항일사상 고취와 계몽운동에 진력하였다. 1919년 3·1운동 이후 동지들과 함께 서간도 유하현(柳河縣)에 대한독립단을 조직하고, 총단장으로 활동하는 한편, 1920년에는 임시정부 군무부(軍務部) 직할의 광복군사령부, 광복군사령장에 임명되어 활동하였다.

조맹선의 사망에 대하여는 독립신문 추모시 등의 발굴을 계기로 좀더 신중한 검토가 이루어질 필요가 있을 것 같다. 독립신문 1921년 4월 2일자 기사「大韓獨立團長(대한독립단장) 趙孟善氏逝去說(조맹선씨서거설)」에서는, 전하는 말에 의하면, 1920년 2월 중요한 임무를 띄고 아령(俄領, 연해주)으로 가서 있던 조맹선이 서거했다고 하며, 또 다른 설에 의하면 소왕령(蘇王營, 우수리스크)에서 외몽골 고륜(庫倫, 울란바토르)로 갔다가 일본인의 손에 살해를 당했다고도 전하나 아직 확실한 전보를 접하지 못하여 그 진상은 자세히 알 수 없다고 하였다. 그밖에 참의부 참의장을 역임한 독립운동가 김승학이 편찬한『한국독립사』에 의하면 조맹선은 길림성 빈강도(濱江道) 빈강현(濱江縣)에 주둔한 러시아 그리고리 미하일로비치 세묘노프 장군과 교섭해 백군 안에 2,000여 명의 조선인들로 구성된 한인청년부를 특설하기로 합의했으나 일제의 방해로 무산되었는데, 이 때문에 울화병이 생겨 1922년 추풍(秋風)에

서 순국했다고 하는 등 조맹선의 죽음을 알려주는 기록마다 그 내용이
서로 다르다. 그러한 와중에 1924년 10월 23일자 독립신문에 조맹선의
동지들의 추도축문이 실려 사망시기 및 사망장소에 대한 궁금증이 더
해지고 있다. 앞으로 1920년대 조맹선의 활동과 사망에 대한 신중한 검
토가 요청된다.

1924년 음력 6월 7일 동지 김원섭, 이발영, 궁이양, 민접섭, 강일봉,
강창조 등이 조맹선을 추모한 추도축문을 보면 다음과 같다. 번역은 최
진욱님이 수고해 주셨다.

　　圓石 趙先生의 追悼祝文
　　維紀元　四千二百五十七年歲次　甲子陰六月七日　金元燮李發榮弓
履陽閔貞燮姜一鳳姜昌祚等　哭奠于故圓石先生趙公之靈

　　원석(圓石) 조선생(趙先生)의 추도축문(追悼祝文)
　　유세차 기원 4257년(1924) 갑자 음력 6월 7일 김원섭(金元燮), 이
발영(李發榮), 궁이양(弓履陽), 민정섭(閔貞燮), 강일봉(姜一鳳), 강창
조(姜昌祚) 등이 고 원석선생 조공의 영전에 곡하며 올립니다.

　　伏以　　　　　　삼가 엎드려 말씀드립니다.
　　嗚呼痛哉　　　　아, 슬프도다
　　神州陸沉　　　　신주에 외적이 침입하여
　　擅域最甚　　　　제멋대로 처단함이 매우 심해졌네
　　公與我謀　　　　공과 우리들이 도모하여
　　首唱大義　　　　앞장서서 대의를 부르짖었도다
　　大事未成　　　　대사를 미처 이루지 못하였는데
　　公逝我擒　　　　공은 세상을 떠나고 우리들은 붙잡혔네
　　運歟命歟　　　　운인지 명인지
　　追以聞之　　　　나중에 듣기에

李君繼承	이군이 계승하였다니
此可爲慰	이는 위안을 삼을 수 있었네
後事足謀	후사를 도모할 만하지만
身在縲絏	몸이 감옥에 갇혔네
替送姜友	대신 친구 강씨를 보내어
哭公靈魂	공의 영혼에 곡하며
伸我情私	우리들의 사사로운 정을 펴네
嗚呼痛哉	아, 슬프도다
痛哭尙饗	애통해하며 곡하노니 부디 흠향하시길

▲平壤監獄修養會韻
평양감옥 수양회에서 지은 시

忠心培養孝心修	충심을 배양하고 효심을 닦아
教人和氣春風到	사람들에게 화목한 기운를 가르치니 춘풍이 불어오네
務攬羣英集會遊	여러 영웅들을 한 데 불러 모아 즐기니
復國熱誠血淚流	나라를 회복하려는 열성에 피눈물 흘러내리네
萬死不共讐日月	만 번 죽어도 원수와는 해와 달을 함께 하지 않으려고
團團諸君修養日	제군들을 하나로 뭉쳐 날마다 수양하도록 하네
一生須讀聖春秋	일생 동안 반드시 성인의 춘추를 읽어
大韓基業萬年悠	대한의 기업 만년토록 유구하기를
右小南金元燮	소남 김원섭

氣養浩然德又修	호연하게 기를 기르고 덕도 닦아
發揮義路丹心熱	의로운 길을 발휘하니 굳은 마음 끓어오르네
連成此會計同遊	연이어 이 모임을 이루어 함께 즐기기를 꾀하고
回憶往時流血淚	지난 시절 다시 생각하니 피눈물 흐르네

浿月幾驚建國夢	대동강에서 지내는 세월 건국의 꿈에 몇 번이나 놀랐는데
進此成功如指掌	여기에 오니 성공이 손바닥 보는 듯하네
塞鴻頻叫鐵窗秋	변방의 기러기 울음 자주 들리는 철창에도 가을이 왔는데
洛陽春酒興悠悠	낙양에서 봄 술 마시는 흥취는 그지없구나
右春齋李發榮	춘재 이발영

放心收養道心修	놓친 마음을 거두어 기르고 도심을 닦아
高淡溝演層雲碧	고매한 수수함 흐르고 흘러 창공에 구름처럼 층층이 쌓였네
烈烈羣英會此遊	열렬한 여러 영웅들이 이곳에 모여 즐기니
雄辯討論大海流	웅변과 토론이 큰 바다처럼 흐르네
槿花皇發三千里	무궁화가 피어 삼천리를 뒤덮으니
勸告忠言敎育意	충언을 권고하며 교육에 의지를 두었지
血史復明半萬秋	피의 역사 반만년을 다시 밝혀서
使吾後裔福悠悠	우리 후예들에게 영원토록 복을 내리리
右竹菴姜昌祚	죽암 강창조

追悼詩
추도시

生則有成死有名	살아서는 성공하였고 죽어서는 이름이 있으니
英雄去矣渾餘跡	영웅이 떠남에 온통 남은 흔적뿐이네
諸公殉節日如明	제공들이 순절할 때 날이 맑았는데
壯士哭兮大放聲	장사들이 곡하여 큰 소리가 울려 퍼지는도다
夜夜忠魂頻入夢	밤마다 충렬의 혼이 자꾸 꿈에 들어오니
奬忠壇上登臨日	장충단 위에 등림하는 날이네
時時烈魄似還生	때때로 충렬의 넋이 환상하는 듯하니
爲我一開抱不平	우리들을 위해 품은 불평을 한 번 열어주리라
右小南	소남

自來殉節不虛名	자고로 순절하는 사람은 허명을 갖지 않는데
絞臺含笑誰留跡	목매는 마당에 미소를 머금으니 누가 흔적을 남길까
優劣中間史筆明	우열은 가릴 수 없어도 사필은 분명하니
出境報仇兇誦聲	국경을 나가 원수를 보도하여 흉악한 자들을 외우게 했네
血淚淋漓殘雨濕	피눈물 흥건하여 습기가 아직 남았는데
大功未遂身先死	큰 공을 이루지 못하고 몸이 먼저 죽었네
忠魂嗚咽暮雲生	충렬의 혼이 오열하며 저녁 구름처럼 피어올라
長使英雄鳴不平	영웅들이 불평을 길게 울부짖도록 하네
右春齋	춘재 이발영
先述其功後顯名	먼저 그 공을 서술한 뒤에야 이름을 드날리니
獻身能任安民策	맡고 있던 안민의 계책을 헌신하여 잘 수행하였지
諸君血史自分明	제군들의 피의 역사는 저절로 분명해지니
臨死猶呼愛國聲	죽음에 임해서는 오히려 애국을 호소하였네
見之熟不丹心發	호소문을 본다면 익숙하게 단심을 보일 필요도 없이
忠魂化作報讐劍	충렬의 넋이 변하여 원수를 갚는 칼이 되리니
聞則人皆義斷生	호소문을 듣는다면 사람들 모두 결단하여
消蔑殘夷歌太平	남은 오랑캐를 없애버리고 태평가를 부르리
右竹菴	죽암 강창조
爲國獻身不爲名	나라를 위해 헌신하는 것은 명예가 되지 않나니
大哉不負山河誓	크도다, 강산을 걸고 명세를 하지 않았음이여
忠淸日月自昭明	충정과 깨끗함은 일월처럼 스스로 밝게 빛나는데
號矣幾驚霹靂聲	한탄스럽도다, 몇 번이나 놀라게 하는 벽력

	같은 소리
烈魂每霄頻入夢	충렬의 넋은 매일 밤 자꾸 꿈속으로 들어와
丹誠熱血千秋節	단성과 열혈은 천년토록 이어지리
微吾苟命頑餘生	미천한 나는 구차하게 여생을 연명하겠지만
福我後人致世平	우리 후손들에게 복을 내려 세계 평화를 이루리로다
右春山 弓履陽	춘산 궁이양

思君不寐坐霄中	잠 못 이루고 야밤에 앉아 군을 생각하니
人如保國盡忠去	사람은 보국진충처럼 떠나갔네
只願平生生死同	평생 생사를 같이 하기만을 바랐으니
士必許身知己通	선비는 필시 자신을 알아주는 사람과 통하였겠지
前路嗚江江上月	앞길 강가의 울음소리와 강에 비친 달빛
鐵窓一別今歸日	철창에서 오늘 되돌아 가는 날 한 번 작별하네
後期燕塞塞邊風	뒷날 중국 국경에 바람이 불어
爲我卽時見數雄	우리를 위하여 즉시 몇 명 영웅에게 보여주리
右小南寄竹菴季君作別詩	소남이 죽암의 아우에게 맡긴 작별시

相逢讐獄中	원수의 감옥에서 만나
陽春先此到	따뜻한 봄에 이곳에 먼저 도착하였지
不與居常同	평상시에 같이 지내지 못하다가
休運及其通	다행히도 그 연락을 받았네
理屐城邊月	나막신 신고 성 주변을 달빛에 걸으며
慇懃囑一語	은근히 한마디 부탁하였네
驅車塞外鳳	국경의 외봉성까지 수레를 몰아
力勸東征雄	동쪽을 치러가는 영웅이 되기를 힘써 권유하였네
右春齋	춘재 이발영

履霜水浴苦刑中	서릿물에 목욕하는 고통스런 형벌 중에
櫝玉丹心戀慕功	함 속의 옥과 같은 단심을 연모하였네
並枕連衾每夜同	침구를 같이 쓰며 매일 밤 함께 하니
斷全知己意思通	자신을 온전히 알아주어 뜻이 서로 통하였지
鳴江送客懷懸月	울며 강가에서 손님을 보내고 회한은 달빛에 걸어 두어
爲我問安團內後	나를 위해 모임 안의 후배에게 문안을 해주오
虎勇行師待好風	범 같은 용기를 지닌 군사들은 좋은 때를 기다리고
又言槿景俟英雄	또 무궁화 강산은 영웅을 기다린다고 말하였지
右春山	춘산 궁이양
餞君今日鐵窓中	오늘 철창 안에서 군을 전별하니
家族朝朝依閭望	가족들은 아침마다 마을 문에 기대어 바라보네
感戀與他大不同	감흥은 다른 때와 크게 달라
塞鴻夜夜信傳通	국경의 기러기 밤마다 소식을 전해주네
會情正若雲凝氣	모임의 정은 바로 구름이 엉긴 기운 같으니
借問前行何處是	앞서 어디를 가는지 대신 물어보도록 하네
別意忽如葉落風	이별하는 마음을 홀연 바람결 낙엽처럼
以我片言報數雄	나의 몇 마디 말을 여러 영웅에게 전해주오
右軒卓 丁繼祿	헌탁 정계록
所教銘見肺肝中	가르침은 마음속에 깊이 새겨두었으니
西京新別何須惜	평양에서 새로이 이별한다고 어찌 서운하리오
正與君心恐不同	군의 마음과 똑같지 않을까 걱정이지만
南滿舊情更信通	남쪽에서 가득한 옛정이 다시 편지로 전해졌네
心懷櫝玉將售價	회한은 함 속의 옥처럼 좋은 값에 팔릴 것이니

鐵窗忠骨老尤壯	철창 속 충정의 뼈는 늙어도 더 건장해질 것이네
圖似溟鵬幸運風	바다의 붕새와 같이 다행히 바람이 불면
五百年來一個雄	오백 년 이래 하나의 영웅이 되리니
天必命吾賦一心	하늘은 필시 나에게 한마음을 품부하였는데
五年滯獄緣何事	오 년 감옥에 갇히니 어찌 된 일인가
平生善養浩然心	평생토록 호연한 마음을 잘 길러
復國益堅熱血心	나라 회복에 열혈한 마음 더욱 견고해졌지
爾將奪我心	네가 내 마음을 빼앗으려고
囚辱焉能奪	가두고 욕보인들 어찌 빼앗을 수 있으리오
囚我辱我心	나를 가두고 내 마음을 욕보여도
年久益堅心	세월이 갈수록 마음이 더욱 견고해지리
夷心焉敢挽吾心	오랑캐의 마음이 어찌 감히 내 마음을 더럽히겠는가
二千萬族一分者	이천만 민족 중 한 사람에 불과하다네
只屈權能不屈心	단지 권세를 굽힐 뿐 마음은 굽히지 않을 수 있으니
須臾豈忘排日心	잠시라도 어찌 일제를 배척하는 마음을 잊으리오
右竹菴和小南詩	죽암과 소남이 지은 시

독립신문 5개호
177호(1924년 10월 4일)

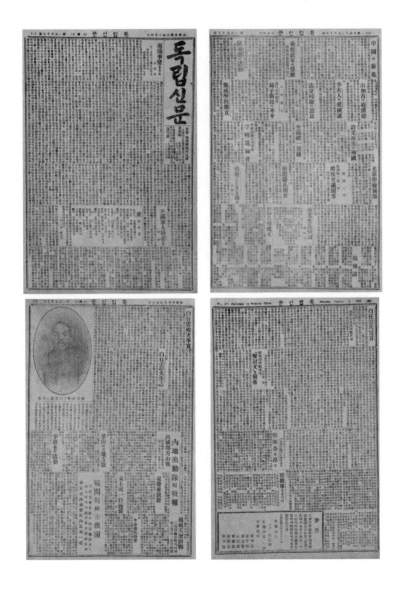

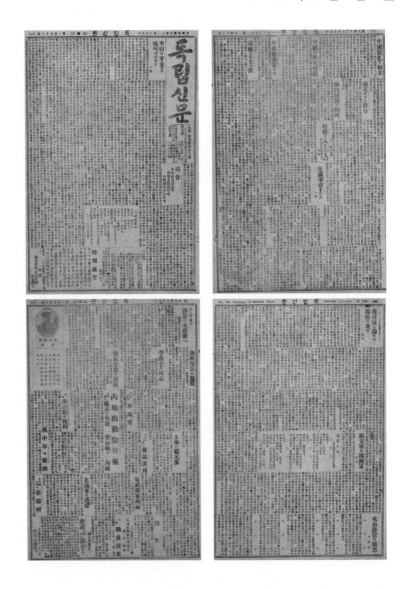

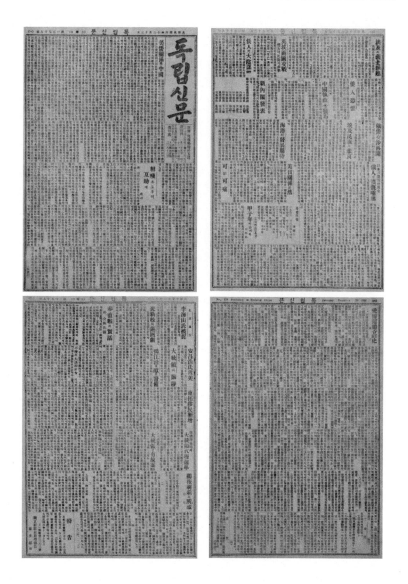

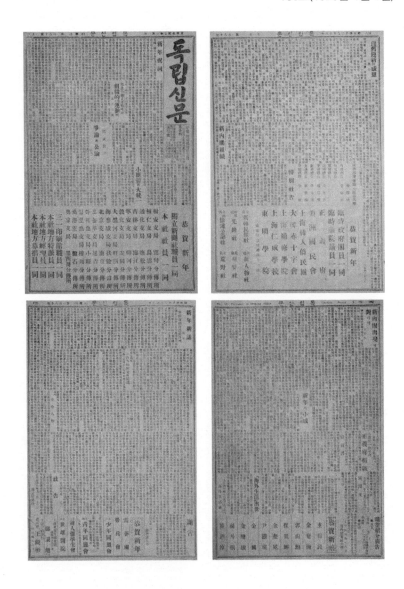

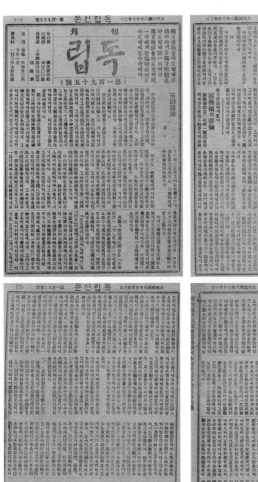

3

다양한 유형의 발견:
사회사업의 선구자 김주용

1. 머리말

　김주용(金周容, 1832~1923)은 구한 말 및 일제시기에 가난한 동포들을 위하여 구제활동의 선두에 나섰던 선구적인 사회사업가였다. 아울러 그는 특이하게도 개인뿐만 아니라 사회구제에도 관심을 기울여 교량과 주택이 없어 불편함을 겪는 사람들을 위하여 10여 개소에 다리를 건설해주는 한편 주택구제회를 조직하기도 하였다. 그러므로 1923년 그가 사망하자 동아일보 동년 4월 2일자에서는 "인류애의 화신"이라고 하며 다음과 같이 그의 죽음을 애도하고 있다.

김주용(사헌부 감찰시절)

인류애의 화신 김씨
생명이 다하는 순간까지
빈민을 위하야 재산분배
3백석 추수를 빈민에게

고양군 용감면 아현리 356번지에서 대대로 사라오던 김주용(金周容)씨는 지난 3월 27일에 칠십삼년의 긴 역사를 뒤로 두고, 이 세상을 떠났다.

"내나 남이나 다같이 잘 살아가야 할 이 세상에 있어서는 서로 서로 사랑하고 도와가야 한다는 인류애를 부르짖으며 이를 위하여 몸을 대중에게 바치고, 적은 일이나마 마음껏 하여 보리라 하였으나 정성이 두텁지 못하고 심히 너그럽지 못하여 이뤄놓은 일이 한 가지도 없이 이제 명이 다하야 세상을 떠난다"는 의미의 유서를 남기고 세상을 떠난 그는 어떠한 사람인가?

그는 잘난 사람보다도 못난 사람, 강한 사람보다도 약한 사람, 잘사는 사람보다도 헐벗은 사람들을 사귀었으며, 그들로 더불어 세상을 같이 하려 하였다. 그가 73년 전 8월 22일에 가난하고 이름 없는 집에서 세상에 태어난 뒤로 몸소 자신을 수양하여 31세 때에는 사헌부 감찰이란 벼슬을 하였으나, 뜻이 다른 곳에 있으매, 즉시 벼슬을 사면하고 각처로 돌아다니면서 불쌍한 사람을 구제하기에 힘을 다하여 5년 전 만세 때의 비참한 경우를 당하였던 수원, 시흥의 군민들에게 300석의 곡식을 흩어주었으며, 가깝게 재작년에는 살아갈 집이 없는 빈민을 위하여 보린회 사업을 도와 많은 금전을 들여, 서대문 밖 독립문 부근에 160여 칸의 주택을 짓고, 70여 호 빈민을 수용한 일도 있었던 터인데, 이제 그는 다시 세상을 떠날 때에, 경기도 양평, 강원도 원주에 있는 300여 석 추수하는 자기의 땅을 떼어, 이것을 기본으로 사회유지의 동정을 모아서, 불쌍한 사람들을 구하여 달라고 평소에 친하던 김일선씨에게 위탁하였다는데, 그 방법은 일용품을 만드는 간이 막공장을 만들어서 이익으로는 아래의 5가지에 의지하여 써주기를 바란다 하였는데, 그이 별세한 소식을 들은 일반은 매우 애석히 여기는 한편으로 또한 그의 끝까지 빈민을 위하는 정성을 칭찬한다는 바 그의 장래는 그의 자선

사업과 관계가 깊은 보린회에서 집행한다더라. 공장의 이익으로 구제
하여 줄 자.

1. 환,과,고,독,특히 矜恤자
2. 질병으로 고통하되, 치료할 능력이 없는 자.
3. 신체의 일부가 불완전하여 자활능력이 없는 자.
4. 고학생 중 동정할 만한 곤궁에 처한자. (조선에서 중학 또는 전문
   학교를 졸업한 자.)
5. 일호의 권속이 10명 이상에 달하되, 전부 노약으로 생업을 자작
   하지 못하는 자.

아울러 1941년에 만들어진 고 김주용기념비에서는 그를 가르켜 "활
불(活佛)"이라고까지 언급하고 있을 정도이다. 그러므로 국적을 초월하
여 조선총독부가 1924년 2월 20일에 발행한 『보통학교수신서 권6, 아
동용』에서도 그의 선행과 공익활동을 소개하였다.

그럼에도 불구하고 지금까지 김주용의 생애와 활동 등에 대하여 학
술적인 차원에서는 거의 주목되지 못하였다.[1] 다만 서초구청에서
1925년 을축년 대홍수시 김주용의 유지를 받든 김일선과 김주용의 자
제들의 이재민에 대한 선행을 높이 평가하여 잠원동에 김주용에 대한
간단한 기념물을 설치한 정도이다. 앞으로 김주용은 사회자선사업의
선구적인 활동가로서 다각적으로 연구되어야 할 것으로 판단된다.

---

[1] 다만 건축학적 측면에서 조명한 다음의 논문이 있는 정도이다. 유순선, 「일제강
점기 주택구제회(住宅救濟會)에 의한 교북동 간편주택(橋北洞 簡便住宅)의 성격
및 의의에 관한 연구」, 『大韓建築學會論文集 計劃系』 제32권 제2호(통권328호),
2016년 2월.

2. 김주용의 생애

1) 조선의 명문가 출신: 조선 중종조 정국일등공신 김교의 14세손.

김주용 묘비(경기도 파주시 법원읍 웅담리)

김주용의 본관은 선산, 철종 2년 1832년 8월 12일에[2] 동생 大容과 더불어 쌍둥이로 출생하였다 그리고 1923년 3월(음력 2월) 27일 73세에 사망하였다. 비문에 따르면, 이름은 주용(周容), 자는 덕문(德文), 호는 혁암(革菴), 계성거사(啓星居士)였다.

김주용은 조선 중종조 정국 일등공신인 김교의 14세손이다.[3] 김교(金嶠)는 자는 고경(高卿), 양양(良襄) 등이며, 오림군(烏林君), 선산군(善山君) 등으로 알려져 있다. 1428년(세종 10)에 출생하여 1480년(성종 11)에 졸하였다. 김교는 조선전기 공조판서, 평안도병마절도사, 평안도관찰사 등을 역임한 무신으로. 적개공신 좌리공신이었다.

아버지는 판예빈시사(判禮賓寺事) 김시로(金時露)이다. 어릴 때부터 무예에 뛰어나 1450년(세종 32) 무과에 합격하고, 1457년(세조 3) 중시

2) 이숭녕이 작성한 김주용 묘지에는 철종 신해년 8월 12일에 출생하였다고 한다.
3) 당시 신문기사의 보도에 따르면 13세손으로 되어 있으나, 김주용의 비문에 14세손으로 되어 있으므로 비문에 따르기로 한다.

(重試)에 합격해 훈련원판관을 거쳐 부호군이 되었다.1460년 신숙주(申叔舟)의 군관으로 모련위(毛憐衛) 토벌에 공을 세워 사복시윤(司僕寺尹)으로 초수(超授)되었으며, 종성절제사·길주목사·경원부사·충청도수군절도사 등 여러 관직을 역임했다. 1467년 5월 아버지의 상을 당해 충청도 홍주에 내려가 있다가 만포절제사로 기복(起復)되었다.그 해에 이시애(李施愛)의 난이 일어나자 강순(康純)의 비장(裨將)으로 출정해 공을 세우고 적개공신(敵愾功臣) 1등에 책훈되었으며, 경원도호부사 겸 경원진병마첨절제사가 되고 오림군(烏林君)에 봉해졌다. 이어 회령도호부사·함경북도병마절도사를 거쳐 행중추부첨지사(行中樞府僉知事)로서 내직으로 들어와 선산군(善山君)으로 고쳐 봉해졌다.

1471년(성종 2) 어린 성종을 옹립하는 데 공이 있어 좌리공신(佐理功臣) 4등에 책훈되었다. 그리고 그 해 7월에 경상좌도병마절도사를 거쳐 지중추부사·공조판서·평안도절도사와 평안도관찰사 등을 역임한 후 다시 평안도병마절도사가 되었다. 1479년 12월 명나라의 요청으로 건주야인(建州野人)을 토벌할 때, 도원수 윤필상(尹弼商)과 함께 부원수로 출전해 공을 세우고 명나라 왕으로부터 은대(銀帶)를 받았다. 평안도관찰사로 있다가 죽었다.

성품이 온량하고 음악을 좋아하였다. 아우 6명이 모두 무과에 합격한 무인 집안으로 당시 사람들이 부러워했다고 한다.[4]

---

4) 『한국민족문화대백과사전』, (김교(金嶠)

2) 김주용의 생애

김주용기념비(서울 서초구 잠원동)

김주용의 생애는 알려진 것이 거의 없다. 다만 조선일보 1923년 4월 2일자에서 <혁암 김주용 씨 약력 및 유탁>이 있어 그 대략을 짐작해 볼 수 있다.우선 앞의 신문 보도에,

씨가 자유로 천성이 영오하고 돈후하고 강명하고 품행이 또 고결하여 부화를 불희하고 효우가 근천하여 사친에 항상 이성 유색으로 사호라도 친지를 불위하며 형제간에 우애가 돈독하여 동정 출처를 일상 공지하여 상이치 아니하더라.

라고 있어, 그의 어린 시절을 짐작해 볼 수 있다. 아울러 김주용 비문에 "丁丑中武科"라고 하여, 그가 1873년에 무과에 급제하였음을 보여주고 있다. 그 후 김주용은 비문에 다음과 같이 있는 바와 같이, 상업에 종사하였다.

公不肯官路 遂以營商爲業 期興家勢

라고 있는 것이다.

아울러 동아일보 1923년 4월 2일자에서,

31세 때에는 사헌부 감찰이란 벼슬을 하였으나, 뜻이 다른 곳에 있
으메, 즉시 벼슬을 사면하고 각 처로 돌아다니면서 불쌍한 사람을 구제
하기에 힘을 다하여

라고 있음을 보아, 벼슬을 오래하지 않고 그만두었음을 짐작해 볼 수
있다.

사헌부 감찰 부분은 비문에 그 과정이 상세히 기록되어 있다.

공이 처음에 공주에서 장사를 할 때, 마침 삼남지방에 큰 기근이 들
어 사람들이 굶주려 죽었었다 그중 공주가 특히 심하였는데, 공이 산자
는 구휼하고, 죽은 자는 장례를 잘 치러주었다. 신사년(1881년 - 필자
주) 사헌부감찰관으로 임명되었으나 벼슬에 뜻이 없어 곧 사직하였다.

즉, 김주용은 사헌부 감찰관에 임명되었으나 이를 그만두었던 것이
다. 그의 감찰관직 임명은 그의 선행과 관련이 있는 것으로 보인다.

김주용의 활동과 관련하여서는 조선일보 1923년 4월 2일자 <혁암
김주용 씨 약력 및 유탁>에 상세히 보도되어 있다.

革庵 金周容氏 略歷及遺托

革菴 金周容氏가 長逝함은 別項과 如하거니와 該氏의 略歷과 遺
書及遺托事件이 如左하더라

略 歷

氏의 字는 德文이오 號는 革菴이니 山人이 啓惺處士라 多呼하더라. 貫은 善山이오 京城에 世居하얏나니 中宗朝 靖國一等功臣 溢良襄公 諱 嶠의 十三世孫이라. 歲 辛亥 八月 十二日에 阿峴 舊第에서 其弟 大容氏와 雙生하다. 氏가 自幼로 天性이 穎悟하고 敦厚하고 剛明하고 品行이 또 高潔하야 浮華를 不喜하고 孝友가 根天하야 事親에 恒常 怡聲愉色으로 絲毫라도 親志를 不違하며 兄弟間에 友愛가 敦篤하야 動靜出處를 日常共之하야 相異치 아니하더라.

三南이 大荒할 時에 流乞이 道路에 相續한데 公州가 尤甚한지라. 慨然히 囊橐을 傾하야 賑恤하고 飢死한 者를 다 收瘞하야 埋葬하고 空手歸家하다

金剛山 摩訶衍菴에 至하야 五百金으로 寄施하다,

公州營에 乞者 五十餘名을 招하야 衣服과 飮食으로써 賑恤하다.

公州 新元寺에 三百金으로써 土地를 買하야 寄施하다.

一日은 其弟 大容氏로 議호되 吾兄弟가 淸寒한데 生長하야 勤儉한 結果로 今에 富名을 得하니 於斯 足矣라. 人은 知分함이 貴하고 富는 衆之怨이니 幸福을 獨享함이 心實愧矣오. 또 我家祖 先遺訓의 本意가 아니라하고 遂 財産을 割分하야 窮貧無依한 者에게 周施하고 其餘 若干으로써 弟에게 付托하야 家事를 料理하게 하고 仍히 麻鞋錫杖으로 欻然히 出塵의 客이되다.

阿峴里 居民에게 綿布 一百五十正을 每戶에 分給하다.

德源港 元山에서 諸乞者를 聚하야 衣服과 飮食으로써 周給하다.

五十歲에 金剛山 長安寺 地藏菴에 三百金으로써 寄施하다.

阿峴里 勤橋를 代石架設.

富川郡 葛灘石橋를 架設.

水原郡 於乙島 輕便橋梁을 架設.

高陽郡 延禧面 前川 二橋梁架設. 恩平面 洪濟院 前川鎬梁을 架設.

全南 群山 沃溝 臨陂智島 安泰慈隱島等 千餘戶에 各 白米 一斗와 租 一斗로 貧民을 賑恤하다.

忠北 沃川 連山等地에 小米 六十石으로 貧民을 賑恤하다.

江原道 平昌郡에 白米 二五十餘斗와 麥粉 雜穀 馬鈴薯等으로 飢民을 救濟하다(三次).

　平昌郡 五臺山 月精寺 寂滅宮에 白米 五百斗와 二十石 秋收하는 土地를 寄付하다.

　高陽郡 龍江面 倉前里 石橋를 架設하고 八月에 罹災民을 救濟하다.

　求禮郡 華嚴寺와 谷城銅 尼寺와 順天 松廣寺와 求禮 天恩寺에 白米 二十斗를 施하고 白米 一百五十斗로써 天恩寺洞口 貧民에게 賑施하다. 白米 十石으로써 江原道 旌善郡 貧民을 救濟하다.

　金山郡 直指寺에 租 一百五十石으로 寄施하다.

　高陽郡 知道面 江梅里 石橋를 架設하다.

　阿峴里에 家舍 二戶를 建築하고 貧窮無依한 者를 居住하게 하다. 水原郡 始興郡에 獨立宣言後 慘禍의 罹災民에게 小麥 二百石 糖 七十石으로써 救濟하다.

　阿峴里에 十餘家를 建築하고 露處者로 하야금 居住케 하다.

　金錢을 多數히 捐助하야 住宅救濟會를 設立하고 獨立門前에 家舍를 建築하야 八百餘戶의 貧民으로 하야금 居住케 하다.

遺 書

　自己를 愛하는 者는 또한 人을 愛하며 自家를 爲하는 者 또한 社會를 爲하나니 사람의 生存은 單獨이 아니라 共同인 故로 隣里에 水火와 盜賊이 잇셔도 셔로 救하거던 하물며 사람의 生命이리오. 남의 窮逼과 患難을 보고 惻隱히 思하거나 或은 救濟함이 그 個人에게 同情할 뿐아니라 사람은 그 類를 愛하며 共同生活에 對한 互相救助의 責任이 잇기따문이니 大德大業으로써 一切 衆生을 匡濟함은 샤람마다 能치 못하거니와 自己의 本能한 赤心을 推하야 誠力이 잇는데까지 個人이나 社會를 爲함이야 爲치 아니함이 인정 엇지 不能하다 하리오. 世人은 넘우 自利와 我欲을 放從하야 他人의 生死나 社會의 安危를 顯然히 秦瘠과 갓지 視하며 擧世가 皆沒하야도 獨存을 得하랴 하니 實로 不思의 甚함이로다.

　試觀하라. 今日 우리의 個人生活이나 社會現狀이 果然 何如한가.

슘흐다. 窮部殘喘이 一飯一業을 不得하야 道路에 號哭하며 一般生活의 資料가 될만한 各種事業이 不振함으로 生活의 現狀이 날로 慘憺悲哀한데 陷할뿐이니 얼마코 知覺이 잇는 者야 恬然히 坐視할수 잇스리오. 言念이 此에 及함에 余의 不敏으로도 熱淚가 滂沱함을 마지못하도다. 僕이 蓽門蓬戶에 生하야 菲才薄識으로 長함에 世에 益한 것이 업스며 老함에 功을 成한 것이 업고 한갓 天命을 善終하니 社會諸君子에게 對하야는 진실노 遜色이 不無한지라. 그러나 自少로 修養에 뜻이 깁허 山中生活을 昔한지 임의 四五十星霜을 經하얏고 또 淺陳하나마 慈善事業에 若干의 施設도 잇서 다할지나만 誠이 薄하고 力이 淺함으로 本意의 萬一을 達치 못한 것은 甚히 遺憾으로 思하는 바이라. 今에 病床에 臨하야 더욱이 感想이 深切하니 人生은 참으로 空手로 왓다가 空手로 가도다. 金銀玉帛이 本來내 것이 아니며 富貴榮華가 한 夢塲에 지나지 못하고 貧賤苦勞가 德性의 害가 되지 아니하나니 世人은 다 金錢을 子孫에게 遺함으로써 常例로 認하나 余는 홀로 그 非理를 覺하얏노라. 만일 子孫이 賢肖하면 父母의 遺業이 아니라도 스스로 生活할 能力이 잇슬 것이오. 子孫이 庸愚하면 비록 累萬의 財産이 잇드라도 守成키 難하리니, 寧히 도리켜 好事業을 做함만 갓흐리오. 世에 巨萬의 富을 擁한 者라도 吝嗇卑陋치 아니하면 奢靡放蕩하야 不急의 務와 無益의 用으로 財産을 浪費하는 者 ㅣ 甚多하니 참으로 愛惜하도다. 錦繡의 飾과 膏粱의 奉으로 肉體를 厮養할지라도 慈善은 念頭에 不及하며 田宅의 廣과 妻妾의 美로써 豪華를 極히 할지라도 事業은 무엇인지 不知하니 엇지 可痛치 아니하랴.

余 今平生 經約의 結果로 幸히 若干의 貯蓄이 잇스니 子孫의 敎育 及生活費를 除한 外에 若干의 남는 바는 余의 遂치못한 事業의 萬一을 助하기 爲하야 共公事業의 經營에 供케하노라. 薄弱한 物質이 大助가 잇기는 難하나 特히 慈惠와 勞作으로써 目的을 삼어 生活上 最急最切한 方面을 조차 開拓하며 此로 因하야 救濟事業의 一端이라도 實行이 잇기를 바라며 最後의 一言으로 世에 告하노니, 賢明하신 우리의 兄弟姉妹시여 우리의 事業은 무엇보다도 生活의 困迫을 救함이 第一 急務가 아니오릿가. 그러면 此를 實行함에는 何로부터 始하겟나뇨. 規模의 大小와 種의 如何를 不拘하고 生産作業의 振興策을 先圖

함이 必要하다 하노라. 아모리 우리의 實力이 貧弱하다 할지라도 누구던지 自己의 財産과 生命을 다하야 事業에 奮鬪하고 努力하면 엇지 成功치 못할 理가 잇스리요. 悲慘에 빠진 衆生의 生命을 救하는 一路가 오즉 此에 生할 따름이며 慈悲事業의 極功도 또한 此에 在할 따름이니 願컨대 有志하신 諸君子는 病失의 微衰을 諒察하야 同聲同應하야 事業에 努力하사 共濟共榮의 榮光을 得하면 九泉의 魂이라도 거의 慰安이 되겟다이다.

遺 托

氏가 其生前에 金一善氏에게 遺托함이 有하얏는대 其遺托의 槪略은 楊平 原州 兩郡에게 三百餘石을 秋收하는 土地를 損하야 何種을 勿論하고 吾人生活을 開拓하는데 一助가 될만한 簡易作業工場을 設하야 事業의 模範이 되게 하며 또 一般의 慈悲高明한 同志를 得하야 事業의 完成을 圖하라 하얏는데, 作業에 關한 工場設立의 槪要 一二條를 擧하건대 如左하더라.

第一 本工場은 簡易淺近한 工藝品을 製造 或 買賣하야 此의 純益金 中으로 別記 慈惠事業에關한 五條를 貫徹하기로 目的함.

第二 工場設立鳩資의 方法은 一般篤志者의 義損을 要하되, 一箇人에 對하야 一百石以上의 農産物을 (賭租에 限함)確收하는 數量의 不動産를 提供하야 永遠히 寄附로 함.

(下略)

이러한 組織下에서 事業을 經營하야 그 利益으로써 實行할 慈惠에 關한 救濟五條가 잇스니 如左합니다.

第一. 환 寡 孤 獨 中의 特히 矜惻한 者.

第二. 疾病에 罹하야 纏連苦痛하며 窮하야 治療할 能力이 업는 悲慘에 陷한 者.

第三. 身體의 一部不完全함을 因하야 自活할 能力이 無한者.

第四. 苦學生中의 特優한 勤勉과 또한 同情할만한 困迫에 處한 者. 但 朝鮮에서 專門 或 中學校에 現條業者에 限함.

第五. 一戶의 眷屬이 十口以上에 達하야 全數老弱으로셔 生業을 自作치 못하며 衣食을 能得치 못하게 된 者.

癸亥 二日 京城府 番地

위에서 보와 같이, 김주용은 빈민 및 이재민 구제, 다리 건설 등 수많은 자선과 공익활동을 전개하였다. 특히 3·1운동에서 피해를 입은 수원군, 시흥군의 참화를 입은 주민들의 구제활동은 더욱 의미있게 평가된다. 수원군의 경우 향남면 제암리, 수촌리, 우정면 화수리, 송산면 사강리 등지에 다수의 이재민들이 다수 발생하였기 때문이다.

한편 국어학자 이숭녕박사가 김주용의 행록에 근거하여 작성한 비문에서도 그의 자선 활동에 대하여 상세히 기술하고 있다. 앞서 언급한 신문 자료와 겹치는 부분도 있으나 약간 차이를 보이는 부분도 있다.

3) 비문을 통해 보는 생애: 자선과 공익

김주용의 비문 내용을 개략적으로 살펴보면 다음과 같다.

김주용은 또 공주를 지나가다 엄동설한에 벌거벗은 거지들을 보자,

곧 재물을 베풀어 의식을 제공하였다. 50여인 정도인 듯하다. 이때 방백인 趙秉式이 이 소식을 듣고 감동받고 깨달은 바가 있었다.

김주용이 공주 鷄龍山 連天峰에 올라 新元寺에 가서 37일 기도를 하고, 백금의 토지를 절에 맡기고 불공의 자원으로 쓰게 하였다. 공이 재산을 나누어 주어 백성을 구하였으니 어찌 대단한 일이 아니겠는가.

공이 柳夫人의 상을 당하매, 부인의 성품이 孝淑하니 공이 돌아갈 곳도 마땅히 그의 부인이 있는 곳이다 하고, 이에 이르러 공은 동업하는 車錫禧에게 말하기를, 자네가 나와 더불어 상업에 종사한 지 이미 여러 해이다. 지금 다행히도 잘 유지되고 있지만 이대로 마칠 수 있겠는가. 마침내 재산의 반을 나누어 주고, 또한 친지들에게도 나누어 주고, 그 나머지는 동생 대용에게 주며, 경계하여 말하기를, "勤儉"으로 자식들에게 가르치라고 하였다. 드디어 대나무 지팡이와 짚신으로 홀연히 출문하여 도봉산 望月寺로 가서 成道會에 들어가며 누천 금을 절에 시주하여 스님들의 수업에 사용하도록 하였다. 이후 唐津郡으로 이동하여 馬述里에서 4년을 보내고, 아현동 집으로 돌아왔다.

또 원산항으로 가사 구휼빈자 50여인을 구하였다. 2명의 동지와 더불어 여러 곳에 다리를 놓아주었다. 고양군 阿峴前川, 동군 細橋전천, 동군 倉前전천, 동군 江梅전천, 동군 弘濟전천, 동군 白蓮寺전천, 富川郡 葛灘천, 楊州郡 朝雲전천, 水原郡 어을도(蘗島) 潮浦 등이 그곳이다. 또한 굶주린 백성들을 진휼한 경우도 여러 번 있었다. 沃溝郡 山臨陂 백미 13석. 智島, 巖泰, 慈恩 등 島, 조 45석, 평창군 오대산 월정사 백미 20석, 又 收租 20석, 토지의류 100여건을 매입하여 옷이 없는 사람들에게 분급하였다.

또한 양주군 망월사, 평창군 소재 40석 收賭토지를 기부하여 參禪會에 제공하였다. 고양군 아현동 가옥 22호와 12호를 빈민에게 무료로 분급하였다. 각처 민중들이 돌에 세겨 비를 세워 공의 덕을 칭송하였다.

살피건대, 공은 남의 기근을 들으면, 조를 실어서 구휼하고, 병자에게는 약을 주고, 荒川에는 다리를 놓아 주었다. 부인이 없는 자에게는 돈을 주어 장가를 들게 하였다.

경성인구가 증가하여, 주택난이 더욱 심하여지고, 도로에서 방황하는 자가 점점 증가하자, 그들을 구하고자, 동지들과 더불어 주택구제회

(현 재단법인 보린회)를 만들어 고양군 아현동 토지 3천여평으로 주택 100여호를 구입하여 무료로, 産室, 아동강습소, 夫人職業織造所, 사무실 등을 건설하여 자선하였다.

가족들에게 재산을 나누어 주고, 그 나머지 재산 租 300석 수확토지를 사회사업인에게 맡겼다. 후일 그들은 잠실리 학교 경영 또는 잠실동 수재가옥 30 여호 대지를 사서 새로 건축하여 무상으로 대중들에게 제공하였다. 이어 유서를 자손들에게 주어 경계하였다. 드디어 앉아서 입적하였다.

향년 73세. 시일 계해 2월 14일. 부인 유씨 사이에 아들 셋을 두었다. 敎鴻, 敎翼, 敎聲. 이하는 적지 않는다. 行錄에 근거하여 기술하였다. 이숭녕,

증손 永徽, 자 교성(출계), 손 喆鎬 출계(장자 永鍊)

김주용이 이처럼 활발한 공익 및 자선활동을 전개한 이유는 무엇일까. 그것은 부인 유씨의 사망, 불교의 자비사상과 관련이 있는 것이 아닌가 보여진다. 비문에 따르면, 김주용은 일찍이 普文寺에 가서 37일동안 기도를 하였다고 한다. 아울러 동생 김대용과 함께 경기도 시흥군 三幕寺에 七星閣을 건립하였다. 정해년 1887년에는 금강산 長安寺 摩訶庵에 가서 37일 기도를 하고, 500금의 토지를 팔아 불공을 올렸다고 한다. 김주용은 공주 계룡산 연천봉에 올라 신원사를 방문하여 37일 기도를 하고, 100금의 토지를 절에 시주하였다.

한편 부인 유씨의 죽음 역시 김주용에게 생의 부질없음을 일깨워 준 것 같다. 부인이 사망한 후 김주용은 동업자인 車錫禧에게 재산의 반을 나누어주는 한편 친척 및 자식들에게도 나누어주었던 것이다. 특히 자식들에게는 勤儉을 강조하였다. 그 후 그는 대나무 지팡이와 짚신으로 도봉산 망월사로 가 누천금을 시주하였다. 이후 당진군으로 가 거주하였으며 마술리에서 4년을 보낸후 아현동 집으로 돌아왔다고 한다.

3. 주요 활동

1) 주택구제회, 보린회의 조직과 활동

보린회사무실

아동교호부

무료조산부

일자리를 제공해주는 수산장

한편 김주용은 살아생전 갑신정변을 주
도했던 개화파의 중심 인물인 박영효 등과
함께 보린회를 조직하여 자선을 행하는 한
편 죽음에 이르러서도 유언을 통하여 자선
사업을 지속적으로 전개하고자 하였다. 이
는 조선일보와 앞서 살펴본 동아일보 등 신
문기사를 통하여도 살펴볼 수 있다. 이를
보면 다음과 같다.

보린회 책자표지

> 京城의 住宅難을 救濟코자 金周容氏等 유지제씨의 발긔로 시내에
> 집을 지어 빈민에게 빌니어
> (동아일보 1921년 4월 22일)

경성의 인구는 해마다 늘어만간다. 그러므로 유한한 호수에 인구만
자꾸 늘어가니까 자연 빈한한 사람들은 집없는 고초, 삭을세 집조차 구
할 수 없는, 고생사리를 하게 되었다. 세상에 사러가져하면, 별별가치
난처한 일과 괴로운 일이 오직 많으리오만은,

해는 저물고 바람은 찬데 잘곳이 없어서 처자의 손목을 이끌고 노상
에서 방황하는 고초보다 더한 서름은 다시 없을 것이다. 과연 요사이에
는 아침부터 저녁까지 시내 각 복덕방을 헤매인다하여도 삭을세집 ㅡ
한간 얻기가 매우 어려우며, 혹 다행히 부인집이 있다하여 즉시 집주름
을 데리고 가보면, 벌써 어느 틈에 다른 사람이 들었으며, 혹은 집을 잡
아 놓고, 돈가지러 간 사이에, 벌써 다른 사람에게 밀리이는 등, 별별
비극이 많은지라.

이에 고양군 부호 김주용, 高允黙 양씨와 시내에서도 박영효, 李載
克, 閔泳瓚, 金宗漢, 芮宗錫, 池錫永 등 외 90여명의 유지의 발기로
금전을 수합하여 경성시내에다가 대개 방 두간, 부엌 한간, 마루 한간,

가량식의 적은 규모로 집을 많이 지어, 놓고 집이 몰니어 갈바를 모른는 빈민에게 상당한 조건하에 얼마동안식 무료로 빌리어 주어, 생활의 안정을 얻게 하여 주고자 하여, 목하 시내 안국동 123번지 김종한 씨 집에 사무소를 두고, 매일 발기인이 모이어 준비를 착착 진행중인 데, 사회의 동정이 매우 두터워서 돈이 모이는데로, 건축공사를 시작하기로 되었다는데, 불원간 총회를 열고, 세밀한 규약을 협정하리라더라.

위의 기사에서 보는 바와 같이, 김주용은 박영효 등 여러 유지들과 함께 서울 빈민들의 주택난을 구제하고 그들의 생활안정을 위하여 조직을 준비하였던 것이다. 이것이 바로 1921년 4월 30일에 조직된 주택구제회이며, 독립문 근처 교북동의 간편주택 건립으로 이어진 것이다. 이 서울의 주택구제회는 일제강점기 조선의 주택난을 구제하고자 조선인 기부에 의해 설립된 사회단체로 주택부족을 사회적 문제로 인식하고, 빈민을 위한 주거문제 해결방안을 제기하였다는데 의의를 갖고 있다.[5]

이 주택구조회는 1922년 12월에는 재단법인 보린회로 변화 발전하였다. 보린회는 아현동 구빈주택 외, 주택구제사업은 진전을 보이지 못했으나 주택구제사업 외에 아동보호, 주택개선 및 인보사업 등으로 활동범위를 확장해 나갔다.[6]

다음의 신문기사는 이를 좀 더 구체적으로 보여주고 있다.

보린회의 사업계획, 빈민 동포를 구제하기로
(조선일보, 1923.2.6.석간 3면기사 (사회)

---

5) 유순선, 앞의 논문, 104쪽.
6) 위의 논문, 103~105쪽.

경성 시내에 현재에 있는 사람 중에 인구로는 100분의 5, 호수로는 100분의 6의 어려운 사람이 있는 터인데, 그중에 제일 많은 것은 조선 사람이라. 이것이 무심히 보기에는 극히 적은 듯하나 그 수효는 극히 많은 바이라. 지난 경성부 사회과에서 조사한 숫자를 보건대 1만 5,048명이나 된다 하며 호수로 3,526호나 되는 터이라.

그러므로 그들은 집을 얻으려 하여도 집을 얻을 수가 없고 먹으려 하여도 먹을 것이 없어 어린아이로부터 늙은 사람까지 나서서 온종일을 두고 노동을 한대야 겨우 당일 먹을 것을 얻거나 말거나 하는 터이라. 그런데다가 혹독한 집주인들은 집세의 독촉이 심한 지라 자녀의 공부니 무엇은 뒷 문제가 되고 현재의 생명을 보전하기가 어려운 처지에 있으므로 이것을 구제하기 위하여 작년부터 경성에서 유지 몇몇 사람이 모여 주택구제회를 조직하여 제1차의 사업으로 서대문 밖 독립문 부근에 70호를 지어가지고 현재에 재미있는 생활을 경영하는 중에 있으나 이것만으로는 도저히 완전한 사업이라고 할 수 없으므로 금번 주택구제회를 재단법인으로 만들어 보린회라고 변경하여 가지고 허가를 얻은 바, 재작 3일에 그 회에서는 협찬회를 개최하고 여러 가지 밟아나갈 것을 회의한 후에 다시 평의원을 선거하였다 하며 장차 할 사업의 예정을 들으면, 제일로 빈민을 구제하는 간편 주택을 경영할 것, 제이로 아동보호 사업, 제삼으로 부락 개선 등과 서로 보호하게 할 것, 제사로 기타의 사회사업 등이라 하며 임원은 아래와 같다더라.

이사장 박영효, 이사 이각종 김일선 김교성 서광전, 감학 유문환 김한목 홍두희 협찬원 김주용 외 93인

평의원 차준연 노익형 권혁채 조병근 유종항 신구범 이돈화 유일선 홍병선 김동성 홍승구 진학문 최국현 홍긍변 오태환 이강혁 이병조 이득연 유병철 김명근 이해조 신용하 김성현 오석우 서기순 씨 등이라더라.

위에서 보는 바와 같이, 주택구제회는 재단법인 보린회로 발전적 해체를 하였다. 이사장은 박영효가 담당하였으며, 이사에는 김주용의 아

들 김교성이, 김주용은 협찬원으로 참여하고 있음을 알 수 있다. 특히 김주용이 협찬원의 제일 앞에 언급되고 있음이 주목된다. 김주용은 협찬원으로서 보린회가 세운 간편주택 주민들을 위하여 자선활동을 전개하였다. 다음의 기사는 이를 잘 보여주고 있다.

> 김주용 씨의 자선, 간편 주택에 든 사람에게 백미와 북어를 세찬으로
> (조선일보, 1923.2.21. 석간 3면기사 (사회)
>
> 시내 교복동 부근에 있는 간편 주택 70여 호는 재단법인 보린회의 사업임은 일반이 다 아는 바어니와 그 주택에 들어 있는 사람들은 대개 극빈한 사람들이므로 항상 곤란이 막심한 것은 누구나 다 추측으로라도 알 것이지만은 엄동설한에 기한을 못 견디어 부르짖는 참혹한 경상은 차마 눈으로 볼 수가 없는 터이더니
>
> 그 보린회의 발기인의 한 사람인 고양군 아현리 사는 김주용 씨는 동정의 눈물을 금치 못하여 지난 음력 세말에 백미 7섬과 복어 74쾌를 보린회로 보내어 일일이 나누어 주라고 의뢰가 있으므로 지나간 13일 오후 2시에 그 회의 간부 서광전, 김성현 양 씨가 쌀과 북어를 살려 가지고 나아가서 거주인 일동을 모아 놓고서 씨가 그 회를 대표하여 김씨의 아름다운 뜻을 간절히 설명한 후, 매호에 쌀 1말과 북어 1쾌씩 나누어 주었는데 남녀노소를 물론하고 각기 그릇을 가지고 와서 처량한 탄식을 발하는 동시에 감격한 눈물을 흘리면서 받아가지고 돌아가는 마당에 철 모르는 아이들은 그 부모의 뒤를 쫓아가면서 어서 밥 지어 먹자고 좋아라고 날뛰는 모양은 보는 사람으로 하여금 비창한 느낌을 자아내이게 하였으며 슬픈 바람과 근심 구름에 싸이었던 독립문 밖 넓은 마당은 이를 따라 졸지에 온화한 봄바람이 가득한 듯하고 김 씨의 은혜를 칭송하는 소리는 자못 낭자하였다더라.
>
> 김주용씨 선심
> (동아일보 1923년 2월 21일)

시외 아현리에 사는 김주용씨는 음력 세모에 서대문 밖 보린회 주택
에 들어사는 빈민들의 곤궁에 동성하여 백미 일곱섬과 북어 칠십여쾌
를 기부하였음으로 70여호의 빈민은 매우 감사히 여긴다더라.

2) 교량의 설치

김주용의 활동 중 주목되는 것은 교량의 설치 부분이다. 교량 건설의
경우 일반적으로 국가적인 사업임에도 불구하고 그가 이를 실현하기
위하여 심혈을 기울였던 것이다. 그의 교량 설치는 서울에만 국한된 것
은 아니었다. 이는 신문 및 비문 등을 통하여 짐작해 볼 수 있다. 이를
보면 다음과 같다.

조선일보 1923년 4월 2일자 <혁암 김주용 씨 약력 및 유탁>에 상세
히 보도되어 있다.

> 아현리 근교를 대석 가설
> 부천군 갈탄 석교를 가설
> 수원군 어을도 경편 교량을 가설
> 고양군 연희면 전천 2교량 가설은 평면, 홍제 원전천 호량을 가설(중략)
> 고양군 지도면 강매리 석교를 가설하다.

라고 하여, 서울 아현동, 경기도 부천, 수원, 고양 등에 설치하였음을 보
여주고 있다.

김주용의 교량 설치는 이뿐만이 아닌 것 같다. 김주용 묘비에는 이보
다 많은 지역이 언급되고 있다. 고양군 阿峴前川, 동군 細橋전천, 동군
倉前전천, 동군 江梅전천, 동군 弘濟전천, 동군 白蓮寺전천, 富川郡 葛
灘천, 楊州郡 朝雲전천, 水原郡 어을도(蘖島) 潮浦 등이 그곳이다.

한편 교량설치와 관련하여 김주용 송덕비가 건립되기도 하였다. 조선일보 1924년 9월 18일자 <김주용씨 송덕비>기사가 보도되고 있다.

부천 남양간에 수립

경기도 고양군 용강면 아현리 김주용 씨는 천부한 자선심에 자산도 겸존하여 일평생 시혜를 위하여 소유재산은 자선사업에 다 분산하고 유한한 취지로 작년 중에 금강산 모사에 들어가서 폐양하다가 금년 춘에 별세하였다는데,

씨는 거금 15년 전에 수원군 송산면 고용리와 부천군 대부면 양진 중간 장원 한 거리에 실비 일천 오백원으로 석교를 조성하여 동절이라도 행인이 발섭하지 않게 된 고로 씨의 자선심은 만구 칭송하더니 <u>부천군 대부면장 노겸수씨 외 십사인의 발기로 본년 9월 팔일에 자선가 김주용□ 교송덕비라 새긴 석비를 수원 부천 간 분도에 수립하였더라(남양(南陽))</u>

송덕비건립을 주도한 대부면 면장 노겸수는 빈궁한 인민 구제를 위해 35호, 춘추량 등 호세를 자기가 담당해 일체 판납했고 고유지, 전응운의 22호에 대해 1개년 채금을 판납했다고 알려져 있다.

3. 김주용의 서거와 추모, 영향.

1) 서거와 추모

1832년생인 김주용은 1923년 3월 고양군 용감면 아현리 자택에서 생을 마감하였다. 그의 죽음을 안타깝게 여긴 조선, 동아 등 각종 신문사에서는 부고를 전하였고, 유지인사들은 추모회를 개최하는 한편, 책

자 간행, 추모비 설립 등을 추진하였다.

　먼저 조선일보에서는 1923년 4월 2일자에 <김주용씨 장서>라는
제목으로,

　　혁암 김주용씨가 거 30일 하오 팔시 고양군 용강면 아현리자택에서
　별세하였다더라.

라고 하였고, 조선일보 1923년 5월 18일자에서는 <김주용 씨를 추
도>라는 제목하에,

　　금일 오후 4시에
　　시내 각황사에서
　　금일 오후 4시에 시내 수송동 각황사에서 박영효 씨 외 10여 인의
　발기로 김주용 씨의 추도회를 연다더라.

라고 하고 있고, 동아일보 1923년 5월 18일자에도 <金周容氏(자선가)
추도회>에서도 보도하고 있다.

　한편 추모집의 간행도 추진하였다. 조선일보 1923년 9월 29일 <김
씨 유적찬집>에서 이를 확인할 수 있다.

　　그의 공덕을 세상에 발표코자

　　고양군 용강면(龍江面) 아현리 고 김주용 씨는 칠십삼세를 일기로
　금년 이월에 작고 할 당시에 그의 소유로 매년 삼백셕 직츄수하는 토디
　를 구제사업에 보용하라는 뜻으로 사회에 제공하라는 유언이 있어서
　한동안 세상에 이야기 거리가 되었는 것은 아직도 우리의 인상이 사라
　지지 않이 한 일이어니와

김 씨는 어릴 때부터 자선심이 풍부하여 일생에 거대한 재산을 던지어 어려운 사람을 구제한 것이 수백회에 달하야 인심이 극도로 각박한 이 시대에 그러한 자선가는 둘도 어 더 보기 어려운 터이라.

그러므로 근일 오태환씨 외 이10여 명의 유지인사가 발기하야 혁암 김처사유적찬집소(革庵金處士遺跡纂輯所)라는 것을 설치하고 씨의 일생 간 약력과 유적의 기록을 편찬하여 그의 공덕을 세상에 발표하는 동시에 이후에도 그러한 자선가가 속출하기를 독려함이라더라.

김주용의 자신과 공익활동은 사손들에게도 큰 영향을 주었다. 그의 아들 김교익, 김교성 등도 활발한 활동을 한 것으로 전해오고 있다. 그 하나의 예를 보면 다음과 같다.

조선일보 1924년 2월 12일자 <김교성 씨의 자선>

빈민에게 백미 분급
은혜 받은 빈민들은 황초를 기증하였다.

자선가로 유명하던 고 혁암 김주용 씨는 재작년 음력 연중에 시내 서문 밖 교북동에 있는 보인회 간편 주택에 거주하는 빈민들의 곤란한 생활을 불쌍히 여기어 백미 8섬과 북어 75쾌를 집집이 나눠 주어서 과세를 편안히 하게 하였으므로 은혜를 받은 그 빈민들은 물론이오, 일반의 칭송이 자자하여 당시 각 신문에도 보도되었거니와 작년 말에는 금융 공황의 영향을 받아서 그 간편 주택에 거주하는 빈민 400여 명의 참혹한 정형은 이로 말할 수 없는 처지에 빠졌으므로 <u>김주용 씨의 아들 김교성 씨가 이 말을 듣고 그 부친의 뜻을 이어서 또한 백미 8섬을 나누어 주어 과세하게 하였으므로 그들은 김 씨 부자의 은혜를 생각하고 그 감사한 뜻을 만분 일이라도 표하고자 매 호에 돈 2전씩 거두어서 황촉 1쌍을 특별히 제조하여 김주용 씨 궤연에 켜 달라고 하였다더라.</u>

아울러 1925년 을축년 대홍수 때에는 김주용이 선행에 써달라고 남긴 재산을 바탕으로 이재민들의 집 마련에 큰 도움을 주었다. 당시 기사를 보도록 하자.

조선일보 1925년 9월 6일자 <고 김주용씨유지로 잠실리에 서광>

구제가옥 백여간을 건축하며
학교 경비까지를 담당할 예정
책임자 김일선씨의 시설

일찍 자선가로 명망이 있던 고 김주용 씨가 3년 전 별세 당시에 삼백석 추수하는 논을 자선사업에 써달라고 유언하고 그 책임을 김일선씨에게 맡겼던 바, 금번 수재로 시흥군 신동면 잠실리(始興郡 新東面 蠶室里)는 전동이 몰락 상태에 빠지게 된 동시에 별로 구제를 받을 길도 없으므로 이에 김일선 씨는 고 김주용 씨의 유지를 따라 동리 주민에게 동면 반포리 1,000여 평 대지를 사서 백여간 주택을 건축하여 주기로 하고 벌써 착수하였고 또는 그들의 장래를 위하여 양잠과 제사업을 장려하며 동리 홍동학관의 경비를 보조하여 교육까지 원조한다더라. (송파)

이에 대한 고마움으로 당시 시흥군수 등 여러 사람들이 설립한 김주용기념비가 서울시 서초구 잠원동 한신아파트 351동 옆에 서있다. 이는 매일신보 1942년 10월 13일자에 <故 金周容先生 記念碑 除幕式>으로 보도되고 있다. 비문의 주요 내용을 정리해 보면 다음과 같다. 다만 현재 비의 일부가 파괴되어 있다.

이름은 周容, 자는 德文, 호는 革菴, 啓星居士.
상업을 했음, 20세가 넘어서 가업이 날로 발전했다. 10여처에 교량설치.
40세에 집안일을 자제들에게 맡기고, 방랑 절에 기사 법문을 들음.

사람들이 살아있는 부처, 活佛이라고 함.

신유년에 재단법인 보린회를 설립하여 주택 100여호를 지어서, 집 없이 방황하는 자를 수용.

계해년에는 병이들자, 300석 수확토지를 金一善과 자신의 아들 敎翼, 敎聲 등에게 유탁하여 자비로운 사업을 하도록 하였다.

을축년 여름 홍수가 크게 나, 잠실 일대 인가 표류하자, 위에 언급한 3사람은 주택 30여호를 건축하여 이재민들을 거주하게 하였다. 오늘날 周興洞이란 것이 이것이다.

사립 홍동학교를 설립한 지 얼마 안되어 경영난이 있어 장차 폐교함에 이르렀다. 김주용으로부터 유탁을 받은 김일성 김교익이 서로 이어 교장을 맡고, 朴致勳이 부교장을 맡았다. 학교를 증축하고 교무를 잘하고자 하였다.

소화 16년(1941년) 11월 일
발기인: 시흥군수 小野廣吉 와 군내 각 면장과 각 초등학교장과 군내외 유지일동,
홍동학교장 德原英燮 외 후원회역원과 학부형과 졸업생 유지일동

김주용의 유언을 실천한 김일선은 기독교인으로 그 역시 다수의 선행을 한 인물이었다. 조선일보 1935년 1월 25일자에는 김일선의 사망과 이력에 대하여 다음과 같이 기사화하고 있다.

김일선씨장서 장례식은 28일
시내 숭삼동 일백오십삼번지 김일선 씨는 그동안 오랜 신병인 위궤양(胃潰瘍)으로 자택에서 치료하든 중 마침내 약석이 효험을 어찌 못하여 24일 오전 10시에 육십삼세를 일기로 장서하였는데 장의는 오는 이십 팔 일에 시 외 연희면 선영으로 거행하리라는데

씨는 한말지사로 예수교에 몸을 던진 이후 사회와 교육계를 위하여 공헌한 바가 만헛 스니 경성보육원(京城保育院)의 설립자 겸 이사이었

고, 시외 인창학교(昌學校)의 설립자 겸 교장이었고, 시외 잠실리 흥동학교(興東學校)의 설립자 겸 교장이었고, 삼흥보통학교(三興普通學校) 부교장이었으며, 중앙기독청년회 이사요, 보린회 이사엿스며 특히 진명녀자고등보통학교(進明女高) 이사로 있으며, 일시의 험하였든 동교의 재단을 정리하여 오늘의 지반을 세운터이라 한다

2) 한국 최초 사설 사회사업 기구 보린회의 조직과 활동

1920년대 초에 김주용이 박영효 등과 함께 조직하여 만든 보린회는 그 이후에도 활발한 빈민구제활동을 전개하였다. 빈민의 주택난 해소, 강습소 설립, 주택구내에 조산부 설치 등이 그 대표적인 활동이라고 할 수 있다. 이를 보면 다음과 같다.

(1) 보린회(保隣會)의 조산설비
조선일보 1930.4.9석간2면기사 (사회)

산파를 두어

서대문 밖 교북동에 있는 재단법인 보린회는 간이주택 85호를 건축하여 빈민의 주택난을 구제하고 강습소를 설립하고 그 구내빈민아동 70여 명을 수용하여 무료로 보통교육을 교수하며 기타 사업을 10여 년래 계속하여 오던 바 금년 4월부터 주택구내에 조산부를 두어 산파를 고빙하여 일반 빈민의 산모를 수용한 후 무료로 조산사업을 실시한다고 한다.

(2) 동부방면사업 무산아동교수 보린회관에서
조선일보 1932.6.15.석간2면기사 (사회)

보린회관에서

경성부 내에는 학자가 없어서 보통 교육조차 받지 못하는 자제가 퍽 많은데 수일 전 동부방면 사업후원회장(東部方面事業後援會長) 김적설(金的卨)씨의 이강혁(李康爀), 태웅선씨 등이 창신동 방면(昌信洞方面) 빈민부락을 시찰한 결과 그 가운데 자력이 없는 아동을 동부보린관에 수용하고 보통 학교 정도의 교육을 밖에 하였다 한다.

(3) 아현정 보린회 보호주간봉사
조선일보 1938.5.13조간7면기사 (사회)

서부 경성의 사회사업에 오래전부터 많은 힘을 쓰고 잇는 부내 아현정에 있는 재단법인 보린회에서는 지난 5일부터 11일까지에 실시된 전국아동애 아동애호주간(兒童愛護週間)동안에 아동의 건강심사며 병든 아동에 대한 약품급여능여러 가지 사업을 많이 하여 좋은 성적을 내었다고 한다

한편 보린회는 해방 후인 1967년 조선왕실의 후예 이구의 부인 이방자여사에 의하여 명휘원으로 변화 발전하였다. 조선일보 1967년 12월 21일자 <사회사업(社會事業)하는 이방자(李方子)여사>라는 제목하에 다음과 같은 기사가 있다.

사회사업(社會事業)하는이방자(李方子)여사

「명휘원(明暉園)」은 부군(夫君) 이은(李垠)씨의 호(號)에서 신체장애자(身體障碍者)에 직업(職業)알선회관(会舘) 세우고 아동상담소(兒童相談所)도 마련

왕골로 만든 바구니, 꽃병받침 몇개를 핸드백에서 꺼내놓는다. 그리고 지난 7일 수원농촌진흥청으로부터 받은 감삿장도 보여준다. 농촌부녀자에게 가내수공업을 익혀준 공로를 치하받은 것이다.
낙선재 응접실에서 이방(李方)구여사를 만났다. 방자(方子)여사는

지난 13일 사회사업기구인 명휘원(明暉園)을 설립코 이사장직을 맡았다.「명휘(明暉)」는 부군인 영친왕(英親王) 이은(李垠)씨의 호(號)다.

영친왕(英親王)은 귀국 당시(63년 11월) 사회에 봉사할 수있는 사업을 하고 싶다고 했었다. 그러나 건강때문에 여의치못해 방자(方子)여사가 대신 맡은 것이다.『그 분의 뜻을 받드는 의미로 호를 본따서「명휘원(明暉園)」이라 이름지었지요』

명휘원은 한국사상 최초의 사설(私設) 사회사업기구인 보린회(保隣會)를 흡수, 개칭하여 발족했다. 보린회(保隣會)는 1922년 가을 고 박영효(故朴泳孝) 김일선(金一善) 김주용(金周容)씨의 발기로 창설, 당시 김주용(金周容)씨가 아현동산(阿峴洞山) 8번지 1천6백평대지에 극빈자를 위한 구호주택 1백7가구분을 건립하는 한편 병원 산원(産院) 아동교육기관 등을 시설하고 무료봉사하던 기관이었다. 그러나 6·25동란이후는 거의 사업이 마비되다시피 하던 중 최근 YMCA로부터 거액의 회사를 받아 성동구 고덕동(城東區高德洞)에 4천여평의 대지를 마련코 계몽,복지사업을 펼 계획이었다.

보린회(保隣會) 이사회는 지난 10월 20일 영친왕 70세 탄신일에 보린회(保隣會)를 명휘원(明暉園)으로 개칭하고 이방자(李方子)여사로 하여금 그뜻을 받들게 한것이다.

명휘원은 신체장애자에게 직업을 보도해주는 것이 주목적이다.

『그분과 손을 맞잡고 같이 일하면 얼마나 좋겠어요.진작 발족됐을거고, 그간 일도 많이 이뤄놓았을 텐데…』병석에 누워있는 부군에 대한 안타까움을 되뇌인다.

『명휘원 이사장직을 맡고 축하꽃다발을 든채 그분한테 달려갔지요. 말로 표현을 못하지만 얼마나 즐거워 하시는지…』눈시울마저 붉힌다.

영친왕(英親王)은 지금도 성모병원특실 613호실에서 주치의 김학중(金學中)씨의 치료를 받고있다.

유일한 취미는 TV시청, 제일 즐겨하는 프로는 어린이 노래시간, 또 간호원의 얘기를 들으며 하루를 소일한다고 전해준다.

방자여사는 매일 오후 4시 부군을 찾아간다. 우유, 수프 등에 비타민제를 넣어 손수 유동식(流動食)을 만든다.

낙선재에 살던 아들 이구(李玖)씨내외는 지난 11월24일 미국엘 다녀가고 없었다.

─손자를 보서야 할 텐데…『가계(家系)를 잇는다는 옛풍습에 굳이 집착하고 싶지 않아요.그애는 집을 많이 지으니 그게 바로 아들이고요, 난 칠보(漆宝)를 만드니 그게 바로 손자죠』한다.

칠보는 방자여사가 일본서부터 익혀오던 자랑솜씨. 그간 칠보전시회도 가졌고 자선바자도 했었다. 입고 있는 울저지 투피스에도 파랑빛과 초록빛이 아롱재있는 칠보 브로치와 반지를 끼고 있었다.

그의 사설 자선단체인 자행회(慈行会)와 명휘원(明暉園)의 신년계획은 참으로 많다.

회관을 건립해야겠고, 아동상담소, 소아마비 아동훈련센터, 테스트센터 등을 고루 시설해야겠다는 것이다.『꿈이 되지않기를 바랄뿐이에요.』주로 펼사업은 불구아에게 수공예를 익히는 것이다. 지난 여름엔 수원에서 농아학생 9명에게 편물,기계자수 등을 가르쳤더니 상당히 능률적이고 솜씨가 좋더라면서『대기업가가 나서서「꼭 손을 필요로 하는일」을 이들에게 맡겼으면 좋겠다』고 사업욕에 열을 올렸다.

3) 일제 강점기 공익과 자선의 화신 김주용

1923년에 사망한 김주용의 선행은 당시 조선총독부에서도 널리 인식하여 수신교과서에 그의 행적을 수록하였다. 식민지시대를 살아가조선인들에게도 그의 행동은 큰 귀감이 되었을 것이다. 주요 내용을 요약 정리해 보면 다음과 같다.

『보통학교수신서 권6, 아동용』, 1924년 2월 20일 발행. 조선총독부.

1. 자선
경기도 고양군 용강면사람 김주용은 18세시 집을 떠나, 木綿과 絹布류의 행상을 해서 일가의 생계를 유지했다. 충남 공주지방에 행상을 할 때, 그 지방에 기근으로 아사자가 다수 발생하자, 김주용은 이를 차마 볼수가 없어 자기가 가지고 있던 금품을 다 내놓고 다수의 사람을 구조하였다. 그리고 죽은 사람들의 장례를 치러드렸다.

그 후 전라도 지방에 기근이 발생하자 쌀과 기타 식료를 제공하였다.

2. 공익

용강면의 아현리에 가느다란 粗末로 된 다리가 있었는데, 사람들이 다니기 어려운 것을 보고, 넓은 돌다리를 만들어 주었다. 또 인천에 가까운 葛灘의 다리도 시원치 않아 통행이 어렵자, 돌다리를 가설해 주었다. 그 외 김주용이 설치한 다리가 지방에 여러개 있었다.

또 주택이 없는 사람들을 보면 주택구제회를 조직하여 주택을 지어주었다. 또 각 지역의 도로의 수선이 이루어지지 않으면 토지 등을 기부하여 사업을 도왔다. 한편 아현리의 소방시설이 불완전한 것을 보고, 개량하기 위해서 소방도구를 기부하였다. 아울러 사망시 300석의 수입이 있는 토지를 공익 등의 사업을 위해서 기부하였다.

위의 내용 중 특별히 주목되는 것은 김주용이 목면과 견포류 행상을 하였다는 점이다. 김주용은 전국을 다니며 옷감장사를 하여 돈을 번 것으로 보이다. 이 부분과 관련하여서는 앞으로 좀더 심층적인 연구가 있어야 할 것이다. 1876년 개항 이후 일본 등으로부터 서양 옷감들이 다량 국내로 수입되면서 상인들이 다수 재산을 모은 경우들이 있었기 때문이다.

아울러 주목되는 점이 돌다리를 건설해 주었다는 점이다. 이것 역시 주목되는 부분이다. 또한 소방시설의 근대화를 위해 소방도구들을 기부하고 있는 점[7] 또한 김주용의 근대의식을 살펴볼 수 있는 것이 아닐까 한다.

---

7) 박환, 「일제강점기 수원지역의 소방과 화제」, 『숭실사학』 38, 2017.
김상욱, 『한국근대 소방관의 탄생-화재발생과 소방조활동에 관한 고찰』, 민속원, 2021.

4

지워진 해방 직후 역사학도의 열정과 노력:
『史海』와 『歷史學研究』

1. 머리말

1945년 8월 16일, 중앙아카데미로 조선학술원이 창설되었고, 그날 저녁 진단학회가 재건되었다. 아울러 10월 21일에는 조선과학자동맹이 탄생하였다. 한국사의 경우 연구학회가 결성되기도 하였는데. 그 대표적인 것으로서 동년 12월 12일에 조선사연구회가, 12월 25일에는 역사학회가, 1946년 8월 15일에는 경성대학 조선사연구회가 탄생하였다.

한국전쟁 중인 부산에서 1952년 3월 16일 역사학회가 결성되었으며, 전후인 1955년에는 역사교육연구회가, 1957년에는 한국서양사학회가, 1958년에는 한국사학회가 설립되어 발전을 거듭하였다. 그 결과 1958년 5월에는 역사학회가 진단학회와 공동으로 한국 최초의 전국 학술회의인 전국역사학대회를 개최하기에 이르렀다. 2022년은 바로 전국역사학대회가 개최된 지 65주년이 되는 뜻깊은 해이기도 하다.

이에 본고에서는 해방 직후 한국사 정리 및 체계화를 위해 노력한 조선사연구회와 역사학회에 대하여 살펴보고자 한다. 이들 단체들은 해방 직후인 1945년 12월에 각각 조직된 한국사관련 최초의 학회로서 역사적 의미가 큼에도 불구하고 그동안 잊혀져 있던 것이 사실이다. 이에 이를 정리 분석함으로서 해방 후 한국사연구 노력의 일단을 살펴보고자 한다.

2. 조선사연구회의 설립과 『史海』 간행

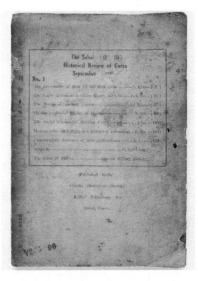

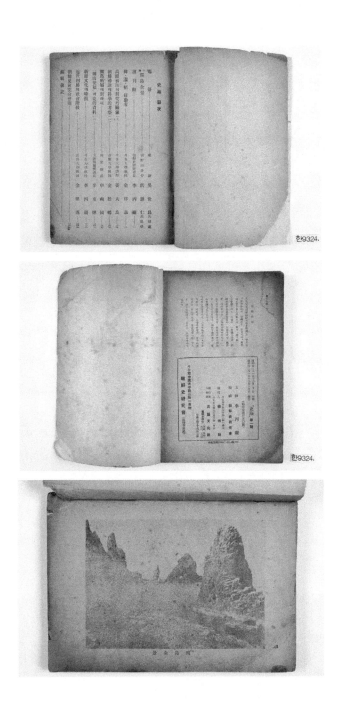

조선사연구회는 1945년 12월 12일에 서울에서 이병도를 중심으로 결성되었다. 회장 이병도,[8] 부회장은 김상기와[9] 신석호[10] 등이었다. 이들의 면면으로 보면, 조선사연구회는 일제 식민지하에서 역사학계의 주도적인 역할을 한 인물들이 그 중심이 되었음을 짐작해 볼 수 있다.

그러나 조선사연구회는 학회지 제호『사해』의 제자를 3·1운동 당시 민족대표 33인 가운데 한명인 오세창의 글씨로 하여 해방의 감격과 독립의 의지를 표현하고 있다, 아울러 독도전경사진(조선산악회 홍종인 제공)도 실어 독도가 우리의 영토임을 분명히 밝히고 있어 주목된다.

조선사연구회의 창간목적은『사해』창간호에 실린 회장 이병도의 창간사를 통해 짐작해 볼 수 있다.

해방이 되어 벌써 찬3년이 가까워왔다. 몇몇 동지가 모여서 조선사연구회를 조직한 것이 바로 그해 겨울의 일이니 우리 학회도 이미 세돌을 맞이하게 되었다. 그간 본회에서는 학회의 간행을 위하여 제법 노력을 하였으나 뜻한 바를 이루지 못하고 오늘에 이르러왔다. 이제 처음으로 성과의 일부를 수록하여 논문집 창간호로 세간에 보내게 된 것은 생각하면 무한한 반가운 마음을 참을 수 없다. 차후 논문집의 속간과 더불어 강연 기타의 학회사업이 계속하여 나오게 될 것이다.
우리학회의 사명은 빈약한 조선사학계를 개척하여 우리민족의 성장 과정을 정확하게 내외에 소개함에 있다. 조선사의 연구는 솔직히 말하

---

8) 민현구, 「이병도, 순수 학구적 자세로 한국사학의 토대를 쌓다」, 『한국사시민강좌』 43, 일조각, 2008.
9) 홍영의, 「東濱 金庠基의 학문 성향과 高麗時代史의 史學史的 位置」, 『북악사론』 14, 2021.
10) 신석호에 대하여는 강만길의 글이 있다. 강만길, 「신석호선생님이 살아오신 길」, 『백산학보』70, 2004.

여 아직 극히 유치한 상태에 있다. 역사과학은 그 자체가 체계의 완성을 보지 못하고 있으나 조선사연구의 빈곤은 물론 이러한 근본문제에 원인이 된 것은 아니다. 일제의 탄압은 우리의 학술적 활동을 구속하여 우리의 硏究機를 완전히 마비시켜왔다. 종래에 있어서 조선사연구가 어느 정도 진전하였다는 것을 부인하려는 것은 아니다 우리들의 연구 발표는 극단한 감시제약을 받아 왔으며, 일본인의 연구는 요컨대 그내들의 연구에 불과하였다. 그러나 해방이 되었다는 금일, 이러한 구태를 다시 되풀이 하고 싶지 않다. 모든 속박이 제거된 이상 우리는 과거에 금단되어 온 영역을 힘차게 개척하여 학문의 공백을 하루빨리 메워야 한다.

우리는 항상 조선민족의 개인적 우월성을 굳게 신봉하였다. 비록 우리는 아직 학술연구에 대한 국가와 사회의 정당한 보호를 받지 못하고 있으나 만약 종래의 신념이 잘못된 자부가 아니라면 연구의 자유가 보장된 금일, 우리들 학도가 서로 협조하면 우리의 우수성은 반듯이 학계에 반영되어야 할 것이다. 그렇지 않고 조선의 학문수준이 그대로 계속된다면 개인적 우수성에 대한 우리의 신념은 요컨대, 단체적 생활에 패배한 자위적 환영에 돌아가고 말 것이며, 앞서말한 일제의 탄압도 결국은 비겁한 구실에 지나지 않게 될 것이다. 학보창간에 제하여 우리는 양양한 전도를 축복하는 동시에 우리들 학도에 부과된 책무가 결코 범용한 것이 아니라는 것을 절실히 통감한다. 해방된 금일의 혼란이 어떠한 일면에서 우리의 역사적 총결산을 의미한다면 그 뿌리를 밝혀야할 우리들 역사학도에는 비상한 각오가 요청된다.

1948년 초춘
조선사연구회장 이병도

아울러 편집후기에서도 조선사연구회의 조직 이유를 다음과 같이 주장하고 있다.

지금 이땅에는 38선으로 나라를 남북의 두동갱이에 나누고, 좌우경으로 사상을 붉다, 희다 뒤흔드러놓아 전에 보지 못하던 일대 혼란을 일으키어 생영사멸의 분수령에서 옳커니 글커니 아우성치고 있다. 그 어느 편에서나 4천년의 전통정신을 던지고, 신세계의 첨단에 나서서 몰정체의 이수요술에 놀아난다면 이 백성들의 내일은 끊없는 비애의 황야일러라.

이에 우리는 퇴폐된 국민도덕, 마비된 민족정신을 왕현들이 끼쳐주신 행적에서 찾아보며, 선열들의 재워주신 숙혼에서 불러내어 재불진 재세래하여 우리 건국행정의 목마른 고개에 사선의 역을 삼으려는 미의에서 본지를 세상에 내놓은 소이로 한다.

호를 거듭할수록 흐려졌던 선인의 자취, 캄캄하던 왕사의 비맡이 대고대고 들어나서 혼탁하여진 우리의 머리가 광풍같이 정화하며답답하던 우리의 가슴이 霽月같이 시원하리라.

조선사연구회에 대한 좀더 구체적인 내용은 학회가 1948년 12월 12일 학회 창립 3주년을 맞이하여 고려문화사에서 간행한 『사해』를 통해서 살펴볼 수 있다.

『사해』 창간호 논문 목차는 다음과 같다.

창간사	조선사연구회장 이병도
한 애 맥 이동고	서울대학교 교수 김상기
고려초기의 대거란 관계	서울대학교 강사 강대랑
조선 신화의 과학적 고찰(1)	고려대학교 교수 김정학
독도 소속에 관하여	국사관장 신석호
『한산세고』의 사적 자료(1)	문교부 편찬과장 신동엽
신라문화의 특징	서울대학교 교수 이병도
근대조선의 사회계급	동국대학 교수 김영수

위의 목차에서 살펴볼 수 있는 바와 같이. 창간호에 투고한 인물은 이병도, 김상기, 강대량, 김정학, 신동엽, 김영수 등이다. 소속은 서울대학교, 고려대학교, 동국대학교 등을 들 수 있다. 논문은 전근대가 주류를 이루고 있다. 다만 국사관장 신석호의[11] 논문은 독도소속에 관한 것이어서 해방 후 역사학도들이 독도에 깊은 관심을 갖고 있음을 보여주고 있어 흥미롭다. 편집후기에서도 이글에 대하여 다음과 같이 그 의미를 부여하고 있다.

> 본회 부회장이오 국사관장인 신석호선생은 만경창파 동해 중에 있는 독도현지를 실지답사한 건국 최초의 외교문제 국방문제에 관련되는 『독도소속문제』란 대논문은 본지 독점의 공개 비서이다.

한편 고려대학교 사학과 교수를 역임한 강대량(강진철)은 회고에서 논문을 싣게 된 계기를 다음과 같이 서술하고 있다.[12]

> 선생(이병도)의 큰 댁 영질 재녕군이 나와는 경기중학 동기였던 관계로 다소 인연은 있었다(중략) 나는 천진 체류 중에 <고려 초기의 대거란관계> 라는 글을 습작삼아 써 놓은 것이 있었으므로 이것을 손질해서 제출하였다(『사해』 제1호, 198에 실림)

---

11) 신석호는 해방공간 조선사편수회의 사업을 수습하여 1946년 3월 23일 국사관을 설립하였다. 1949년 3월 국사관은 국사편찬위원회로 확대 개편하였다.
12) 강진철, 「학창시절과 연구생활을 되돌아보며」, 『한국사시민강좌』 3, 1988.

3. 역사학회 설립과 『歷史學硏究』 간행

역사학회는 1945년 12월 25일 서울에서 신진학자들인 염은현, 홍이섭, 김일출, 민영규 등이 중심이 되어 창립되었다. 역사학회는 인적구성에서 보는 바와 같이 홍이섭[13], 민영규[14] 등 한국사 전공 외에, 염은현과 같이 서양사, 김일출과 같이 동양사 등 참여자가 조선사연구회에 비하여 다양했던 것으로 보인다. 이는 1949년 5월 27일 정음사에서 간행된 『역사학연구』 창간호 회원 명단을 보면 더욱 분명해진다. 이를 보면 다음과 같다.

> 강대량, 김성칠, 김영기, 김일출, 김원룡, 김정학, 김준섭, 김재룡, 김홍주, 고병익, 고재국, 이는식, 이덕성, 이삼실, 이상백, 이순기, 이여성, 이용희, 염은현, 민영규, 민천식, 방현모, 유홍열, 전석담, 전원배, 전해종, 정진행, 조의설, 조좌호, 최문환, 한인석, 한상진, 한우근, 홍순창, 홍이섭(이상 35명)

한국사의 대표적 인물로 강대량(강진철), 김성칠, 김원룡, 김정학, 민영규, 한우근, 홍이섭, 동양사의 고병익, 전해종, 조좌호, 김일출, 서양사의 염은현, 조의설 등을 들 수 있다. 진보적인 학자로서 김일출, 이덕성, 이여성, 전석담 등도 참여하고 있어 좌우 이념을 넘어 다양한 성격의 학자들이 참여하고 있음을 짐작해 볼 수 있다.

역사학회 회원은 연희출신인 김일출을 중심으로 이상백 · 한상진 · 홍

---

13) 원유한, 「홍이섭 선생의 삶과 역사학」, 『실학사상연구』 10, 11합집, 1999.

14) 「서여 (西餘) 민영규 (閔泳珪) 선생 고희기념논총 : 서여 (西餘) 민영규 (閔泳珪) 선생 약보」, 『동방학지』 54−56, 1987.

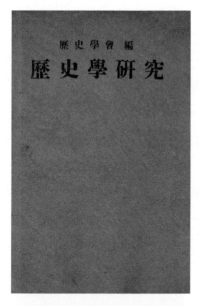

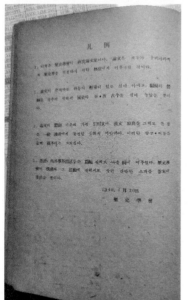

순창 등이 주축이 되어 참여층을 확대한 것으로 보인다. 연희대학 사학과 교수인 민영규·염은현·조의설·조좌호, 연희대학 강사로서 연희전문을 졸업하고 김일출과 같은 동북제국 대학을 다닌 심리학의 방현모와 물리학의 한인석, 연희대학 강사인 철학의 전원배, 연희전문의 동문인 홍이섭·이용희·정진석, 1946년 서울대학 재직시 동료 교수인 김성칠·강대량(강진철)과 학생인 고병익·김재룡·전해종·한우근·김홍주 등이 함께 참여하였다. 서울사대 역사 담당 교수인 이능식·유홍렬, 고려대 사학과의 김정학교수는 물론 김일출의 연희전문 보증인인 이여성과 서울대 사회학과 강사인 이덕성, 연희 전문과 동북제국대학 동문으로 철학 전공인 김준섭, 동북제국대학 동문인 전석담, 국대안 반대운동을 벌인 숙명여전의 이삼실도 포함되었다. 한상진은 미술사연구회 회원인 김원룡·민천식·김영기와 함께 동참했던 것으로 보인다. 연희대학 사학과의 홍순혁과 진단학회의 중심인물인 서울대의 이병도·김상기, 고려대의 신석호는 빠져있다.15)

역사학회의 설립목적은 역사학회 회칙 1조를 통해 짐작해 볼 수 있다.

> 1조, 역사학회는 여러 분야의 역사를 학문적으로 연구하여 새로운 사학을 세우는 것이 그 목적이다.

그러나 역사학회는 새로운 사학의 구체적인 내용을 밝히지 않고 있다. 『역사학연구』창간호에 실린 논문들을 살펴보면 다음과 같다.

---

15) 도현철, 「김일출의 학술활동과 역사연구」, 『한국사연구』170, 2015. 2017년 도현철에 의하여 선인출판사에서 『김일출 저작선집』이 간행되기도 하였다

생활원리로서의 정치사상	조의설
이조후기의 정치지배관계	고기양
춘추회맹논고	김일출
Chiliasmus(천년천국신앙)와 Magister Thomas' Muenzer	
	김재룡
이슬람교도와 원대사회	고병익
천주교전파와 이조봉건사회	한우근
당대 균전고	전해종

위의 논문 목차들을 통하여 볼 때, 역사학연구는 인적구성과 마찬가지로, 한국사. 동양사, 서양사 등을 다양하게 싣고 있다. 특히 고병익의 이슬람교도와 원대사회 등 이슬람에 대한 관심이 눈에 띤다. 목차 구성상 현재적 관점에서도 손색이 없는 것으로 보인다. 당시의 학문적 성숙도와 현주소를 보여주는 것이 아닌가 짐작된다.

김일출은 역사학회의 기관지인『역사학연구』의 원고 수합에 노력하였다. 그는 1946년 무렵 서울대 사학과 교수가 되면서 사학과 1회 졸업생과 긴밀한 관계를 맺는다.『역사학연구』1집의 필자는 한우근·김재룡·고병익·전해종·김일출·고기양·조의설 등 한국사 2명, 동양사 3명, 서양사 2명 등이다. 앞의 4명은 1947년 8월에 졸업한 서울대 사학과 1회 졸업생인데, 김일출이 이들의 학부논문을『역사학연구』에 수록하게 한 것으로 보인다. 김일출의 글은 동북제국대학 학부 졸업논문이다. 당시 서울대 사회학과 강사로 김일출의 연구실에 자주 왕래하던 이덕성은 김일출의 소개로「신라왕계 와 골품의 형성과정」이란 논문을『역사학연구』에 기고하려 하였는 데 갑자기 사망하여 이루어지지 못하였다고 한다. 이덕성은 역사학회의 1948년 6월 발표회에서「원시 조선사회의 연구」를 발표하기도 하였다.16)

역사학연구 범례에서는 다음과 같이 언급하고 있다.

1. 이 책은 역사학회늬 연구논문집이다. 논문은 모두가 우리나라의
   새 역사학을 건설하기 위한 열의에서 이루어진 것이다.
2. 논문의 순서에는 하등의 경중이 있는 것이 아니고, 편집의 체제를
   갖추기 위해서 국사와 동, 서 고금을 섞어 놓았을 뿐이다.
3. 논문의 체제 가운데 가령 인용문에 한문 원전을 그대로 쓴 점은
   일반 독자에게 불편할 듯해서 미안하다. 이러한 앙상 례짐은 둘
   째 집부터는 고치겠다.
4. 서평, 내외학계소식 등은 편폭관계로 다음집에 미루었다. 역사학
   회의 성격과 그 활동에 관해서도 극히 간단히 소개를 권말에 붙
   였을 뿐이다

역사학회는 창립 이후 활발한 활동을 한 것으로 보인다. 학회지 권말
의 <휘보>가 이를 보여주고 있다.

발표회
제1회(1947. 1.10) 조선공예사에 관하여 (이여성)
제2회((1947. 2.2) 장래의 동양사학(홍순창)
제3회(1947.3.5.) 조선 삼국시대의 사회구조(조재호)
제4회(1947. 4.10) 세계 2차대전(미 제24군단 역사부장, Lane 박사)
제5회(1947. 6.15) 이슬람교도와 원대사회(고병익), 독일농민전쟁
　　(김재룡)
제6회(1948. 6.27) 원시 조선사회의 연구(이덕성)

발표회의 경우 1회가 일반사가 아닌 조선공예사인점이 주목된다.

---

16) 도현철, 「김일출의 학술활동과 역사연구」, 『한국사연구』170, 2015.

최근 2021년에서야 서울 풍문여고 자리에 공예박물관이 비로소 건립된 점을 통해서 볼 때 그러하다. 아울러 미래의 동양사학 등에도 눈이 가며, 미 제24군단 역사부장의 2차세계대전에 대한 발표 역시 흥미를 끈다.

역사학회는 3번에 걸쳐 간사진이 변동되는 등 활발한 활동을 보여주고 있다.

제1차(1945.12) 염은현, 홍이섭, 김일출, 민영규
제2차(1947.2) 이상백, 최문환, 홍순창, 염은현, 한상진, 김일출
제3차(1948.2) 서양사부 조의설, 조선사부 김정학, 동양사부 김일출, 서무부 고재국 한상진

위에서 살펴볼 수 있는 바와 같이, 역사학회는 조선사연구회와는 달리 집행부의 경우 연희전문출신이 중심이 되었음을 알 수 있다. 1945년 12월 창립 당시의 간부진인 염은현, 홍이섭, 김일출, 민영규 등이 모두 그러하다. 특히 염은현, 김일출 등이 주도적 역할을 한 것으로 판단된다. 이기백은 역사학회(1952년 설립) 회고 좌담회에서 김일출을 특별히 언급하고 있다. 김일출은 일제하 해방시기를 거쳐 북한에서 활동한 지식인, 한국학 연구자이다. 그는 연희 전문학교를 졸업하고, 해방후에는 서울대학 사학과 교수, 북한에서는 고고학연구소 연구사를 맡으면서 역사학회를 조직하는 등 열정적인 학술 활동을 전개했다. 또한 민족문화와 동양 사상 관련 논문을 쓰고, 『신동양사』와 『이웃 나라의 생활』을 공저하였으며, 모택동의 『신민주주의론』과 도희성(陶希聖)의 『중국봉건사회사』를 번역하였다. 북한에서는 『조선민속탈놀이연구』를 저술하였다. 한국문화, 동양사, 민속학 등 한국학 전반에 걸친 시론과 논

저로 한국 근대 학술의 성립에 노력했던 것이다. 해방정국기에 김일출은 여운형의 근로인민당에 참여하였고, 김기림·이상백 등과 신문화연구소를 창립하고『신문화』를 간행하였다. 해방 후 세계사적 변화 곧 자본주의와 사회주의 양 진영의 논리에 매몰되지 않고 객관적인 입장에서 세계정세를 파악하고 연구하고자 하였던 것이다. 김일출은 서울대학 교수 시절 동료 교수와 제자들에게 지적인 영향을 주기도 하였다. 사학과 동료 교수였던 김성칠은 그를 학문 연구와 학생지도에 열성이었다 하였고, 사학과 졸업생으로 미국학의 대가인 이보형은 자신이 미국사를 전공하게 된 것은 김일출의 조언에 의한 것이라 술회하였다. 김일출은 1950년 9월 무렵 북한으로 가서 민족 문화 건설과 사회주의의 결합에 주력한다.

1950년 9월 이후 북한에서의 김일출의 활동은 분명하지 않다. 북한에서 간행된『력사과학』과『문화유산』을 통하여 그의 행적의 편린만을 알 수 있을 뿐이다. 그는 1957년 고고학 및 민속학 연구소 주체로 열린 과학원 창립 5주년 학술보고회에서「문화적인 농촌건설과 민족 유산의 계승을 위하여」라는 주제를 보고하였고, 1958년『조선민속탈 놀이연구』를 저술하였다. 그 이후의 행적은 보이지 않는다. 적어도 1958년까지는 과학원의 고고학 및 민속학 연구소 연구사로 활약한 것으로 보인다.[17]

역사학회는 1948년 대한민국정부수립, 김일출의 월북이후 한국전쟁 중 부산에서 다시 새로운 역사학회로 변화 발전된 것으로 보인다. 1945년의 역사학회가 좌우 및 연세대 출신이 중심이 되었다면, 1952년의 역

---

17) 도현철,「김일출의 학술활동과 역사연구」,『한국사연구』170, 2015.

사학회는 우익 및 서울대 등이 중심이 됨으로서 동일명칭의 조직임에
도 불구하고 연속과 단절의 변화상을 보여주고 있다고 판단된다.

5장

한국독립운동사의
반성과 과제

1

박영석의
독립운동사연구

1. 머리말

박영석은 경북 청도출신으로 독립운동사 연구의 1세대를 대표하는 역사학자 가운데 한사람이다. 그는 고려대학교에서 학부논문으로 동학을, 석사논문으로 만보산사건을, 경희대학교에서 만보산사건연구로 박사학위를 받았다. 일찍이 1930년대에 만주지역에서 있었던 만보산사건을 연구함으로써. 한국사의 범주와 시대를 보다 넓히는데 기여하였다고

박영석, 건국대학교 교수 시절

볼 수 있다. 특히 일본제국주의를 둘러싼 한국, 중국, 일본의 관계를 깊이 있게 천착함으로써 한국사를 보다 거시적이고, 입체적으로 살펴보

았다. 또한 일본제국주의의 대륙침략정책 속에서 만주지역의 한인문제를 살펴봄으로써 더욱 흥미를 자아내기도 하였다.

박사학위를 한 뒤에는, 만주지역의 한인독립운동사를 본격적으로 연구하기 시작하였다. 아울러 미개척분야인 러시아, 미주 등 해외독립운동사를 체계화하기 위해 노력하였다. 특히 1990년대 한국과 러시아, 중국과의 국교수교가 이루어진 이후에는 중국본토, 만주, 러시아, 중앙아시아 지역 등 독립운동의 현장과 한인 디아스포라의 대표적인 지역들을 답사하며 학문적 깊이를 더하였다. 그러한 가운데 해외지역에 산재해 있는 독립운동자료들을 수집하는 한편, 답사기를 작성하여 소개하고, 카자흐스탄 크질오르다에서 지금까지 잊혀졌던 홍범도장군의 사진을 발견하여 학계에 보고하는 등 활발한 연구를 진행하였다.

또한 만주지역의 농장, 한인마을, 대종교독립운동, 독립군 병사 이우석 연구, 석주 이상룡 연구, 토지상조권문제 등에 대한 연구를 진행함으로써, 그동안 등한시 하였던 잊혀진 독립운동의 토대와 영역을 새롭게 개척하였다. 특히 나철, 김교헌, 윤세복 등 대종교인의 독립운동사 및 석주 이상룡은 박영석에 의하여 처음으로 알려지게 되었다. 또한 만주지역의 독립운동과 상해 임시정부의 연결고리로 서간도대표의 상해 국민대표회의 참석, 석주 이상룡의 임시정부 국무령임명 등을 천착함으로써 입체적으로 정리하고자 하였다.

특히 학계에서 이루어지지 못했던 만주, 러시아, 중앙아시아, 유럽, 미국, 멕시코 등 현지 답사를 진행하여 발로 뛰는 역사학자로서 주목되었다. 아울러 생존 독립운동가들과의 구술작업도 개척적으로 진행하였고, 동북아시아 속에서 한국사를 바라보고자 하였다. 이와 함께 자료로서 그동안 등한시 한 사진과 지도의 중요성도 강조하였다. 그의 서재에는 지금도 중국사, 일본사 등 주변 국가들의 책자 및 지도, 녹음자료들이 다수 있음을 통해 이 분야에 대한 그의 열정을 짐작해 볼 수 있다.

그러나 박영석의 이러한 활발한 연구는 1970, 80년대에 집중되었고, 그 이후 오랫동안 지속되지 못하였다. 주된 이유는 국사편찬위원장으로서 공직에서 행정에 주로 종사하였기 때문이다. 국편에서의 활동시에도 여러 논문들이 양산되기는 하였으나 그 이전 시기에 비하면 대부분 소개 및 개괄정도의 글에 멈춘 감이 있다. 학자적 측면에서 보면, 안타까운 일이다.

아울러 박영석의 연구는 보다 입체적이지 못하였던 것 같다. 만주지역을 중심으로 독립운동사를 서술하면서도 지역적 특성이 보다 충분히 반영되지 못한 것 같다. 만주 속의 한인독립운동의 특성이 보다 선명하게 보였으면, 독립운동사 연구가 보다 세계성을 가질 수 있지 않았을까. 아울러 만주를 둘러싸고 있는 국내와 러시아, 중국본토 등과의 연결관계 역시 보다 심층적으로 다루었으면 하는 아쉬움도 남는다. 또한 자료 사용의 경우, 주로 한국과 일본측, 특히 일본측 자료들을 중심으로 서술되어 있어 일본의 논리를 극복하고자한 의도에도 불구하고 충분히 그 목적을 달성하지 못한 부분들이 있어 보인다. 즉 독립운동사의 서술에 있어서 일본에 고용된 밀정, 정보원의 보고문들을 중심으로 연구하다 보면 이러한 현상들이 나타나게 된다. 일본측 자료들의 비교분석이 보다 활발히 이루어졌으면 하는 생각들이 든다. 한국측 자료들의 경우, 한문으로 된 문집으로 석주 이상룡의『석주유고』를 이용한 경우가 있기는 하나, 문집 등의 이용에도 일정한 한계를 보이고 있다.

박영석이 독립운동사연구에 매진한 이유는 무엇일까, 이 해답의 일부를 그의 저서『민족사의 새 시각』(탐구당, 1986) 서문에서 찾아볼 수 있을 것 같다.

　제2차 세계대전이 점차 끝나가고 일제가 한국에서 갖은 악랄한 수탈
정책으로 마지막 안간힘을 쓰고 있을 무렵, 초등학교에 다니던 나는 당
시 일본제국주의와 군국주의, 그리고 부일세력들에 대한 모든 죄악상
을 직접 보고 체험하며 자라났다.
　1945년 8월 15일 드디어 조국이 광복을 맞이하던 날, 전국방방곡곡
에서는 독립만세소리가 진동하였고, 온 국민들은 경사를 맞아 미래에
대한 희망으로 부풀어 있었다.
　그러나 이러한 기쁨도 잠시였고, 곧 외세에 의하여 국토는 남북으로
분단되어, 각각 미, 소에 의한 군정이 실시되었던 것이다. 아울러 한민
족 자체 내에서 일어난 정치적 혼란과 사상적 대립으로 인해 민족의 시
련은 그칠 줄 모르고, 일층 더해갈 뿐이었다. 그리고 통일주체세력이
형성되지 못한 가운데, 반민족주의자에 대한 정리문제도 완결되지 못
한 상태였다. 광복이후 우리 민족이 직면했던 여러 가지 문제 중에서도
이 반민족주의자들에 대한 정리문제는 민족정기와 관련하여 볼 때, 특
히 주목되는 것이었다.
　조국의 광복과 아울러 민족의 해방은 한민족이 주체가 되어 전개한
민족독립운동에 의해 이루어진 것이었다. 이러한 인식을 한민족 전체
가 가져야 하며 또 여기에 대한 강한 긍지가 있어야만 하는데도 불구하
고 많은 사람들은 한국의 독립이 연합국의 승리에 의한 것이라고 생각
하고 있으니 참으로 안타까운 실정이다. 조국광복에 대한 인식에서 뿐
만 아니라, 정치 경제 사회 문화 군사 등 모든 면에서 아직까지도 일제
의 잔재가 뿌리 깊게 남아 있다. 이것을 우리는 말끔히 청산해야 하며,
해방이후 반민족주의자에 대한 정리가 중요하다는 것도 바로 이러한
관점에서 이해될 수 있을 것이다.
　이와 관련하여 필자는 식민사관의 극복에 관심을 갖게 되었다. 또한
민족의 발전을 위해서는 한민족 자체에 대한 자랑만 일삼을 것이 아니
라 민족운동사에 대한 객관적 인식과 더불어, 우리 민족이 직면하고 있
는 문제들에 대한 깊은 자성, 그것을 해결할 수 있는 방법의 모색 등이
무엇보다도 필요하다고 절감하게 되었다.

필자는 이러한 생각에서 민족운동사, 특히 한국독립운동사에 대한
학술논문들을 발표해 왔으며,

한편 박영석은 영남대학교, 건국대학교 사학과 교수 등을 역임하며
수많은 제자들을 양성하였다. 아울러 최장수 국사편찬위원장으로서
한국사의 발전을 위하여도 기여한 바가 적지 않다. 그 외 한국민족운동
사학회 회장 등을 역임하며 학회발전을 위해서도 공헌하였다. 또한 자
녀들도 다수 역사학자로 양성하여 한국사, 동양사, 서양사 등 다양한
분야에서 활동하도록 하였다.

박영석은 개인적으로는 불행한 소년시절을 보냈다. 선친 박장현이
그의 나이 9세 때인 32세에 요절하였기 때문이다. 박영석의 어린 시절
은 항상 아버지에 대한 그리움이었다. 결국 아버지에 대한 그리움은 그
가 역사학도가 되게 하였다. 역사학도가 된 후 아버지의 글들을 정리하
여 『중산전서』로 간행하였고, 이어 『국역중산전서』도 간행하였다.

한평생 아버지는 박영석의 생의 원천이자 열정의 원동력이었다. 박
영석의 언행은 모두 아버지 박장현에서 출발하였다. 필자가 가까이서
지켜본 박영석은 아버지 박장현교의 신자?였다. 항상 아버지를 그리워
하며, 아버지의 학문세계를 이해하려고 노력하였고, 아버지의 못다 한
뜻과 꿈을 실현하고자 하였다. 박영석은 바로 박장현의 분신이라고 할
수 있다.

박영석은 17년 반이라는 긴 세월 동안 병석에 있었다. 병석에 있으면
서도 끊임없이 아버지를 그리워하고, 아버지의 저서인 『중산전서』의
국역과 교열에 열중하였다. 이제 박영석이 떠난지도 여러 해가 흘렀다.
이 글이 만주지역 한인독립운동사 초창기 연구의 반성과 과제, 그리고

20세기를 살아간 한 역사학자의 삶을 이해하는데 도움이 되기를 기대한다.

2. 주요 저서와 논문

1) 생몰(1932.5.9.~2017.6.15)

경상북도 청도군 이서면 수야동 199번지에서 중산 박장현공과 재령 이씨 이병기여사의 장남으로 출생. 본관은 밀양

2) 학력

1937.   숙부 박노현님에게 천자문 수학
1938.   종숙 박기현님에게 동몽선습, 소학 수학
1946.6.   이서공립국민학교 졸업
1950.11.   6 · 25사변으로 영남중학교 학업 중단
1955.2.   영남고등학교 졸업
1959.2.   고려대학교 문리과대학 사학과 졸업
1969.2.   고려대학교 대학원 사학과 졸업
1977.2.   경희대학교 대학원 문학박사학위 취득(만보산사건연구)

3) 경력

1950.12.1.~1954.6.1.   육군복무

1959.2.	고려대학교 아세아문제연구소 연구조교
1961.9.	수도여자사범대학부설고등학교 교사
1970.2.	영남대학교 문리과대학 사학과 전임강사
1971.3.	영남대학교 문리과대학 사학과 조교수
1977.2.~1997.8.	건국대학교 사학과 교수
1983.3.	국가보훈처 독립유공자공적심사위원
1983.	독립기념관 건립추진위원회 기획위원
1984.2.~1994.7.13.	
	국사편찬위원회 제5대 위원장 취임
1984.	문화재위원, 한국사연구협의회 회장, 서울시사편찬위원
1985.10.	한국사학회 회장
1987.2.	독립기념관 한국독립운동사연구소 운영위원
1999~2000.	한국민족운동사학회 회장

4) 주요 저서

만보산사건연구, 아세아문화사, 1978.

만보산사건연구(日譯), 제일서방, 1981.

한민족독립운동사연구, 일조각, 1982.

일제하독립운동사연구, 일조각, 1984.

재만한인독립운동사연구, 일조각, 1988.

한 독립군병사의 항일전투, 박영사, 1984.

만주 노령지역의 독립운동, 독립기념관, 1989.

화사 이관구의 생애와 민족독립운동, 선인, 2010.

만주지역 한인사회와 항일독립운동, 국학자료원, 2010.

민족사의 새시각, 팀구당, 1986.

항일독립운동의 발자취, 1990.

리턴보고서(譯), 탐구당, 1986.

5) 주요 논문

만보사사건의 역사적 배경, 백산학보 6, 1969.6.

만보사사건의 경위, 백산학보 7, 1969.12.

만보산사건이 조선에 미친 영향, 아세아학보 8, 1970.9.

일제의 대륙정책과 만보산사건, 건대사학 2, 1971.

일제하 재만한인의 압박문제－재만동포옹호동맹의 활동을 중심으로, 아세아연구 15－4, 1972. 12.

만보산사건을 위요한 중일간의 교섭, 사총 17, 18, 1973.2.

일제하 중국인배척사건－사건수습을 중심으로 , 하성이선근박사고희기념 한국학논총, 1974.7.

만보산사건으로 인한 중국에서의 항일운동, 건대사학 4, 1974.7.

만보산사건과 조선에서의 중국인배척이 일본에 미친 영향, 건국대 인문과학논총 8, 1975.12.

일제하 재만한인에 대한 중국관헌의 압박실태와 국내반응: 1920년대 재만동포옹호활동을 중심으로, 한국사연구 14, 1976.11.

대종교의 독립운동에 관한 연구: 김교헌교주시기를 중심으로, 사총 21, 22, 1977.10.

일제하 재만한국유이민의 촌락형성에 관한 연구: 울진 경주이씨일가의 이주사례를 중심으로, 한국사연구 24, 1979.5.

일제하 한국인만주이주에 관한 연구, 성곡논총 10, 1979.10.

일제하 재만한인사회의 형성: 석주 이상룡의 활동을 중심으로, 한국사학 3, 1980.6.

만주 노령지역의 독립운동, 한국현대문화사대계 5, 1980.10.

단재 신채호의 만주관, 단재신채호선생탄신100주년기념논집, 1980.12.

일제하 재만한국유이민 신촌락형성에 관한 연구: 특히 이상룡의 화이관을 중심으로, 동국사학 15, 16, 1981.3.

석주 이상룡연구: 임정 국무령선임배경을 중심으로, 역사학보 89, 1981.3.

일제하 재만한인의 민족의식과 독립운동: 경학사 설립경위와 취지서를 중심으로, 사학연구 33, 1981.12.

대한민국임시정부와 국민대표회의: 서간도지역 독립운동단체의 참여와 관련하여, 한국사론 10, 1981.12.

일본제국주의하의 한국인 일본이동에 대하여, 건국대인문과학논총 14, 1982.7.

대종교의 민족의식과 항일민족독립운동: 임오교변을 중심으로, 건대사학6, 1982.8.

일제하 만주 노령지역에서의 항일민족독립운동(상): 북로군정서 병사 이우석의 활동을 중심으로, 동방학지 34, 1982.12.

일제하 만주 노령지역에서의 항일민족독립운동(하): 북로군정서 병사 이우석의 활동을 중심으로, 동방학지 35, 1982.12.

대종교의 민족의식과 항일민족독립운동(상), 한국학보 31, 1983.6.

일제하 서간도지역 공화적 민족주의계열 한국독립운동단체에 관한 연구: 그 맥락과 정치이념을 중심으로, 성곡논총 14, 1983.8.

정의부연구: 민주공화정체를 중심으로, 김준엽교수화갑기념 중국학 논총, 1983.3.

대종교의 민족의식과 항일민족독립운동(하), 한국학보 32, 1983.9.

민족해방후의 대종교운동, 추헌수교수화갑기념논총, 1984.7.

중국동북(만주)지역 한민족독립운동사연구의 새로운 시각, 사학연구 38, 1984.12.

일제하 재만한국인의 기독교도의 항일민족독립운동: 1910년대의 서간도지역을 중심으로, 한국사연구 48, 1985.3.

일제하 만주 노령지역에서의 항일민족독립운동에 관한 연구: 복벽, 공화적 민족주의계열의 활동을 중심으로, 한국사학 6, 1985.5.

해원 황의돈의 민족주의사학, 산운사학 창간호, 1985.8.

홍범도장군연구, 천관우선생환갑기념논총, 1985.12.

대한광복회연구: 박상진제문을 중심으로, 한국민족운동사연구, 1986.8.

해외독립운동의 기본구조: 1920년대 후반 만주지역 혁신의회를 중심으로, 한국사학. 1986.8.

유일우일가의 민족독립운동, 최영희선생화갑기념논총, 1987.3.

독립운동방략, 한국현대사의 제문제 1, 1987.5.

백산 이청천, 한국현대인물론 2, 1987.7.

한인소년병학교연구: 헤스팅스 한인소년병학교를 중심으로, 한국독립운동사연구 1, 1987.8.

민족유일당운동: 1920년대 후반 중국 만주지역을 중심으로, 한국현대사의 전개, 1988.5.

대한독립선언서 연구, 산운사학 3, 1989.

일제하 재만한인사회연구: 동북사변이후 영신농장을 중심으로, 국사관논총 1, 1989.10.

만오 홍진연구, 국사관논총 18, 1990.12.

일제하 재만한인의 법적지위: 이중국적문제를 중심으로, 윤병석교수화갑기념논총, 1990.12.

중국동북지역(남만주) 항일독립운동 근거지 답사기, 산운사학 5, 1991.12.

이완용연구, 국사관논총 32, 1992.6.

자료소개: 1937년 재소한인의 강제이주에 관한 사료, 수촌박영석교수화갑기념논총, 1992.

남자현의 민족독립운동－중국동북지역에서의 활동을 중심으로－, 한국학연구 2, 숙명여자대학교 한국학연구소, 1992.

백야 김좌진장군연구, 국사관논총 51, 1994.

일본제국주의하 재만한인의 법적 지위에 대한 제문제－1931년 만주사변 이전을 중심으로－, 한국민족운동사연구 11, 1995.

장학량 중국동북군벌의 대한인정책－특히 吉林省을 중심으로－, 오세창교수 화갑기념논총, 1995.12.

동학농민혁명의 역사적 의의, 호남문화연구 23, 1995.

홍진의 중국동북지역에서의 항일민족독립운동(1927~1933), 이현희교수회갑기념논총, 1997.12.

대한광복회 연구－이념과 투쟁방략을 중심으로, 한국민족운동사연구 15, 1997.

3. 독립운동사연구 분석

1) 평생화두: 만주지역 한인사회와 독립운동

박영석은 윤병석, 김창수, 조항래, 조동걸, 이현희, 강덕상, 박창욱, 신용하 교수 등과 함께 한국독립운동사연구를 개척한 1세대라고 할 수 있다. 이들은 1970년대 독립운동사 연구를 시작하여 1990년대까지 어려운 여건 속에서 운동사를 개척, 정립한 학자들이다. 그 가운데 박영석은 지역적으로는 만주, 시기적으로는 1910년부터 1930년대, 주제별로는 재만동포들의 사회경제사, 일제의 대륙침략사인 만보산사건을 시작으로 하여 만주지역의 독립운동사를 체계화하는데 기여하였다. 특히 1932년에 발발한 만보산사건연구는 최초의 연구로서 주목받아 일본 등지에서도 책자가 번역, 간행되기도 하였다.[1] 아울러 만주지역 재만한인 농촌사례연구, 석주 이상룡 연구, 김교헌 등 대종교 연구, 한독립군 병사 이우석 연구, 만주독립운동단체들을 공화주의, 복벽주의 등 이념별로 나누어 밝히는 연구 등은 학계의 연구 영역을 확장하고 다양화 하는데 기여를 하였다. 국민대표회의 연구, 석주 이상룡의 임시정부 국무령임명관련 연구 등은 상해 임시정부와 만주지역 독립운동단체들의 상호관계를 밝히는데 공헌하였다. 즉, 박영석은 만주지역 한인사회와 독립운동을 개척, 연구, 심화하는데 기여한 1세대 독립운동사연구 학자라고 평가할 수 있을 것이다.

---

1) 朴永錫, 『万宝山事件研究－日本帝国主義の大陸侵略政策の一環として－』, 第一書房, 1981.

2) 대표 저서들

박영석의 대표적인 연구성과는 만보산사건과 만주지역 한인독립운동사라고 할 수 있을 것이다. 전자는 1969년 고려대학교 사학과 석사학위 논문 <만보산사건연구>에 이어, 경희대학교 박사학위 논문 <萬寶山事件에 관한 硏究-日帝大陸侵略政策의 一環으로->을 정리하여 간행한 『만보산사건연구』(아세아문화사, 1978)이고, 후자는 『한민족독립운동사연구-만주지역을 중심으로』(일조각, 1982), 『일제하독립운동사연구』(일조각, 1984), 『재만한인독립운동사연구』(일조각, 1988), 『만주지역 한인사회와 항일독립운동』(국학자료원, 2010), 『화사 이관구의 생애와 민족독립운동』(선인, 2010) 등을 들 수 있다. 이들 중 중요한 것들에 대하여 소개하면 다음과 같다

(1) 『만보산사건연구』(아세아문화사, 1978)

만보산사건연구   만보산사건연구(일본어판)

만보산사건은 1931년 7월 2일 중국 길림성 장춘현 만보산 지역에서 한인 농민과 중국 농민 사이에 일어났던 충돌 사건이다. 박영석은 이 사건에 대하여 『만보산사건연구; 일제대륙침략정책의 일환으로서의』(아세아문화사, 1978)을 간행하였다. 서문에 집필 의도와 연구계기 등이 잘 나타나 있다.

본서는 1931년 7월 2일 만주의 길림성 장춘현 만보산에서 일어난 만보산사건에 관한 연구로서 필자가 기왕에 발표했던 몇 편의 논문을 주축으로 약간의 신고를 더하여 새로이 편저한 것이다.

필자는 고향 청도에서 유명한 조선의 사관 김일손이 배출되었고, 또한 선친(박장현)이 남겨놓은 한국사 관련 제 유고 등이 무언의 유훈이 되어 한국사를 전공하게 된 셈이다. 이러한 필자에게 항시 문제를 던져 준 것은 어린 학생의 눈에 비친 민족의 수난이었다. 어릴 때 마을 사람들이 초가삼간을 처분하고 만주로 이주하는 그 모습이나, 만주는 추위가 심하여 의복과 이불 등을 장사를 해서 생계를 유지하게 되었다는 말들이 잊혀지지 않았다. 해방 후에는 귀향민들이 마을 앞에 모여 지난날 만주에서 겪었던 마적의 습격, 중국인 일본인과의 분쟁 등 여러 가지 고난상과 그리고 한국독립운동에 관한 여러 가지 이야기를 흥미롭게 들려주었다.

이에서 필자의 한국사를 전공하겠다는 뜻이 후일 학문의 말단을 더럽히게 됨에 만주에서의 이주한인의 제문제를 통하여 일제하의 한국독립운동을 연구해 보고자 하는 충동이 일어났다. 일제에 대한 한국독립운동을 연구함에는 한국독립운동자 내지는 단체의 성격이나 그 독립운동의 전개과정에 관한 연구가 우선 중요한 의의를 갖는다. 그러나 종래 우리나라 독립운동사의 학문적 업적을 돌이켜보건대, 위와 같은 독립운동자체의 사실만으로 이루어진 감이 없지 않다. 그리고 자료면에서도 독립운동자의 인맥이나 독립운동단체의 강령 규약, 방침, 조직에 관한 자료나 제국주의 일본의 한국통치에 관한 일반적인 자료만에 의존하는 경향이 없지 않다.

주지하는 바와 같이 독립운동사가 주체적 제 조건과 객관적인 제 조건의 통일적인 파악의 토대 위에서 규명되어야 한다고 본다면, 그것은 위와 같은 연구상의 한계를 넘어서 당시 독립운동을 가능케 했던 정신적, 인적, 물적기반과 국제정세의 제조건 등의 기초적인 연구가 선행되어야 할 것이다. 필자는 이러한 제문제를 검토하기 위하여 그 한 부분으로 재만한인을 위요한 중일간의 대립에서 야기된 한 역사현상으로서 <만보산사건>연구를 시도해 보았다.

목차는 다음과 같다.

1. 만보산사건의 역사적 배경
2. 만보산사건의 경위
3. 만보산사건으로 인한 조선에서의 중국인배척사건
4. 조선에서의 중국인배척사건으로 인한 재만한인의 자위활동과 중국에서의 배일운동
5. 만보산사건과 조선에서의 중국인배척사건이 일본에 미친 영향
6. 만보산사건과 조선에서의 중국인배척사건을 위요한 중·일간의 외교교섭

책자에서는 만보산사건의 역사적 배경과 내용, 영향 등에 대하여 심도 있게 밝히고 있다. 특히 일제의 대륙침략정책의 일환으로서 만보산사건에 대하여 조망하고 있다. 이 책자에 대하여는 만주에서 살았던 동국대학교의 이용범교수[2], 그리고 사회경제사를 전공한 이화여대 김경태교수[3] 등의 서평이 있어 참조된다.

---

2) 이용범, 서평, 『만보산사건연구-일제 대륙침략정책의 일환으로서』, 『아세아연구』22(1), 고려대하교 아세아문제연구소, 1979.

3) 김경태, 서평, 『만보산사건연구-일제 대륙침략정책의 일환으로서』, 『한국사연구』28, 1980.

이용범교수는 "이 저서에서 저자가 가장 심혈을 기울여 한국사학계에 공헌할 수 있는 업적으로 손꼽을 수 있는 것은 동서 제1장 만보산사건의 역사적 배경인 것으로 볼 수 있을 것이다"라고 언급하고 있다. 이 것은 박영석이 그동안 등한시하였던 일제의 대륙침략정책을 규명한 것을 평가한 것으로 보인다. 아울러 이교수는 동장 "제5절 재만한인에 대한 중국관헌의 압박과 재만동포옹호동맹의 활동은 본서 전체를 통하여도 저자가 가장 역점을 두었던 부분이었다. 일제의 만주침략의 진전에 따라 선의의 재만한교조차 중국 측으로부터 일제의 진위로 인식되어 입게 되는 그 참혹한 박해와 이에 대한 동포의 대응책 및 중국의 비방정권과 재만한교와의 직접교섭에 대한 조선총독부의 관심이 생기 있는 필치로 서술되어 우리가 몰랐던 여러 사건의 이면이 많이 밝혀졌다"고 평가하였다.

김경태교수는 "먼저 본서의 특징으로서는 종래 연구자들이 별로 이용하지 못했던 이 방면의 소중한 원사료를 널리 조사하고, 이를 구사해서 은밀한 실증적 연구를 시도한 점을 첫째로 들어야 할 것 같다. 즉 저자는 마이크로필름으로 되어 있는 <일본외무성 및 육해군 문서> 중의, 만보산관계자료를 비롯하여 중국 측의 <혁명문헌> 및 <萬寶山事件及朝鮮慘案> 등 관계사료와 한국 측 자료로는 재만, 재중, 독립운동단체의 성명서와 국내의 동아일보, 조선일보 등의 관계논설, 그리고 국제연맹에 의해서 작성된 <Lytton보고서>의 만보산사건관계기록 등을 광범하게 수집 · 정리하여 극명 · 면밀하게 이용하고 있다. 특히 저자는 이상의 공문서만으로 만족하지 않고, 만보산사건에 직접 관련하였던 인사 중 생존자의 회상기와 그들과의 대담 등을 또한 적절하게 이용하고 있는 것이다"라고 하여 자료수집의 철저함에 대하여 언급하고 있다.

박영석의 위 책은 당시 북만주 오상현 안가농장에서 근무했던 이선 근박사를 지도교수로 이루어졌다는 점도 흥미롭다.4) 석사과정시 고려 대학교 아세아문제연구소 소장인 이상은의 소개로 처음 접했고, 이후 사학과 은사이신 정재각교수의 추천으로 사승관계를 맺게 된 것으로 알고 있다. 아울러 1970년대 연구임에도 불구하고 중국 및 일본의 다양 한 자료들을 활용하고 있는 점, 만주에서 있었던 다양한 유형의 생존 조선인 및 일본인들에 대한 면담작업이 이루어지고 있었던 점 또한 주 목된다. 박영석은 집에 암실을 차려놓고 마이크로필름을 인화하여 논 문을 썼다. 당시에는 한국에 마이크로필름 리더 기계가 없었기 때문이 다. 박영석의 열정이 지금도 눈에 선하다. 아직도 그때 인화한 만보산 사건 자료들이 다수 남아 있다.

(2) 박영석의 만주독립운동 저작들

1. 『한민족독립운동사연구; 만주지역을 중심으로』(일조각, 1982)

박영석은 만보산사건 연구에 이어 만주지역 독립운동사연구에 매진 하였다. 그 첫 번째 연구성과가 바로 『한민족독립운동사연구; 만주지 역을 중심으로』(일조각, 1982)이다. 출판은 일조각에서 하였다. 책 제 목 및 출판사 알선에는 서강대학교 전해종교수의 도움이 있었던 것으 로 알고 있다. 전해종교수는 동양사의 대가였을 뿐만 아니라 그의 선친 전성호 역시 만주에서 활동한 인물이었다. 그러므로 만주에 대하여 정 통한 인물이었던 것이다.

---

4) 박영석의 이선근과의 인연은 다음의 글이 참조된다. 박영석, 「하성 이성근박사추 모사」, 『민족사의 새 시각』, 탐구당, 1986.

책자의 서문을 보면 다음과 같다.

일본제국주의가 적극적으로 대륙침략정책을 감행함에 따라서 한중 양 민족은 이에 저항하였다. 이것은 침략적 제국주의 일본과 저항적 민족주의 한국과 중국의 대결이었다. 이것이 좀 더 구체화되어 일차적으로 일본제국주의는 대륙침략정책의 일환으로 1910년 우선 한국을 강점하였다. 이에 조국 독립과 민족해방이 일차적 과제로 주어졌으며, 동시에 근대민족국가의 수립을 위해 한 민족을 국내외를 막론하고 항일민족운동을 치열하게 전개하였다. 한편 결과적으로 일본제국주의는 식민지통치의 재편성을 통해 항일민족독립운동을 철저히 탄압하였다. 그러나 이러한 탄압은 오히려 더 강렬한 민족적 저항을 전개하게 하였으며, 항일민족독립운동자들의 의지를 굳게 만든 요인이 되었다.

종래에는 일본제국주의가 한국을 식민지 통치했던 시기에 대한 역사의식이니 그 역사서술에 있어서 일본제국주의의 한국지배시기의 역사는 일본제국주의의 식민지지배기구인 조선총독부의 가혹한 통치와 수탈에 역점을 두었다. 물론 이러한 면도 기술하여야만 되겠지만, 이것은 어디까지나 일본제국주의가 한국을 통치한 식민지통치사에 지나지 않는 것이지, 진정한 한민족의 저항의 역사. 곧 주체적인 한국사가 될 수 없다고 생각된다.

그러므로 일본제국주의의 한국통치를 부인하고, 일본제국주의세력을 구축하기 위하여 국내외를 막론하고 항일민족독립운동을 전개한 것을 주체로 하여 한민족사를 체계화하여야 한다고 생각한다. 따라서 일제하 식민지시기에 대한 저자의 연구시각은 일본제국주의에 의한 피지배의 역사가 아니라 민족저항의 역사로 파악되며, 민족사의 자주적 동력이라는 측면을 강조하는데 있다고 할 것이다. 이러한 입장에서 항일민족독립운동사를 연구함에 있어서 자료정리의 부족과 그 외의 여러 외부적 여건에 의하여 총체적이고 체계적으로 연구를 간행하지 못하는 어려움이 있는 것도 사실이다. 그러나 일본제국주의의 대륙침략정책과 이에 저항하는 한국의 주체적 입장에서 연구해야 했다.

이에 저자는 항일민족독립운동의 발상과 제 실태를 알아보고자 하여 일차적으로 만주로 이주한 한국농민을 위요한 중일간의 대립인 만보산 사건을 연구한 바 있고, 계속하여 만주, 연해주지역의 한인사회의 형성과 동태 그리고 그들의 항일민족독립운동에 대한 보다 심층적이고 구조적인 연구를 진행하고자 하는 것이 저자의 일관된 관심이자 염원이었다.

따라서 본고는 <만보산사건>의 저자의 이러한 관심과 염원을 반영한 연구보고라고 할 수 있으며, 그 내용과 성격은 대략 목차가 제시한 대로, 첫째, 재만한인사회의 형성, 둘째, 재만한인사회의 민족의식, 셋째, 재만한인사회의 한인민족독립운동으로 크게 포괄할 수 있지 않을까 한다. 물론 여기에 수록된 논문들은 이미 여러 학술지에 발표된 것이며, 결코 처음부터 어떤 일정한 계획된 순서에 따라 집필 발표된 것은 아니었다. 그러나 전언한 바와 같이, 본서에 수록된 독립된 논문들은 일제하 항일민족독립운동사를 연구하는데 저자가 전념한 바 일관된 연구주제의 시각을 보다 구체화하고 심화시키는데 주력했다는 점에서 자득의 체계를 견지하고자 노력했음도 사실이다. 따라서 이 책의 출간을 계기로 저자가 전공하는 연구 영역을 한층 확대 심화시키고 전체의 연구기획 하에 보다 깊이 있고 짜임새 있는 학적 체계화에 주력할 것임을 스스로 다짐해 두는 바이다.

다음으로 책자의 목차를 보면 다음과 같다.

1. 일제하 재만한국유이민 신촌락형성—울진 경주이씨일가의 이주 사례—
2. 일제하 한국인 만주이민문제—일제의 한국인 이민정책을 중심으로—

　　이 책은 박영석의 본격적인 최초의 만주지역 독립운동사에 대한 연구서라고 할 수 있다. 아울러 연구 중 가장 백미가 아닌가 한다. 울진 경주이씨 일가의 이주사례연구, 석주 이상룡연구, 대종교 2대 교주 김교헌 연구, 국민대표회의와 대한민국임시정부 연구 등은 이 분야의 개척적인 연구로서 학계에 기여한 바 크다고 보여진다.

　　역사학자이자 언론인이었던 천관우는5) 경주이씨 사례연구에 대하여, "실로 획기적인 의미를 갖는다. 특히 전형적인 케이스연구에 해당하는 이 논문은, 이종대를 비롯한 그 가족과 주변 인물들의 대담 구술과 그 일가에 보존된 약간의 문서들을 기초자료로 삼고 있어서, 그 탐방채록들을 위해 저자가 바친 노고와 열의를 눈에 보는 듯하여, 역사연구에 있어서 우리학계로서는 아직은 드물다고 할 이러한 수법에 의거하여 논문이 작성되었다는 점에서도 독특한 의의를 가진다고 본다"고 하여 방법론에 대하여 평가하고 있다.

　　아울러 석주 이상룡 및 경학사의 설립경위와 그 취지의 경우, 이상룡

---

5) 천관우, 서평, 『역사학보』93, 1982.

의 지도자로서의 면모와 재만지도자들의 사상동향을 남김없이 드러내
주고 있다고 언급하였다. 또한 대종교 2대 교주 김교헌 연구를 통하여
대종교독립운동의 새로운 장을 열었다고 서술하고 있다.

박영석은 석주 이상룡을 연구하기 위하여 1973년에 출판된『석주유
고』번역에 심혈을 기울였다. 큰집 할아버지인 박기현과 집안 어른들
에게 많은 가르침을 받았다. 지금도 당시의 녹음테이프들이 남아 있어,
연구에의 집념과 열정을 느껴볼 수 있다.

2.『일제하독립운동사연구; 만주·노령지역을 중심으로』(일조각, 1984)

박영석은 1980년대 고려대학교 철학
과 신일철교수의 논문을 통하여 배운바
있어, 독립운동단체들을 이념별로 나누
어 연구를 진행해 보고자 결심하였다. 그
동안 학계에서는 항일운동에 초점을 두
어 단체들을 정치이념별로 나누어 연구
를 하지 않았다. 이에 착안한 박영석은
만주독립운동단체들을 공화주의. 복벽주
의, 사회주의계열로 분류하여 연구를 하
고자 하였다. 그러나 사회주의계열은 다

루지 않은 것은 문제점으로 지적할 수 있다. 이 책에 대하여 신용하는
서평에서,[6] "박교수는 이 책에서 독립운동사에 대하여 종래 밝혀지지
않은 많은 새로운 사실들을 밝혀내고, 새로운 관점과 이론을 정립하였

---

6) 신용하, 서평,『한국학보』38, 1985.

다. 예컨대, 1920년대 독립운동의 조류를 공화적 민족주의 독립운동, 복벽적 민족주의독립운동, 사회주의 공산주의독립운동으로 3분한 것이라든가, 대종교를 하나의 독립운동단체로 보아야 한다는 것과 같은 것이다. 우리 학계는 박교수의 이러한 주장과 관점을 깊이 음미할 필요가 있을 것이다"라고 하고 있다.

저자의 집필의도 등을 이해하기 위하여 서문의 일부를 보면 다음과 같다.

저자는 만주와 노령지역을 중심으로 일제하 항일민족독립운동을 한민족의 자주 역량에 의한 저항투쟁에서의 시각에서 부각시키고, 또 종래의 일제 측 사료에 의한 연구에서 벗어나 가능한 한 자주적이고 구조적인 여구가 되도록 시도하였다.

제1편에서는 먼저 공화주의계 및 복벽주의계, 정의부의 이념과 활동을 연구한 것으로서, 여기서는 재만독립운동의 이념과 맥락을 세 갈래로 나누어 고찰하였다.

즉, 위정척사파에서 의병 독립군으로 이어지는 복벽적 민족주의계의 맥락과 이념, 그리고 개화파에서 독립협회, 신민회, 경학사로 이어지는 공화쩍 민족주위계열의 맥락과 이념, 그리고 사회공산주의계의 맥락과 이념으로 나누어 보았다. 그러나 본고의 연구범위는 지역적으로는 북간도와 서간도지역으로 한 하였으며, 시기도 1925년 전후까지로 하였다. 그리고 사회 공산주의계의 흐름은 뒤의 연구과제로 남겨 두었고, 그 내용과 연구방법상 아직 미흡한 점은 앞으로 계속 보완해 나갈 생각이다.

제2편에서는 먼저 재만독립운동지도자였던 이상룡의 화이관을 다루었다. 그는 망명지역에서의 민족운동방략의 첩경은 교육산업우선주의에 있다고 보고, 교육의 유무에서 화이관을 제창하여 중국인의 중화사상을 비판하였으며, 나아가 재만한인의 주체사상과 긍지와 자부심, 그리고 한민족의 사명감을 일깨워 주었다. 이 같은 지도자로서의 이상룡과 함께 중간지도자로서의 이규동, 북로군정서 독립군 병사로서의 이

우석의 활동을 연구대상으로 하였다. 이러한 독립운동 추진세력인 상, 중, 하 계층의 이념과 활동에 대한 연구는 상호보완적인 역할과 심층에 깔린 제문제들을 밝히는데 유효한 것이라고 생각되었기 때문이다. 또한 1910년대 노령지역에서의 무장항일독립운동을 다루었는데, 여기서는 러시아혁명과정에 있어서의 한국독립군들의 활동한 실태를 중심으로 하였다.

제3편에서는 1909년 단군교로 시작하여 대종교로 개명, 국내에서 민족독립운동의 한계를 느껴 총본산을 만주지역으로 이동 망명하여 조국이 광복된 1945년까지 전개한 대종교의 민족독립운동과 그 이후, 1960년대 말까지를 일관성 있게 고찰한 것이다. 특히 중국동북지역에서 민족독립운동이 쇠잔한 시기인 1942년 대종교의 임오교변의 항일투쟁을 검토하였다. 대종교는 민족종교이긴 하나 종교적인 성향보다는 일제를 한국으로부터 구축하기 위한 항일비밀결사 즉, 민족독립운동단체로 보고자 하는 것이 저자의 견해이다.

제4편에서는 일본제국주의하에서 한국인이 일본으로 이동한 문제를 다루었다. 일제는 그들 자본주의의 성장과정에서 한국의 노동인구를 필요로 하게 되었다. 이 같은 점을 정책적인 측면에서 검토하였다. 또한 1920년 미의원단 내한시 중국과 한국내에서의 한국민족독립운동지도자에 의한 청원운동의 실태를 고찰하였다.

책자의 목차를 보면 다음과 같다.

위의 논문 중 일차적으로 가장 주목되는 것은 정의부에 대한 연구이다. 박영석은 정의부를 임시정부와 마찬가지로 하나의 준정부로서 인식하고 검토하였다. 하나의 독립운동단체가 아닌 준정부란 인식은 그동안 학계에서 주목하지 못한 부분이었다. 1920년대 중반 독립운동계 및 일반 동포들도 쇠약해진 상해임시정부를 우리민족을 대표하는 정부로서 인식하지 않았다는 전제하에서 출발한 것으로 보여진다.

다음으로 주목되는 것을 구술을 바탕으로 독립군 병사를 연구하였다는 점이다. 1980년대 광복회에서 우연히 만난 이우석옹을 수십 차례 면담하여 이를 토대로 문헌자료들을 검토하여 논고를 완성하였다. 학계에서 그동안 지도자 중심으로 연구를 진행한데 비하여 병사를 중심으로 연구하였다는 점은 높이 평가할 수 있을 것 같다. 이 연구는 당대 큰 파장을 일으켜 영화 <일송정 푸른솔은>(이장호 감독)로도 제작되었고, 코미디언 이주일이 이우석을 양아버지로 모시기도 하였다. 2013년에는 독립기념관에서 이우석수기를 간행하기도 하였다.[7] 지금도 집에는 당시 면담 테이프와 박영석이 작성한 이우석의 이동경로 지도 등 다양한 작업흔적들이 남아 있다.

---

7) 독립기념관 한국독립운동사연구소, 『청산리대첩 — 이우석수기, 신흥무관학교』, 역사공간, 2013.

3. 『재만한인독립운동사연구』(일조각, 1988)

1984년 박영석은 국사편찬위원회 위원장에 임명되었다. 자연히 행정에 치중하다 보니 연구는 제대로 이루어질 수 없었다. 이점은 학자적 측면에서 보면 안타까운 일이다. 보다 왕성하게 질좋은 논문들을 양산할 수 있는 기회를 잃어버리게 된 것이다. 다만 해외 출장 등을 통하여 현장답사와 새로운 자료들을 접할 수 있었고 이를 소개하는 글을 작성하는데 노력하였다. 만주, 러시아의 홍범도연구, 미국의 박용만 연구 등은 그 대표적인 것들이라고 볼 수 있다.

책자의 서문을 보면 다음과 같다.

저자는 선친 중산 박장현의 유지를 받들어 한민족사에 대해 관심을 갖게 된 이래 중국 동북지역(만주)에서의 한민족독립운동사를 주연구 대상으로 삼아 천착해 왔다. 그 결과 『만보산사건연구』(아세아문화사, 1978)와 『한민족독립운동사연구』(일조각, 1982) 및 『일제하독립운동사연구』(일조각, 1984) 등의 졸저를 세상에 내놓아 강호제현들의 질정을 구한 바 있었다.

이번에 출간하는 본서도 중국 동북지역에서의 한민족독립운동사에 관한 필자의 일관된 연구 작업의 일환으로서, 최근 여러 학술지에 발표했던 논문들에 몇 편의 신고를 보충하여 『재만한인독립운동사연구』라는 제하에 한 권의 책으로 묶어 본 것이다. 본서가 『만보산사건연구』와 같이 특정 주제에 대한 체계적인 연구가 못된다는 점에서 한계가 있음은 자인하지만, 중국 동북지역에서의 한민족독립운동의 실체를 구명하는 데 있어 한 번은 다뤄져야 할 주제들이라는 점에서 나름대로 그 의의를 찾을 수 있다고 본다.

본서에 수록된 논문들은 크게 다음과 같은 세 가지 주제들로 나누어 볼 수 있다. 먼저 제1편에서는 중국 동북지역 기독교도들의 항일민족 독립운동과 민족유일당운동 등에 관해서, 다음으로 제2편에서는 중국 동북지역에서의 민족독립운동과 밀접한 관계를 가지고 있는 국내 및 미주지역의 독립운동단체들에 관해서, 끝으로 제3편에서는 홍범도·이청천 등 중국 동북지역에서의 독립전쟁을 주도했던 인물에 관해서 연구한 성과들이 실려 있다.

필자는 지금까지 한민족독립운동사를 연구해 오면서 재만한인사회에 대한 연구, 특히 이 지역을 위요한 중·일간의 토지상조권문제, 교육권문제, 이중국적문제(귀화권문제), 경찰권문제 및 민족별·계급별문제 등에 관한 실체구명 노력이 부족했음과, 아울러 일본제국주의의 대륙침략정책에 대한 관심과 민족독립운동가들의 사상에 대한 배려도 충분치 못했음을 절감하였다. 저자는 앞으로 이러한 미비점들에 유념하면서 재만한인사회를 중심으로 한 한민족독립운동사를 새로운 시각에서 재조명해 보고자 한다.

끝으로 본서가 간행되기까지 많은 도움을 주신 은사·선배·동학 및 대화에 응해 주신 생존 독립운동가 제위, 그리고 원고 정리와 교정을 맡아 수고한 조령희에게도 이 자리를 빌어 고마운 뜻을 전하고자 한다. 아울러 세 번씩이나 졸저의 출간을 흔쾌히 맡아 주신 일조각 한만년 사장을 비롯한 편집부 여러분께도 거듭 감사드리는 바이다.

1987년 12월
문화학당에서 저자

책자의 목차들을 보면 다음과 같다.

〈재만독립운동의 방향〉
일제하 재만한국인 기독교도의 항일민족독립운동 – 1910년대의 서간도지역을 중심으로 –

民族唯一黨運動 - 1940년대 후반 중국 만주지역을 중심으로 -
중국 동북지구(만주)에서의 민족독립운동
중국 동북지구(만주) 한민족독립운동사연구의 새로운 시각
독립운동방략
간도

〈독립운동단체연구〉
대한광복회연구 - 박상진 제문을 중심으로 -
혁신의회연구
한인소년병학교연구 - 헤스팅스 한인소년병학교를 중심으로 -

〈독립운동인물연구〉
홍범도장군연구
유일우 일가의 민족독립운동
해원 황의돈의 민족주의사학
백산 이청천장군

대한광복회 총사령 박상진연구는 박상진의 고향집 울산 송정동 답사와 친척 박용진과의 면담 등을 통해서 이루어졌다. 당시 박영석과 함께 박상진가를 방문한 기억이 지금도 생생하다. 박상진의 부친 박시규의 아들에 대한 절절한 제문 내용은 지금도 마음에 애절하게 다가온다. 처남 경주 부자 최준과의 관계 등도 상세히 기록되어 있다. 미주에서 활동한 박용만에 대한 연구도 당시로는 개척적인 연구였고, 홍범도에 대한 것도 신선함을 더해주었다. 유일우에 대한 연구는 박영석이 봉직한 건국대학교의 재단과 관련이 있어 이루어졌다. 유일우에 대하여는 그 후 연구들이 축적되어 새로운 평가들도 나오고 있다. 앞으로 보다 심층적인 재검토가 이루어질 필요가 있다고 판단된다.

4.『만주지역 한인사회와 항일독립운동』(국학자료원, 2010)

이 책은 박영석이 그동안 쓴 글 가운데 책자화 하지 못한 것들을 아들 박환이 모아 하나로 묶은 것이다. 그러므로 일관성이 없다. 그러나 만주한인의 법적지위문제. 중국동북군벌정권의 대한인정책 등은 흥미로운 주제의 내용들이다. 아울러 남자현, 홍진, 이완용 등에 대한 연구도 개척적인 연구로서 새롭다.

머리말을 보면 다음과 같다

만주지역은 1910년 일제에 의해 조선이 강점된 이래 한인들의 삶의 현장이자 독립군기지요, 전투의 근거지였다. 그러므로 필자는 일제의 대륙침략의 일환으로서의 만보산사건에 관심을 기울인 이래 줄곧 중국 동북지역의 한인민족운동의 실체를 밝히기 위해 재만한인사회와 한인 독립운동 그리고 이를 둘러싼 국제관계에 주목하여 왔다. 본서에서 다루고 있는 글들은 필자가 이러한 과정에서 그동안 작성한 글들로 책으로 엮지 못한 것들이다. 부족한 것들이지만, 2010년인 올해 일제 조선 강점 100주년을 맞이하여 용기를 내어 항일운동가들의 뜻을 길이 전하고 싶어 아들 박환교수의 도움을 받아 한권의 책으로 만들어 보았다.

본서는 모두 4장으로 나누어져 있다. 1장에서는 만주지역으로 이주한 한인들을 둘러싸고 있는 여러 가지 여건들에 대하여 검토해 보았다. 재만한인들의 법적지위문제, 장학량 중국동북군벌의 대한인정책 등이 그것이다. 한인들은 국내와는 달리 이국땅의 어려운 여건 속에서 독립운동가로서, 독립운동의 후원세력으로서 그 역할을 다하였던 것이다. 2장에서는 만주지역에서 한인들이 전개한 독립운동을 전체적으로 살펴보았다. 특히 이장에서는 1930년대의 사회주의운동도 전체적으로 다루어 균형있고 통일적인 만주지역 한인독립운동을 체계적으로 정리하고

자 노력하였다. 분단과 이념의 시대적 한계 속에서 제한된 범주의 연구밖에 할 수 없었던 시대적 아픔을 세삼 느끼게 된다. 3장에서는 만주지역에서 독립운동을 전개한 대표적인 인물인 김좌진과 여성독립운동가 남자현, 그리고 홍진에 대하여 알아보고자 하였다. 특히 이들 가운데 남자현여사의 경우는 더욱 주목할 필요가 있을 것 같다. 여성의 몸으로 항일투쟁의 전장터에 나선 여사의 숭고한 정신에 고개를 다시 더 숙이게 된다. 독립운동에 나선 여성투사들에 대한 발굴과 독립운동을 후원하였던 운동가들의 아내들과 가족들의 희생과 지원에 대한 연구가 보다 활성화되는 계기가 되었으면 한다. 4장에서는 항일운동을 전개하다 순국한 독립운동가들에 대하여 밝혀보고, 그 순국의 참의미에 대하여 알아보고자 하였다. 아울러 친일파의 대표적인물인 이완용을 통하여 친일인사들의 궤적을 추적하고 그들의 논리를 살펴보고자 하였다.

본서는 많은 분들의 도움을 통하여 이루어졌다. 그 모든 분들께 깊은 감사의 절을 올린다. 특히 아내 김외태 여사께 진심으로 고마운 마음을 전한다.

2010년 4월 일제 조선강점 100주년 해에
논현동 문화당에서 필자

목차를 보면 다음과 같다.

부록인 남사 정재각에 대한 글은 박영석의 학문과 인생을 이해하는 데 큰 도움을 주는 글로 독자들의 일독을 권하고 싶다.

5.『화사 이관구의 생애와 민족독립운동』(선인, 2010)

이 책은 대한광복회 황해도 지부장 이관구의 생애와 항일운동을 개괄적으로 정리한 인물전이다. 이관구의 아들 이하복에 요청에 의해 작성된 것으로서, 병석에서 이루어진 한계가 있다. 원고 정리는 아들인 박환이 주로 하였다.

머리말을 보면 다음과 같다.

1997년경 식민지시대 대표적인 독립운동가였던 이관구의 둘째 아들인 이하복(李夏馥)선생을 천안 자택에서 만날 기회를 가졌다. 마침 그의 자친인 여연수(呂連壽)여사도 생존해 계셔 함께 뵐 수 있어 영광이었다.

자택에는 이관구의 생애를 살펴볼 수 있는 여러 자료들이 후손에 의하여 잘 보관되어 있어 연구자의 관심과 탄성을 자아내게 하였다. 이관구의 저작인 『의용실기』, 『언행록』,
『도통지원단 (道通之元旦)』, 『독립
정신』 등 다수의 한문 또는 국한문으
로 쓰여진 글들과 그의 서예 작품들
이 다수를 이루었다. 특히 주목되는
것은 『의용실기』와 『독립정신』이란
서첩이었다. 전자는 이관구가 그와
함께 활동한 독립운동가들의 전기를
기록한 것이었다. 그가 활동한 1910
년대의 독립운동을 밝혀줄 수 있는
귀중한 자료여서 신선한 충격을 주
었다. 후자는 해방 후에 우리나라 서
예의 대가인 오세창(吳世昌)을 위시하여 김구, 이승만 등 독립운동가
그리고 종교계의 저명한 인사들의 주요한 붓글씨들을 수집한 것이었
다. 특히 독립정신이란 주제 하에 받은 글이라 더욱 시대적 사명과 민
족정신을 생각하게 하는 귀중한 것이었다.

유학자집안에서 성장하여 독립운동사를 연구해온 필자로서는 그의
방대한 저서에 경의와 존경심을 갖게 되었다. 아울러 이관구가 특히
1910년대 대한광복회 등 국내외의 대표적인 단체들에서 활발한 독립
운동을 전개한 인물임에도 불구하고 그의 존재가 학계 및 일반에게도
거의 알려지지 않아 안타까운 마음 금할 길 없었다.

이에 필자는 이관구의 생애를 살펴봄으로써 지금까지 학계에서 집중
적으로 조망을 받지 못한 그의 항일운동과 더불어 1910년대 항일운동
의 빈 공간을 보완하는데 기여하고자 생각하였다. 그리고 이를 실현하
기 위하여 이하복선생과 더불어 이관구가 활동한 중국의 각 지역의 답
사를 통하여 그의 항일운동의 전체적인 모습을 보다 생동감 있게 그려
보고자 하였다. 그러나 답사에서 과로한 나머지 귀국 직후 병마와 투
병을 하게 됨에 따라 연구 계획은 차질을 빚을 수밖에 없었다.

이관구는 독립운동가, 서예가, 정치가 등 다양한 경력의 소유자이다,
또한 그는 그의 성격에 걸맞게 『도통지원단』, 『신대학』, 『의용실기』, 『
언행록』, 『독립정신』, 『홍경래전』 등 다양한 저술을 남겼다. 이 가운데

필자는 그의 항일독립운동에 초점을 맞추어 알아보고자 하였다. 그런데 그의 항일운동의 중심 시대인 1910년대는 일제의 무단통치시대였으므로 독립운동이 가장 활발히 전개될 수 없는 시기였다. 그러므로 독립운동의 형태도 비밀결사 등 지하 활동 중심으로 이루어졌다. 그 결과 자료 등이 아주 산견되어 그 원형을 복원하는데 어려움이 있었다. 본서는 이러한 한계를 지니고 작성되었음을 양지해 주길 바란다.

아울러 본서의 기획 이후에 이충구, 김병헌, 정욱재, 조준희, 박환 등 여러 학자들에 의해 이관구의 주요 저서들에 대한 연구성과가 축적되었다. 이들의 연구 성과를 충분히 받아들여 본인의 부족한 점들을 보충하고자 하였다. 후학들의 연구에 감사드린다.

2009년 말 투병 생활 속에서도 항상 고민해 왔던 이관구에 대한 원고를 탈고할 수 있었다. 이는 물심양면으로 나의 병간호에 애써준 내자 김외태 여사의 덕분이 아닌가 한다. 아울러 항상 도와주는 제자 설재규 선생께도 이 자리를 빌어 따뜻한 감사의 말을 전하고 싶다.

그동안 많은 자료의 제공과 더불어 물심양면으로 도와주며, 묵묵히 원고의 완성을 기다려 준 이관구지사의 아드님이신 이하복 선생님께 아울러 감사를 드린다. 이하복선생으로부터 부친에 대한 자식의 애끓는 효심과 부자의 정을 새삼 느낄 수 있었다. 또한 상업성이 없는 책자의 간행을 허락해 주신 선인출판사 윤관백 사장께도 고마운 마음을 전한다. 끝으로 원고 교정에 힘써주고 본론에 원고를 제공해주어 본서를 보다 풍성하게 하여준 돈아 수원대 박환교수에게 감사의 뜻을 표한다.

2010년 3월 문화당에서 필자

목차를 보면 다음과 같다.

3) 사론 및 답사기 등

(1) 『민족사의 새 시각』(탐구당, 1986)

개정판

박영석은 1986년까지 독립운동사와 관련된 많은 대중용 글들도 작성하였다. 그것들을 8개 유형 및 부록 등으로 나누어 한권의 책자로 만들었다. 박영석의 독립운동에 대한 인식과 소소한 다양한 내용들을 아는데 도움이 된다. 박영석은 책의 서문에서 다음과 같이 언급하고 있다.

> 본서는 비교적 전문성이 결여된 글들, 곧 신문 잡지나 일반 교양지 등에 실린 저자의 글과 강연 내용, 토론 내용, 발표 요지 등을 한데 모아 수록한 것이다. 따라서 부분적으로 많은 중목이 있을 것으로 안다. 아울러 부록에는 저자의 선친에 관한 자료를 덧붙였다.

이 책의 주요 목차를 제시하면 다음과 같다.

1. 독립운동사론
한민족독립운동사 – 연구방향의 새로운 모색
이완용의 친일의식
독립운동의 방략
독립전쟁 – 만주에서의 독립운동
석주 이상룡의 화이관
재조명해 본 홍범도장군의 항일투쟁
3·1운동, 그 정신사적 평가
신채호, 그의 만주관에 나타난 민족의식
무장독립운동 – 한국독립군의 독립전쟁을 중심으로
1920년대 후반의 민족유일당운동 – 만주지역을 중심으로
적극적 독립에의 저항의미 – 1923년 국민대표회의를 중심으로
광주학생민족독립운동의 재조명 – 연구시각과 발발배경을 중심으로
신영하저, 『한국민족독립운동사연구』 서평

2. 정론(시론)
국사교육 대중화
한민족독립운동사의 참뜻
왜곡 독립운동사 시정 시급

임정의 민족사적 정통성 – 상해임시정부 수립 66주년을 맞아
민족독립운동과 우리의 통일
산화한 호국영령의 영전에서
광복된 역사와 더불어
역사의 인식과 구체화

3. 강연록
민족주의사관의 정립
한민족독립운동사의 새로운 조명
대종교와 민족독립운동
한일관계의 새로운 정립

4. 단상
역사를 보는 눈
민족사관의 정립
퇴계의 좌우명
思無邪
초라한 추모식
장학금
천도교에 바라는 글
국사관 신축의 기쁨
흩어진 제주사적 보존 아쉽다
항일독립정신 바탕으로 민족대학 고대가 키어져

5. 비문 · 추모사
이만중의사 순국비문
황덕환열사 비문
매운 이정희지사 비문
하성 이성근박사 추모사
이현종박사 추모사

(2) 『항일독립운동의 발자취』(탐구당, 1993 全訂版)

박영석은 1980년대 답사를 비롯한 학
문적 활동을 또 한권의 책으로 묶었다. 주
요 목차를 보면 다음과 같다.

1. 항일독립운동의 발자취를 따라
항일독립운동의 현장 중국을 가다
소련에 뿌리내린 <한얼>을 찾아

2. 항일독립운동가 열전
서설
일송 김동삼, 홍범도, 석주 이상룡, 고헌 박상진, 단애 윤세복
백포 서일, 우성 박용만, 남자현, 만오 홍진

3. 항일독립운동사연구논단
만주에서의 독립군 형성과 초기 독립전쟁
만주대륙에서 전개된 항일민족독립운동
(부)
기록물의 역사적 위상 - 사료를 통해서 본 우리나라 역사편찬
조선왕조 시대의 역사편찬
국사교과서 편찬과정에서의 제문제
한인관계사의 회고와 전망

4. 항일독립운동사연구 심포지엄
기미 70돌 의미를 되새긴다
한국독립운동사
항일무장투쟁
(부) 건강한 사회를 위하여

5. 역사산책

3·1절과 해외의 선열 후손들
의열단의 <3·1 10주 선언> 외 3건 해제
개국기원소개
살아있는 역사를 위하여
한국의 역사
하와이 국제학술회의를 다녀와서
서평: 소련한족사 김승하 원저 정태수 편역
건학정신 구현을 위한 우리의 자세
한민족 문화유산의 보존과 민족의식
한국근현대상의 개항과 민주화 그리고 북방정책
일본과 일본인
지일, 극일의 길

6. 일문선(逸文選)

백산동학혁명기념 비문
산재 조병세 선생 사적비 제막에 부쳐
송양섭 지사 비문
학고 정수홍 선생 창의 비문
고려개국공신 태사 충렬전공이갑 순절 비문
정부인 안동 장씨 송덕 비문
『충의사록』 축간사
『경북마을사』 발간 축사
제 34회 전국역사학대회사
남원 윤씨 감사 공파보 간행사
『경주김씨세보』 서
『임당유고』 서사
『가전』 발간 헌사
농은 이재호 선생 추념사
『이전』 번역간행 후기
순국선열추념탑기

면암최 익현선생추모대제전 추모사

대한인 윤봉길의사 순국기념비

의병장 옥여 풍천임공경재 추모비

무열 김공 묘도문

전 문교부장관 박찬현박사 영결조사

대한민국임시정부 국무위원 백강 조경한선생 영결조사

『비록 조선민주주의인민공화국』 서문

『국역 신수노산지』 감수사

고향유정

청강 변호적선생을 회상하며

『월정집보유』 헌사

원태우지사 의거비 제막식 축사

해외한민족연구소간행 『한민족동동체』 창간축사

일본국회도서관 주최 「종가기록과 조선통신사」자료전 및 학술심포

지엄 개회사

『성계 이계석교수 정년기념논총』 하서

『하석 김창수교수 화갑기념 사학논총』 서문

『서암 조항래교수 화갑기념 한국사학논총』 하서

『향산 변정환박사 화겹기념 논문집』 하서

경헌공 오봉채선생 신도비명

(부록)

박수촌 졸갑수서, 정재각

수촌 박영석교수 화갑기념 『한민족독립운동사논총』 하서, 김준엽

중산박공장현지묘 비문, 이가원.

박영석은 역사학을 하면서 현장 답사를 매우 중요하게 생각하였다. 특히 만주 러시아지역을 주로 공부하는 입장에서 더욱 그러하였다. 그러나 이들 지역의 답사는 당시 시대적 상황 속에서 대단히 힘든 것이었다. 그런 가운데 현지답사는 큰 감동이었다. 박영석은 당시의 기쁨을

서문에서 다음과 같이 표현하고 있다.

> 1980년대 이후에 도래한 동서간의 화해무드로 인하여 필자는 1987
> 년 10월과 1989년 8월에 중국을, 1991년 3월에 소련을 각각 답사할
> 기회를 갖게 되었다. 이럼으로써 공산권의 자료를 직접 대할 수 있었
> 고, 또한 현지의 생존자들과도 대화를 가질 수 있어서 한민족독립운동
> 사를 연구하는 필자로서는 그 기쁨이 말할 수 없이 컸다.

박영석은 만주, 러시아 지역의 답사내용과 더불어 한국일보에 연재
한 <재발굴 독립운동사열전>에 본인이 쓴 만주 러시아지역 독립운동
가 약전을 싣고 있다. 김동삼, 홍범도, 이상룡, 박상진, 윤세복, 서일, 박
용만, 남자현, 홍진 등이 그들이다.

아울러 논단에서는 만주에서의 독립군형성과 초기 독립전쟁, 만주
대륙에서 전개된 항일민족독립운동을 다루었다. 또한 심포지움에서
발표한 글들도 모았으며, 축사, 간행사, 비문 등과 더불어 간단한 글과
서평들도 역사산책이란 제목으로 구성하였다.

박영석은 자신의 글을 항상 정리하여 책자로 간행하고자 하였다. 글
들이 흩어지면, 나중에 찾아볼 수 없다는 생각이 강하였다. 아버지 박
영석의 가르침에 따라 필자 역시 그동안 쓴 논고들을 일찍부터 책자화
하였다. 박영석의 이러한 생각은 선친의 영향인 것 같다. 30대 초 죽음
을 목전에 둔 청년 박장현은 문집을 만들어 줄 문중이나 제자도 없었
다. 재산도 없었다. 이에 피눈물로 병석에 있으면서도 자신의 저서들을
꼼꼼히 하나하나 정리해 두었다. 박영석 역시 이에 영향을 받은 바 큰
것 같다.

4. 맺음말

박영석은 윤병석, 조동걸, 신용하 교수 등과 함께 독립운동사 연구의 1세대를 대표하는 역사학자 가운데 한사람이다. 그는 일찍이 1930년대에 만주지역에서 있었던 만보산사건을 연구함으로써. 한국사의 범주와 시대를 보다 넓히는데 기여하였다고 볼 수 있다. 특히 일본제국주의를 둘러싼 한국, 중국, 일본의 관계를 깊이 있게 천착함으로써 한국사를 보다 거시적이고, 입체적으로 살펴보았다. 또한 일본제국주의의 대륙침략정책 속에서 만주지역의 한인문제를 밝혀봄으로써 더욱 흥미를 자아내기도 하였다.

박사학위를 한 뒤에는, 만주지역의 한인독립운동사를 본격적으로 연구하기 시작하였다. 특히 만주지역의 농장, 한인마을, 대종교독립운동, 독립군 병사 이우석 연구, 석주 이상룡 연구, 토지상조권문제 등에 대한 연구를 진행함으로써, 그동안 등한시 하였던 잊혀진 독립운동의 토대와 영역을 새롭게 개척하였다. 아울러 나철, 김교헌, 윤세복 등 대종교인의 독립운동사 및 석주 이상룡도 박영석에 의하여 처음으로 알려지게 되었다. 또한 만주지역의 독립운동과 상해 임시정부의 연결고리로 서간도대표의 상해국민대표회의 참석, 석주 이상룡의 임시정부 국무령임명 등을 천착함으로써 입체적으로 정리하고자 하였다.

그러나 박영석의 이러한 활발한 연구는 1970, 80년대에 집중되었고, 그 이후 오랫동안 지속되지 못하였다. 주된 이유는 국사편찬위원장으로서 공직에서 행정에 주로 종사하였기 때문이다. 국편에서의 활동시에도 여러 논문들이 양산되기는 하였으나 그 이전 시기에 비하면 대부분 소개 및 개괄정도의 글에 멈춘 감이 있다.

아울러 박영석의 연구는 만주지역을 중심으로 독립운동사를 서술하면서도 지역적 특성이 보다 충분히 반영되지 못한 것 같다. 만주속의 한인독립운동의 특성이 보다 선명하게 보였으면, 독립운동사 연구가 보다 세계성을 가질 수 있지 않았을까. 아울러 만주를 둘러싸고 있는 국내와 러시아, 중국본토 등과의 연결관계 역시 보다 심층적으로 다루었으면 하는 아쉬움도 남는다.

박영석의 연구는 시기적으로 1920년대에 집중되어 있다. 이 시기는 공산주의 세력이 만주지역에 만연한 시기였음에도 불구하고, 공산주의에 대한 연구가 충분히 이루어지고 있지 못하다는 한계를 보이고 있다. 아울러 민족주의세력의 연장선인 1930년대 민족주의 세력의 향배와 공산주의 세력의 활동, 나아가 북한정권에 대한 연구로까지 연구범위가 진척되지 못한 것도 학자적 관점에서 보면 안타까운 대목이라고 할 수 있다.

또한 자료 사용의 경우, 주로 한국과 일본측, 특히 일본측 자료들을 중심으로 서술되어 있어 일본의 논리를 극복하고자한 의도에도 불구하고 충분히 그 목적을 달성하지 못한 부분들이 있어 보인다. 즉 독립운동사의 서술에 있어서 일본에 고용된 밀정, 정보원의 보고문들을 중심으로 연구하다 보면 이러한 현상들이 나타나게 된다. 일본측 자료들의 비교 분석이 보다 활발히 이루어졌으면 하는 생각들이 든다. 물론 박영석도 이를 극복하고자 독립운동가들에 들에 대한 구술작업을 활발히 진행하였으나 역부족이 아니었나 생각된다. 한편 한국측 자료들의 경우, 한문으로 된 문집으로 석주 이상룡의 『석주유고』를 이용한 경우가 있기는 하나, 문집 등의 이용에도 일정한 한계를 보이고 있다. 사실 독립운동가들 가운데에는 혁신유림이라고 불리우는 유학자들이 상당수를 차지하고 있었던 것은 주지의 사실이다. 또한 만주와 인접해 있는 러시아 연해주 자료들의 이용에도 제한적이었음을 언급할 수 있다.

결국 박영석은 만주지역 한인사회와 독립운동사를 개척한 1세대의 대표적 학자 가운데 한사람으로 평가할 수 있다. 그러나 분단이라는 시대적 한계를 뛰어넘지 못한 점도 분명하다. 그럼에도 불구하고 학문적으로는 열려 있는, 특히는 국제관계와 현장 조사 및 답사에 천착한 20세기 보수진영의 개방적 민족주의 역사학자였다고 규정할 수 있을 것 같다.

2

———

독립운동사연구의
미래지향적 방향

———

1. 한중수교 30주년의 회고와 전망

1990년, 만주한인민족운동사연구로 박사학위를 받은 직후인, 1991년에 만주지역의 항일유적을 답사할 수 있는 행운이 찾아왔다. 멀리 홍콩을 거쳐 북경, 심양, 두만강, 백두산, 청산리, 봉오동 등 자료에서만 보던 한인관련 지역들을 답사한 것은 감동 그 자체였다. 유유히 흐르는 두만강을 바라보며, 민족의 영산 백두산 천지를 보며, 느꼈던 희열은 지금도 잊을 수 없다. 아울러 연변지역의 원로 역사학자 박창욱 교수, 젊은 역사학도 김춘선, 김태국 등과 만나는 기쁨도 컸다. 특히 조선의용군 김강, 주홍성, 김학철 등 생존지사들과의 면담은 더욱 큰 행운이었다.

1992년에는 중경, 북경, 상해 등을 답사하였다. 중국과의 국교수교날인 8월 24일, 윤경빈 등 광복군출신 애국지사들과 함께 중경의 임시정부 사적지들을 답사하면서 생생한 증언을 들었다. 역사학자로서 국교수교 당일 역사적 현장에 있었다는 것은 큰 행운이자 행복이었다. 특히 한중수교는 자료와 역사적 현장에 목말라하던 학계에 단비와도 같은 것이었다. 아울러 연변지역뿐만 아니라 중국 전 지역의 학자들과 학문적 교류도 활발히 이루어지는 계기가 되었다. 그 결과 양적으로나 질적으로 수많은 새로운 연구들이 이루어질 수 있었다.

세월은 흘러, 한중수교가 이루어진지 30년의 세월이 흘렀다.

그동안의 학계 연구성과를 한마디로 정리할 수는 없을 것이다. 그러나 만족할만한 성과가 중국측이나 한국측에서도 그동안 충분히 이루어졌다고 평가하기는 어려울 듯하다.

한중수교 이후 가장 큰 성과는 무엇일까. 그동안 꿈에만 그리던 봉오동, 청산리, 대전자령 등 주요 항일전적지와 백두산, 압록강, 두만강 등 주요 산천, 고구려, 발해 등의 주요 유적지, 동포들의 거주지들의 현장을 직접 답사한 것이 아닌가 한다. 현지 조사와 답사는 잊혀진 역사를 복원하는 토대로서 그 중요성은 이루다 말할 수 없다.

아울러 현지에 살고 있는 생존지사들과 후손들과의 만남과 대화 역시 잊혀진 역사를 새롭게 부활시키는데 큰 도움을 주었다. 또한 연변 등 재중동포학자들과의 만남, 중국학자들과의 교류 역시 그동안 등한시한 부분을 채워주는데 길잡이 역할을 한 것 또한 사실이다.

그러나 자료 부분에 있어서는 기대만큼 성과를 거두지 못하였다고 판단된다. 물론 일부 성과는 있었지만, 중국정부의 정책에 따라 충분한 당안공개가 이루어지고 있지 못하고 있기 때문이다. 앞으로 자료 부분에 있어서는 보다 활발한 교류가 요청된다.

아울러 필자의 판단으로는 앞으로 한국학계에서는 이념의 탈피, 신화적 서술과 사자숭배문화의 극복을 위한 노력 등에 보다 관심을 기울여야 할 것 같다. 아울러 최근의 학계 동향인 지역사, 개념사, 일기류 등을 통한 미시사, 트랜스내셔널 히스토리, 비교사, 사회과학이론에 대한 관심 등에도 주목해야 할 것 같다. 또한 독립운동사를 디아스포라와 경계인의 관점 등으로 새롭게 해석할 필요도 있다고 판단된다.

끝으로 한국독립운동사는 세계사적 시각에서 보편성과 특수성을 고려한 가운데 보다 미시적 주제들을 대상으로 심도있는 입체적 검토들이 이루어져야 그 생명력을 가질 수 있을 것이다. 안중근 연구의 경우 만주를 둘러싼 러시아와 일본의 각축, 만주 독립운동의 경우 만주를 둘러싼 열강들의 경쟁이라는 아울러 그런 국제적 상황 속에서의 독립운동이라는 시각에서 입체적으로 검토될 필요가 있다고 보여진다.

2. 연구자들

1세대의 대표적 학자로는 국내의 경우 윤병석, 박영석 등을, 연변은 박창욱을 들 수 있다. 그 외 국내의 학자로는 조동걸, 신용하, 정원옥, 서굉일 등을, 중국측은 황용국, 최홍빈, 양소전 등을 들 수 있을 것 같다. 이들 학자들에 의해 만주지역 항일독립운동사의 큰 그림이 마련되었다고 할 수 있다. 제한된 자료와 열악한 환경 속에서도 선배 학자들의 열정과 노력으로 오늘날의 성과가 이루어질 수 있었다고 볼 수 있다.

그러나 시대적 한계와 냉전이라는 학문 외적 환경 등은 연구에 일정한 한계를 가져다 준 것 또한 주지의 사실이다. 특히 만주지역의 사회주의 운동에 대한 연구, 1930~40년대 연구는 부족한 부분이라고 판단된다. 이러한 연구의 문제점은 사실상 전체적인 연구에 일정한 한계로 작용했다. 아울러 일부 민족주의자의 변절을 파악하지 못하는 한계도 드러냈다.

2세대는 장세윤, 박환, 채영국, 황민호, 신주백, 윤휘탁, 김병기, 김주용, 한홍구, 염인호 그리고 연변의 김춘선, 손춘일, 유병호, 최봉룡, 김태국, 박금해 등이 그들이다. 이들 2세대에 의해 만주지역 연구는 보다 심화되었다고 볼 수 있다. 신흥무관학교, 정의부, 참의부 등 주요 단체들에 연구, 이상룡 등 주요 인물들에 대한 연구들이 축적되었다.

만주지역 연구는 이제 3세대가 연구의 주역으로 나서야 할 시점이다. 그러나 아직 주목할 만한 연구자는 보이지 않는다. 다만 최근에는 강윤정, 신효승, 유필규, 박순섭, 강수종, 박경, 박찬 등이 연구를 진행하고 있다. 앞으로 후진 양성이 시급한 과제가 아닌가 한다. 결국 만주지역 독립운동사 연구는 새로운 도약기를 맞이해야 할 시점이라고 판단된다.

3. 연구방향

첫째, 앞으로 보다 다양한 주제의 발굴이 필요할 것으로 보인다. 우선 주요 독립운동 근거지들에 대한 연구를 들 수 있다. 1910년대의 경우 유하현 삼원보, 밀산 한홍동, 북간도 명동촌, 1920년대의 경우 홍경현 왕청문지역, 영안현, 하얼빈 인근 취원창 등이 그 대표적인 지역들이다. 또한 독립운동에 있어서 무엇보다도 중요한 것이 군자금과 무기인데, 특히 무기부분과 관련하여서는 논문이 거의 없어 좀 더 관심을 기울일 필요가 있다고 생각된다. 또한 독립군의 생활과 위생에 대하여도 깊은 연구들이 필요한 것이 아닌가 한다. 장세윤 등의 개척적인 연구가 이루어진 이후 후속 연구들이 나오지 않고 있다. 또한 남자현 등 여성독립운동가에 대한 연구와 더불어, 남편들을 내조하기 위하여 만주지역으로 함께 망명했던 독립운동가 아내들에 대한 연구 또한 활성화 될 필요가 있다고 판단된다. 이런 작업들이 이루어질 때, 독립운동의 생생한 모습들이 보다 우리에게 가까이 생동감 있게 다가올 수 있지 않을까 한다. 아울러 이은영 등을 중심으로 한문학계에서 이루어지고 있는 만주로 망명한 애국지사들의 망명생활 등에 대한 연구는 한국사를 전공하는 우리들에게도 큰 도움을 주는 것들이라고 생각된다. 이들 연구들과의 적절한 협동 연구작업도 독립운동사연구에 도움을 줄수 있을 것으로 보인다. 또한 만주학회의 활발한 성과 또한 적극적으로 수용해야 할 것이다.

둘째는 만주지역의 독립운동과 다른 지역, 즉 중국본토, 러시아, 국내와의 관련성에 보다 주목할 필요가 있다. 러시아의 권업회, 3·1운동, 대한국민의회의 경우는 만주와 깊은 연관관계 속에서 이루어진 것들이다. 만주지역 독립운동단체들의 군자금 모집은 특히 국내와의 연관성에 특별히 주목해야 하는 부분들이다. 1920년대 전반기 만주지역의 독립운동은 독립운동단체들의 러시아 지역으로의 이동, 공산주의 사상의 수용, 무기의 구입, 독립운동단체들의 재편성 등과 관련하여 러시아와의 관련성에 특별히 주목할 필요가 있다. 만주와 러시아는 국경을 접하고 있다. 그리고 그들은 빈번하게 러시아와 밀접한 관련을 맺고 있다. 그러므로 만주지역의 독립운동은 러시아를 생각하지 않고는 이해될 수 없다. 뿐만 아니라 국내와의 관련성 또한 밀접하였다. 만주지역 단체들이 그들의 하부조직을 국내에도 두고 있었다는 것은 우리가 상기해야 할 부분이 아닌가 한다. 만주지역에서 활동하던 독립운동가들은 사실 그들의 활동 범위가 중국본토, 러시아, 국내 등지에 두루 걸치고 있다고 보아도 과언이 아니다.

셋째는 구체적인 사례 연구 및 특정 문제를 집중적으로 연구할 필요가 있다고 생각된다. 박영석의 석주 이상룡 및 농장들에 대한 연구는 우리에게 시사해 주는 점이 크다. 필자를 포함하여 최근의 일부 연구들은 자료 몇 개를 중심으로 논문을 대량 양산하고 있는 것은 아닌가 하는 생각이 들 정도이다. 한편 회고록 및 특히 당대의 일기류의 발굴이 요청된다. 조선시대의 경우 고문서와 일기류 연구가 활성화되고 있는데, 이를 참조해도 좋을 것 같다.

넷째는 연구가 지나치게 민족진영의 단체들에 집중되어 있다는 점이다. 아울러 시대적으로는 1920년대에 집중되어 있다. 연구의 균형적인 발전과 독립운동사를 올바로 서술하기 위해서도 1910년대, 1930~40년대 등에 대한 연구가 보다 활성화될 필요가 있다.

다섯째는 자료 측면에서 지나치게 일본자료 중심으로 연구가 이루어지고 있다는 점이다. 우리측 자료와 중국 당안관 자료 등이 보다 적극적으로 이용될 필요가 있다. 앞으로 이러한 점들은 극복되어야 할 것이다. 아울러 한인들에 대한 연구만이 아니라 한중연대, 한중공동투쟁에 대하여 보다 깊은 관심을 가지고 연구들이 이루어져야 할 것으로 보인다. 즉 트랜스내셔널 히스토리 관점의 도움이 절실하다. 아울러 비교사적 관점 역시 수용되어야 할 것이다.

여섯째는, 만주지역 3·1운동에 대한 보다 집중적이고 체계적인 연구가 요청된다. 사실 만주에서의 3·1운동은 연변지역보다 먼저 서간도지역에서 한경희목사를 중심으로 일어났다. 즉 3월 12일 유하 및 통화현에서 만주 최초로 전개됨으로써 중요한 의미를 남겼던 것이다. 그러나 현재까지 이 지역의 3·1운동을 다룬 연구업적은 거의 없다. 만주지역의 3·1운동은 국내 북부지방, 러시아 등지와의 연계 속에서 입체적으로 파악될 필요가 있다.

일곱째, 1920년대 중반 이후에 조직된 민족주의단체와 공산주의 단체들에 대한 연구는 새로운 시각에서 재조명되어야 할 것이다. 즉 민족주의 단체는 공산주의 운동과의 관련성 속에서, 공산주의 단체는 민족주의운동세력과의 관계 속에서 그 역사적 성격이 재조명되어야 한다는 것이다. 그럴 때만이 각 단체가 갖는 역사적 의미를 파악할 수 있으며, 운동을 정적이 아니라 동적인 차원에서 역동적으로 분석해 낼 수 있을 것으로 보인다. 과거 기성학자들이 민족주의의 안목에서만 역사를 서술했다면, 신진학자들은 또 다른 안목에서 역사를 바라보는 우를 범하고 있는 것이다. 이제는 이들을 객관적으로 바라보는 시점에서 운동단체들에 대한 조망이 이루어져야 할 것이다. 그럴 때만이 운동사의 실체를 전체적으로 밝힐 수 있을 것이다.

여덟째, 만주지역 독립운동단체들의 통합의 움직임이다. 일반적으로 통합운동하면 민족주의 세력과 공산주의 세력과의 통합운동에만 주목하고 있다. 물론 1920년대 후반에 있어서는 좌우익의 연합이 중요한 의미를 갖는다. 그러나 20년대 전반기에는 민족주의 세력들끼리의 통합 또한 그에 못지않게 중요하다고 생각된다. 그러므로 20년대의 북로군정서, 대한국민회 등의 통합운동, 대한통군부의 결성, 대한통의부의 결성, 정의부, 참의부, 신민부의 결성을 민족주의 단체들끼리의 통합운동의 차원에서 재조명할 필요가 있다고 생각한다. 이러한 바탕 위에서 민족유일당운동과 삼부통합운동 또한 검토되어야 할 것이다.

아홉째, 지금까지는 독립운동단체의 무장투쟁에만 관심을 기울여온 면이 적지 않다. 앞으로는 이와 더불어 각 독립운동단체들이 재만동포들의 민정기관, 자치기관으로서 전개해온 대민활동들에 대하여 보다 관심을 기울여야 할 것이다. 1920년대 전반기 독립운동단체들은 무장투쟁에만 치중한 나머지 동포들의 대중적 지지 기반을 점차 상실하는 면을 보이고 있다. 이와 때를 같이하여 만주지역에서는 공산주의 이념과 무정부주의 이념이 확산되고 있는 것이다. 뿐만 아니라 북만주의 대표적인 민족주의 단체인 신민부의 경우 민정파가 대두하여 재만동포들의 생존문제를 우선적으로 주창하면서 무장투쟁파 즉 군정파와 대립 갈등을 보이는 양상을 보이고 있는 것이다. 따라서 각 독립운동단체의 자치운동에 대한 연구는 곧 각 독립운동단체의 이념 및 노선의 변화를 추적하는 한 실마리를 제공해줄 것이다.

열째, 조선인민회와 같은 친일기관 및 일본총영사관 및 영사관 분관 등에 대한 검토가 이루어져야 할 것이다. 지금까지의 연구는 만주지역에 살았던 사람들이 모두 독립운동을 전개한 것처럼 되어 있다. 그러나 항일의식을 갖은 사람들이 친일파들의 감시 속에서 독립운동을 전개했다고 하는 것이 사실일런지도 모른다. 운동사는 이들의 상호 관계 속에서 검토될 때 사실적으로 그리고 생생하게 묘사될 수 있을 것이다. 그러한 측면에서 김태국의 조선인민회, 김주용의 만주지역 친일단체, 김효순의 간도특설대 등의 연구는 주목된다.

열 한번째, 만주지역의 사회 경제적 토대에 대한 연구와 더불어 재만한인을 둘러싼 중국과 일본의 정책에 대한 연구 또한 이루어져야 할 것이다. 전자와 관련하여서는 자료의 발굴과 더불어 1920년대 만주지역에 거주하였던 동포들과의 구술 작업 또한 추진되어야 할 것이다. 이와 관련하여 김주용의 하동농장, 삼원포 농장, 영구농장 등에 대한 연구와 만보산사건 발발 80주년을 맞이하여 한국사연구회와 만주학회가 기획한 만보산사건 연구는 돋보인다.

열 두번째, 사진 및 영상에의 관심과 수집, 정리 및 비판적 분석과 접근을 요청하고 싶다. 흔한 사진들 조차 잘못 사용되는 경우들이 보이기 때문이다.

열 세번째, 독립운동사연구는 해외에 거주하는 동포들과의 연계를 고려하지 않을 수 없다. 동포들의 역사는 디아스포라와 밀접한 관련을 맺고 있다. 또한 이들은 조국과 거주하는 국가들과의 경계선에 서 있는 경계인이기도 한다. 그러므로 그들에게 국적과 귀화권문제, 토지소유권 문제 등은 생존의 문제이기도 하다. 따라서 만주지역에서의 독립운동가들은 경계인이며, 경계인의 시각에서 이들을 바라보는 관점 또한 필요하다고 생각된다. 아울러 국제교류사관점, 트랜스내셔널 히스토리의 관점 또한 여기에 더해진다고 볼 수 있다.

끝으로 글쓰기에 대하여 언급하고 싶다. 동일한 주제라고 하더라도 구성과 글쓰기에 따라 독자의 관심 정도가 달라진다고 볼 수 있다, 글쓰기에 좀더 많은 관심이 필요한 시기가 아닌다 한다. 정병욱과 임경석의 책들은 이와 관련하여 많은 시사점을 제공해 줄 수 있을 것이다.

결국 만주지역 한인독립운동에 대한 연구는 거시적으로는 세계사의 전체적인 조류와 약소민족의 민족해방운동 속에서, 미시적으로는 한국독립운동사 속에서 만주지역의 독립운동의 특징을 잡아내려는 노력이 부단히 이루어져야 할 것이다. 특히 한국독립운동과 관련하여서는 국내와 만주, 중국관내, 러시아, 미주 지역운동을 하나로 놓고 그 높낮이를 평가하는 작업이 제대로 이루어질 때만이 만주지역 독립운동의 전체상이 객관적으로 조망될 수 있을 것이다. 즉, 현재의 고립분산적 연구방식을 벗어나 통사적 입장을 견지하며, 비교사적 연구를 진행해야만 할 것이다.

아울러 만주지역에 대한 연구는 만주지역 현장에 답사와 동포들과의 면담, 자료발굴 창구의 단일화, 연구 방법론에 대한 새로운 모색 등이 전제될 때만이 일 진보할 것으로 기대된다. 또한 미시사와 거대담론이 함께 융합되어야 함 역시 잊지 말아야 할 것이다.

마지막으로 한중수교 30주년을 맞이하며, 중국지역 독립운동 선문 연구 및 자료센터의 설립을 제안한다. 강연 및 자문, 답사 등을 통하여 대중과 소통하고, 언론 및 교육기관들과의 교류 통한 역사왜곡을 방지하는 그런 작은 기관들을 우리 주변에서 자주 볼 수 있기를 희망한다. 결국 대중과의 소통을 통한 역사의식의 확산도 역사학자로서의 큰 책무가 아닌가 한다.

참고문헌

• 2-1 서울 남산일대 답사

박환, 「이회영과 그의 민족운동」, 『국사관논총』 7, 국사편찬위원회, 1989.

이덕일, 『이회영과 젊은 그들-아나키스트가 된 조선 명문가』, 역사의 아침, 2009.

신주백, 『이시영-청렴결백한 대한민국 임시정부의 지킴이』, 역사공간, 2014.

김성민, 「나석주의 생애와 독립운동」, 『한국학논총』 51, 국민대학교 한국학연구소, 2019.

임경석, 「조선공산당 창립대회 연구」, 『대동문화연구』 81, 성균관대학교 동아시아학술원, 2013.

전명혁, 『1920년대 한국사회주의운동 연구』, 선인, 2006.

김희곤, 『조선공산당 초대 책임비서 김재봉』, 경인문화사, 2006.

정수인, 「대한제국기 원구단의 원형복원과 변화에 관한 연구」, 『서울학연구』 27, 서울학연구소, 2006.

박정해, 「종묘와 사직단, 환구단 입지의 풍수환경」, 『퇴계학과 유교문화』 52, 경북대학교 퇴계연구소, 2013.

서울역사박물관, 『서울과 평양의 3·1운동』, 2019

박찬승, 『1919 : 대한민국의 첫 번째 봄』, 다산초당, 2019.

한규무, 「1900년대 서울지역 기독교회와 민족운동의 동향−정동·상동·연동교회를 중심으로−」, 『한국민족운동사연구』 19, 한국민족운동사연구회, 1998.

한규무, 「상동청년회에 대한 연구, 1897~1914」, 『역사학보』 126, 역사학회, 1990.

김정회, 「함태영을 통해서 본 삼일운동과 기독교의 관계」, 『한국정치외교사논총』 40−2, 한국정치외교사학회, 2019.

연세대학교 의학사연구소, 『3·1운동과 세브란스 독립운동』, 역사공간, 2020.

박환, 『강우규의사 평전−잊혀진 의열투쟁의 전설』, 선인, 2010.

• 3-2 조선적십자회 성립과 활동

1. 로동신문 기사

1) 북조선적십자사

북조선적십자사 흥남지부결성, 1947년 2월 7일

북조선적십자사 평양지부 조직, 1947년 2월 15일

『농촌순회진료반』태운 대형자동차는 달린다. 1947년 8월 3일

북조선적십자사 무료진료순회, 1948년 11월 16일

북조선적십자사 중앙위원회, 1949년 2월 17일

북조선적십자사 창립 3주년을 기념, 1949년 10월 19일

적십자사 지도기관 선거 준비사업 활발히 진행, 1950년 2월 15일

적십자회 초급단체 지도기관 선거활발, 1950년 3월 15일

조선적십자회 면지도기관 선거사업 진행, 1950년 4월 5일

적십자회 평남도 지도기관을 선거, 1950년 4월 27일

조선적십자회 지도기관 선거완료, 1950년 5월 10일

위생방호원 양성소 설치, 1949년 7월 10일

2) 소련적십자사

쏘련 적십자위생대 북조선으로 출발, 1946년 10월 30일

쏘련 적십자병원 함흥에 개원, 1946년 12월 18일

쏘련 적십자원 북조선서 활역, 1947년 6월 28일

쏘련의학기술과 그 친절에 인민들 경탄하고 감사한다, 1948년 8월 22일

쏘련의 거대한 형제적 원조로 민주보건사업은 발전했다, 1948년 10월 12일

쏘련적십자사 병원 15개소 공화국정부에 무상으로 양도, 1949년 11월 19일

해방의 은인 쏘련군 회상기, 1949년 12월 28일

쏘련적십자 평양병원 의료시설을 일층 확장, 1950년 2월 12일

쏘련적십자병원 개원식 거행, 1955년 7월 31일

쏘련적십자 의료단 평양시 환송대회진행, 1957년 4월 25일
쏘련적십자 의료단 평양시 환송대회에서 한 최용건 부수상의 환송사, 1957년
　　4월 25일

2. 문헌

『구급훈련 독본』, 조선적십자사 편, 1949.
『농촌 계절탁아소 사업 요강 및 육아법』, 조선적십자회 중앙위원회 보건지도부.
『위생방호독본』, 조선적십자회 편, 1950.

박형우, 『시련과 고난을 딛고 선, 세브란스 의과대학(1945－1957)』, 선인,
　　2021.
엄주현, 『북조선 보건의료 체계 구축사 1(1945－1970)』, 선인, 2021.
김진혁, 「북한의 위생방역제도 구축과 인민의식의 형성(1945~1950)」, 『한국
　　사연구』167, 2014.
김진혁. 「재북(在北)의사의 식민지·해방 기억과 정체성 재편(1945~1950)－
　　평양의학대학, 함흥의과대학, 청진의과대학 자서전을 중심으로」, 『역
　　사문제연구』34, 2015.

• 5-2 독립운동사연구의 미래지향적 방향

허수, 「한국 역사학계의 회고와 전망 [한국 근대 II] 새로운 역사인식과 방법론
　　　의 모색 ─ 일제 식민지 시기 연구의 현황과 전망 ─」, 『역사학보』 223,
　　　2014.

배항섭, 「총설 ─ 한국근현대사 연구의 새로운 모색들 ─ 가능성과 문제점」, 『역
　　　사학보』 239, 2018.

임경석, 『역사학보』 247, 한국역사학계의 회고와 전망, 2020년 9월.

여호규, 『역사학보』 251, 한국역사학계의 회고와 전망, 2021년 9월.

허수, 「한국개념사연구의 현황과 전망」, 『역사와 현실』 86, 2012.

정현백, 「트랜스내셔널 히스토리의 가능성과 한계」, 『역사교육』 108, 2008.

한국역사연구회 인천문화재단 경기도박물관, 『우리역사속의 디아스포라와
　　　경계인』, 용인, 경기도박물관, 2020.

전진성, 『역사가 기억을 말하다』, 휴머니스트, 2005.

신주백, 『한국역사학의 전환』, 휴머니스트, 2021.

정병욱, 「1931년 식민지 조선 반중국인 폭동의 학살 현장 검토」, 『사총』 97,
　　　고려대학교 역사연구소, 2019.

정병욱, 「1919년 삼일운동과 일기 자료」, 『한국사학보』 73, 고려사학회, 2018.

국사편찬위원회, 『(학술회의총서 4) 일기로 역사를 읽다』, 국사편찬위원회,
　　　2018.

임경석, 「일본 시찰 보고서의 겉과 속 ─ 「일본시찰일기」 읽기 ─」, 『사림』 41,
　　　수선사학회, 2012.

임경석, 『잊을 수 없는 혁명가들에 대한 기록 ─ 윤자영, 김단야, 임원근, 박헌
　　　영, 강달영, 김철수, 고광수, 남도부, 안병렬』, 역사비평사, 2008.

임경석, 『독립운동열전 1 ─ 잊힌 사건을 찾아서』, 푸른역사, 2022.

임경석, 『독립운동열전 2 ─ 잊힌 인물을 찾아서』, 푸른역사, 2022.

정병욱, 『식민지 불온열전—미친 생각이 뱃속에서 나온다—』, 역사비평사, 2013.

정병욱, 「불온한 낙서, 불온한 역사—1940년 강원도 양구군 매동심상소학교 낙서 사건—」, 『역사비평』 103, 역사문제연구소·역사비평사, 2013.

장세윤, 『중국동북지역 독립운동사』, 선인, 2021.

장세윤, 「만주지역 한인 항일무장세력의 식생활과 보건위생」, 『한국근현대사 연구』 28, 2004.

박환, 「사진역사분석학의 제창—독립운동사 서술에서 나타나는 미디어자료 의 활용—」, 『역사교육』 158, 歷史教育研究會, 2021.

박환, 『독립군과 무기』, 선인, 2020.

박환, 『신흥무관학교』, 선인, 2021.

박환, 『만주독립전쟁』, 선인, 2021.

김중생, 『취원창』, 명지출판사, 2001.

윤정란, 「독립운동가 가족구성원으로서의 여성의 삶」, 『한국문화연구』 14, 2008.

박 환 朴桓

경북 청도군 이서면 수야동 출생
휘문고등학교 졸업
서강대학교 사학과 졸업(문학박사)
수원대학교 사학과 교수(현)
고려학술문화재단 이사장(현)
한국민족운동사학회 회장 역임

주요 저서

만주한인민족운동사연구, 일조각, 1991.
나철 김교헌 윤세복, 동아일보사, 1992.
러시아한인민족운동사, 탐구당, 1995.
재소한인민족운동사, 국학자료원, 1998.
만주지역 항일독립운동 답사기, 국학자료원, 2001.
20세기 한국근현대사 연구동향, 국학자료원, 2001.
박환의 항일유적과 함께 하는 러시아 기행 1.2, 국학자료원, 2002.
대륙으로 간 혁명가들, 국학자료원, 2003.
잊혀진 혁명가 정이형 – 친일파처벌법 제정의 선구자, 국학자료원, 2004.
식민지시대 한인아나키즘운동사, 선인, 2005.
경기지역 3·1독립운동사, 선인, 2007.
박환교수의 만주한인유적답사기, 국학자료원, 2008.
박환교수의 러시아한인유적 답사기, 국학자료원, 2009.
러시아지역 한인언론과 민족운동, 경인출판사, 2009.
김좌진평전, 선인, 2010.
강우규의사 평전, 선인, 2010.
민족의 영웅 시대의 빛 안중근, 선인, 2013.
사진으로 보는 러시아한인의 삶과 기억의 공간, 민속원, 2013.

만주지역 한인민족운동의 재발견, 국학자료원, 2014.

사진으로 보는 만주지역 한인의 삶과 기억의 공간, 민속원, 2016.

잊혀진 민족운동가의 새로운 부활, 선인, 2016.

간도의 기억, 민속원, 2017.

근대 해양인, 최봉준, 민속원, 2017.

페치카 최재형, 선인, 2018.

사진으로 보는 3·1운동 현장과 혁명의 기억과 공간, 민속원, 2019.

블라디보스토크 하바롭스크, 선인, 2019.

한국전쟁과 국민방위군사건, 민속원, 2020.

독립운동과 대한적십자, 민속원, 2020.

독립군과 무기, 선인, 2020.

신흥무관학교, 선인, 2021.

만주독립전쟁, 선인, 2021.

러시아한인 독립전쟁, 선인, 2022.

근대민족운동의 재발견, 선인, 2022.

한국독립운동사의 반성과 과제

초판 1쇄 인쇄일	2023년 3월 15일
초판 1쇄 발행일	2023년 3월 27일

지은이	박환
펴낸이	한선희
편집/디자인	우정민 김보선
마케팅	정찬용 정구형
영업관리	한선희
책임편집	우정민
인쇄처	으뜸사
펴낸곳	국학자료원 새미(주)
	등록일 2005 03 15 제25100-2005-000008호
	경기도 고양시 일산동구 중앙로 1261번길 79 하이베라스 405호
	Tel 442-4623 Fax 6499-3082
	www.kookhak.co.kr
	kookhak2010@hanmail.net

ISBN	979-11-6797-104-3 *93910
가격	33,000원